scouting

ABENTEUER · OUTDOOR · BEWEGUNG

SPURBUCHVERLAG

scouting

Jahrbuch 2017

der Pfadfinder- & Jugendbewegung

SPURBUCHVERLAG

Bibliografische Information der Deutschen Nationalbibliothek

Die Deutsche Nationalbibliothek verzeichnet diese Publikation in der Deutschen Nationalbibliografie; detaillierte bibliografische Daten sind im Internet über https://portal.dnb.de abrufbar.

1. Auflage Mai 2018

info@spurbuch.de, www.spurbuch.de

Ausführung: pth-mediaberatung GmbH, Würzburg
Satz und Umschlaggestaltung: kobold-layout.de, bamberg
Redaktionelle Unterstützung: Katharina Bötsch

ISBN 978-3-88778-542-0
ISSN 0176-4553

Inhaltsverzeichnis

Zeitgeist

Singen

Geschichte der Pfadfinder- und Jugendbewegung

Medienbrett

Vorbildfunktion

DIE ZEITLOSEN WERTE DER PFADFINDER- UND JUGENDBEWEGUNG SIND EIN LEITMOTIV FÜR DIE MODERNE ZEIT

LIEBE FREUNDE DER JUGENDBEWEGUNG, LIEBE PFADFINDERINNEN UND PFADFINDER,

Man so sieht es an manchen neuen Zeitschriften – alles „einfach" machen, oder auf Neudeutsch: Outdoor ist wieder in Mode bei den Freaks und nennt sich jetzt auch Hygge oder Flow oder so ähnlich. Bei uns, der Pfadfinder- und Jugendbewegung war dieses Gefühl der Bewegung schon immer zu Hause, jedoch gefüllt mit Inhalten und Werten wie Geborgenheit, Freundschaft und Gemeinschaft. Nicht so wie heute, wo jeder nur an seinen eigenen Vorteil denkt, sondern wirkliche, reale Freundschaften, keine virtuellen. Wir lassen ja tatsächlich die Laptops und Handys zu Hause und treffen unsere Freunde „in echt". Wie sehr uns viele darum beneiden ... Dabei werden Spielregeln eingehalten, die anderswo schon gar nicht mehr bekannt sind. „Abenteuer" will jeder erleben, und wenn's sein muss, werden sie bei Dienstleistern eingekauft. Das wirkliche Abenteuer in unseren Gruppen ist aber wesentlich unspektakulärer, dafür authentisch und für jeden einzigartig. Deshalb sind unsere Gruppen unterwegs und deshalb ist und bleibt die Pfadfinder- und Jugendbewegung attraktiv.

> WIR LASSEN JA TATSÄCHLICH DIE LAPTOPS UND HANDYS ZU HAUSE UND TREFFEN UNSERE FREUNDE „IN ECHT". WIE SEHR UNS VIELE DARUM BENEIDEN ...

Fahrten – Ferne – Abenteuer

Schon wieder ist ein Jahr vorbei und das vorliegende Jahrbuch schaut zurück auf ein ereignisreiches Jahr 2017. Ja, das Jahrbuch erscheint immer noch in Buchform, damit die Bilder großartig wirken können. Wir beginnen wieder mit den großartigen Fahrtenberichten der unterschiedlichsten Gruppen, Fahrten, die vom attraktiven Gruppenleben in der gesamten Bewegung zeugen. Schon hier wird die Vielfalt der Jugendbewegung deutlich. Ob RoverMoot in Island, ob Fahrten nach Chile, Bolivien, Armenien oder Rumänien oder Südtirol. Egal, ob jünger, jung oder alt und älter, es geht um den Stil und den Inhalt, um authentische Erlebnisse. Es gibt unterschiedlichste Fahrtenstile, unterschiedlichste Kluften und Fahrtentrachten, bunt gemischt, und doch eint alle eine Idee: Die Jugend- und Pfadfinderbewegung ist etwas spontan Gewachsenes, keine von oben verordnete Organisation,

Depositphotos.com beachboyx10eps

sie ist aus den natürlichen Bedürfnissen junger Menschen entsprungen. Deshalb ist die Vielfalt so bunt und doch steht darüber eine verbindende Idee, die uns vereint.

Bünde und Verbände und das große Ganze

Vielfalt auch bei der Berichterstattung aus den Bünden und Verbänden. Hier das Bundeslager des BdP, dann das Bundeslager der PSG, das überbündische Lager auf dem Allensbacher Hof und das Bundeslager des deutschen Pfadfinderbundes. Dann die großartigen Arbeiten der Christlichen Pfadfinderschaft CPD. Vierzig Jahre Hamburger Singewettstreit dokumentieren eine halbe Ewigkeit, von den Anfängen mit dixi bis heute – ein großartiges Treffen. Natürlich gehören auch die Singetreffen wieder in dieses Jahrbuch, tolle Erlebnisse von Gemeinschaftsgefühl und Freundschaft für alle Teilnehmer. Sehr lesenswert ist im historischen Teil des Jahrbuches der Artikel über den polnischen Pfadfinder Kazimierz Piechowski. Es war eine der waghalsigsten Fluchten vor dem Naziregime: Verkleidet und in einem gestohlenen Auto entkam Kazimierz Piechowski dem Vernichtungslager Auschwitz. Nun ist er im Alter von 98 Jahren gestorben.

Was können wir gemeinsam erreichen?

Natürlich gibt es ein gewisses Ohnmachtsgefühl gegenüber dem Sog der Fremdbestimmung, der Niveaulosigkeit, auch gegenüber Diffamierung und Ausgrenzung. Dabei fällt mir immer wieder auf, dass gerade die lauten Rufer gegen die Ausgrenzung nichts anderes tun, als alle andern, die nicht ihrer Meinung sind, auszugrenzen und zu diffamieren. Eine politische Agitation, die nichts in der Jugendbewegung zu suchen hat.

Aber gar nichts tun bringt auch nichts! Deshalb geben wir dieses Jahrbuch und viele weitere Bücher heraus. Noch eine Neuerung: Im Jahrbuch erscheinen jetzt gelegentlich QR-Codes. Wenn Ihr diese Links öffnet, dann kommt Ihr zur Berichterstattung über dieses Ereignis.

Aber wir brauchen auch Eure Unterstützung. Wenn das Buch nicht gekauft wird, können wir es auch nicht erstellen. Und ohne Eure Beiträge geht es auch nicht. Also helft mit, die Vielfalt zu erhalten!

Genau das ist auch die Aufgabe des Jahrbuches: bei aller Vielfalt die Einheit der Bewegung aufzeigen. SCOUTING geht es nicht darum, ob die Hemden grün oder kakifarben sind, es geht nicht um eine geschwungene oder gestraffte Lilie, es geht nicht um den kleinen oder großen Kranich, es geht nicht um bündisch oder nichtbündisch – es gilt, die Vielfalt zu dokumentieren und zu bewahren. Der Verlag ist neutral im Zentrum der Bewegung. Kein anderer Verlag hat in den letzten Jahrzehnten so viele Bücher zur Jugendbewegung veröffentlicht wie der Spurbuchverlag.

ABER GAR NICHTS TUN BRINGT AUCH NICHTS!

Die Aufgabe des Spurbuchverlages

Der Spurbuchverlag ist heute der größte jugendbewegte Verlag in Europa. Jährlich erscheinen bis zu zehn verschiedene Bücher zum Thema Pfadfinder- und Jugendbewegung. Aufgabe und Ziel ist es, die Wurzeln der gesamten Jugendbewegung zu bewahren und sie jüngeren Generationen unversehrt zur Verfügung zu stellen. Damit steht der Spurbuchverlag heute eindeutig in der Tradition der früheren Flaggschiffe der Jugendbewegung wie Voggenreiter Verlag oder Günter Wolff in Plauen. Unsere Aufgabe ist die Bewahrung unserer gemeinsamen Grundlagen und Geschichte in Form von Publikationen. Hier kann man am meisten Sinn stiften! Heute sind wir der einzige relevante Verlag für Publikationen zur Pfadfinder- und Jugendbewegung mit über 120 sorgfältig publizierten Titeln.

Wie Du mithelfen kannst?
Nun – Scouting heißt bekanntlich doing!
Einer allein kann gar nichts bewegen, aber gemeinsam können wir was erreichen. Damit es dieses Jahrbuch also noch lange gibt, damit Eure Informationen und Berichte für andere nachlesbar, auffindbar sind, dafür brauchen wir Eure Mithilfe – sowohl für das Jahrbuch als auch für scouting.de.
Ja, ich zähle auch auf Eure, auf Deine Mithilfe!

Herzlichst
PAULI

pth@spurbuch.de

Ernst gemeinter AUFRUF zur Mitarbeit

WIE DU MITHELFEN KANNST? NUN – SCOUTING HEISST BEKANNTLICH DOING!

Einer allein kann gar nichts bewegen, aber gemeinsam können wir was erreichen. Damit es dieses Jahrbuch also noch lange gibt, damit Eure Informationen und Berichte für andere nachlesbar, auffindbar sind, dafür brauchen wir Eure Mithilfe – sowohl für das Jahrbuch als auch für scouting.de.

Ja, ich zähle auch auf Eure, auf Deine Mithilfe!

Wir suchen

Internetspezialisten
Grafiker
Berichterstatter

Bitte sendet uns Eure Berichte für die Internetplattform www.scouting.de! Unsere Zugriffsrate kann sich sehen lassen und so entsteht gerade eine Plattform zum Informationsaustausch für alle möglichen Aktivitäten und Ereignisse. Dort sind wir tagesaktuell. Es geht dabei um viele gute Beispiele der Jugend- und Pfadfinderarbeit, um positive Aktivitäten, nicht um Tratsch.

Bitte sendet uns Eure Berichte mit einem oder mehreren Fotos. Beteiligt Euch aktiv an scouting.de! – Ihr seid in Bewegung.

www.scouting.de

Nachrichtenschreiber gesucht!

Wir suchen Berichterstatter – für Text, Fotos und Videos.

Tut sich was in Eurem Stamm oder Eurem Bund? Dann rückt raus damit! Ist auch gar nicht schwer, sendet uns doch einmal eine Kurznachricht, einen längeren Bericht, Fotos und natürlich brauchbare Videos.

Viele Pfadfinderinnen und Pfadfinder sind an einem Info-Austausch interessiert – man muss nicht gleich ein Pfadfinderheim anzünden, ein Segelschiff versenken oder Hausverbot für alle Pfadfinder erteilen, um von sich hören zu lassen. Eure Erlebnisse sind mehr als nur Unterhaltung – nämlich Erfahrungen aus erster Hand!

Was benötigen wir? Ein Foto, einen kurzen Text (gern bis 500 Zeichen, nach Absprache auch längere Texte), Stammeslogo etc., was immer Ihr noch mitteilen wollt.

Im Falle einer Veröffentlichung erhaltet Ihr eine Benachrichtigung mit dem Link zum Artikel! Wir freuen uns auch über die Aufnahme in Euren Presseverteiler. Das macht Euch kaum Arbeit bei tollem bundesweitem Effekt.

Also – mitmachen! Schreibt an news@scouting.de oder verwendet unser bequemes Online-Formular.

Lasst andere an Euren Erlebnissen teilhaben. Wenn jeder unserer Leser nur einen kurzen Bericht pro Jahr zusenden würde, ergäbe das ein realistischeres Abbild von der Bandbreite der Bewegung, als wir es uns je hätten träumen lassen.

Redaktion und Selbstverständnis

scouting.de ist eine unabhängige Nachrichtenplattform der Pfadfinder- und Jugendbewegung im deutschsprachigen Raum. Wir möchten die ganze Vielfalt der Bünde, Verbände und Organisationen aufzeigen und damit auch einen Blick über den eigenen Tellerrand ermöglichen.

Wir verfolgen einen pluralistischen Ansatz der Koexistenz verschiedener Interessen, Handlungsweisen und Meinungen, weil nach unserer Überzeugung nur dies der Vielfalt der Pfadfinder- und Jugendbewegung gerecht wird.

Mit Namen gekennzeichnete Artikel geben die Meinung des jeweiligen Verfassers wieder. Diese muss weder übereinstimmen mit den Ansichten der gesamten Redaktion, noch mit denen der Organisation, dem der/die Verfasser/in zugehörig ist. Die Redaktion behält sich jedoch vor, niveaulose, beleidigende, rassistische u.ä. Entgleisungen nicht zu veröffentlichen.

Auch du kannst hier mitmachen. Gastbeiträge sind uns ebenso willkommen, wie Kommentare oder neue Redaktionsmitglieder.

Das online-Angebot scouting.de besteht seit 2013. Seither erscheint zudem die vorherige Quartalszeitschrift „scouting" als Jahrbuch. Das scouting Jahrbuch dokumentiert auf 200 Seiten die Höhepunkte des jeweils beendeten Jahres, flankiert von herausragenden Fahrtenberichten, pädagogischen Leitartikeln und fundierten Beiträgen zu historischen Ereignissen.

Jahrbuch

Wer das neue Jahrbuch aufmerksam liest, wird feststellen, dass trotz aller „amtlichen Differenzen" die tatsächlichen Unterschiede gar nicht so groß sind. Unsere Wurzeln – ob Pfadfinder aller Schattierungen und Jugendbewegte aller Bünde –, unsere Wurzeln liegen so eng beieinander, dass wir weder auf die Farben der Hemden, der Halstücher, noch auf die Art der Lilie schauen sollten. Insofern ist das Scouting-Jahrbuch immer ein Aufruf zur Gemeinsamkeit über alle Bundesgrenzen hinweg.

www.scouting.de
news@scouting.de

scouting

Wir blicken zurück auf das vergangene Jahr: Was waren die spannendsten Nachrichten für unsere Online-Leser? In einer bewegenden Rückschau hier die Top Ten unserer Artikel in Count-down-Reihenfolge:

Platz 10: Belohnung ausgesetzt: Fahnendiebstahl beim Überbündischen Treffen. Im Rahmen des Überbündischen Treffens war dem Weinbacher Wandervogel trotz Lagerfrieden die Bundesfahne gestohlen worden. Es gingen weder Bekennerschreiben noch Lösebierforderung ein. Deshalb setzte der Weinbacher Wandervogel einen Monat nach dem Lager eine Belohnung in Höhe von 300 € zur Ergreifung der Täter aus. Ein Leser beschwerte sich anschließend über den vom Bundesführer des Weinbacher Wandervogels verfassten Bericht. Die darin enthaltene Formulierung, der Diebstahl sei „unpfadfinderisch' impliziere eine Täterschaft von Pfadfindern, dabei könnten es doch genauso gut Passanten, Wandervögel, Zugvögel oder andere Lagerteilnehmer gewesen sein.

scouting.de/fahnendiebstahl-uet-2017-belohnung-ausgesetzt/

Platz 09: Pfadfinderschloss Martinfeld. Wozu eine Hütte mieten, wenn man auch im Schloss residieren kann? Die Vorstellung dieser von Mitgliedern des Deutschen Pfadfinderbundes (DPB) betriebenen Selbstversorgerunterkunft schaffte es doch glatt in die Top Ten. Die zentrale Lage im grünen Herzen Deutschlands im Naturpark „Eichsfeld-Hainich-Werratal", das gemütliche Flair eines kleinen Renaissanceschlosses und die vielen Sehenswürdigkeiten der näheren Umgebung stellen nur einige der Vorzüge der Herberge dar. scouting.de/pfadfinderschloss-martinfeld/

Platz 08: Der Dauerbrenner schlechthin. Der Artikel aus unserer antiken Print-Reihe Paragraphenreiterei zu **„Mädchen und Jungen zusammen im Zeltlager, aber auch zusammen in einem Zelt?"** wurde in 2009 verfasst. Jedes Jahr lag er bislang in den Top Ten. Intern unken wir, dies läge daran, dass man ihn findet, wenn man bei Google die Suchbegriffe „Mädchen+nackt+Zelt" eingibt. Das erschließt ganz neue Leserkreise.

http://scouting.de/madchen-und-jungen-zusammen-im-zeltlager-aber-auch-zusammen-in-einem-zelt/

Platz 07: Fotoserie mit Krabat in Schwarzkollm. Der Pfadfinderbund Weltenbummler war im Bundeslager in Schwarzkollm und perfekt zum Orte passend hatte er sich zum Thema des Lagers das Buch „Krabat" von Otfried Preußler erwählt, welches ja auch in Schwarzkollm spielt. Das Jurtenbau-„Special Forces"- Team der Weltenbummler gab wieder einmal alles und errichtete eine imposante Schwarzmühle.

http://scouting.de/mit-krabat-in-schwarzkollm-fotoserie/

Platz 06: Das Überbündische Treffen war der Jahreshöhepunkt schlechthin. Es ist zu hoffen, dass auf Dauer mehr davon in der Erinnerung bleibt als der **Fahnendiebstahl**. Erst drei Wochen nach dem Diebstahl war das Verschwinden bis zur Redaktion der Scouting durchgesickert. Sie nutzte dies, um noch mal die rechtlichen Hintergründe zu „Besuchen mit Traditionshintergrund"– kurzum Fahnendiebstahl –, hinzuweisen.

scouting.de/fahnendiebstahl-beim-ueberbuendischen-treffen/

Platz 05: Je mehr Personen an einer Veranstaltung teilnehmen, desto eher schnellen die Zugriffe auf die entsprechenden Artikel nach oben, insbesondere wenn es Fotoserien gibt. Vermutlich will dann jeder einmal nachschauen, ob er auch vorteilhaft getroffen wurde. Wenig überraschend kamen **Bilder, Berichte und Video vom Rheinischen Singewettstreit 2017** auf einen vorderen Platz. Zudem kamen die Europapfadfinder Sankt Michael (ESM) mehrmals in den Berichten vor und es gibt Bünde, die muss man nur kurz erwähnen und schon sind alle Angehörigen dieses Bundes im positiven Sinne „alarmiert" und clicken wie wahnsinnig.

scouting.de/gesamtrueckschau-rheinischer-singewettstreit-2017/

Platz 04: Bericht, Platzierung, Fotos und Video vom Hamburger Singewettstreit 2017. Videos und Fotogalerien gehen immer gut. Die Einschätzung des jungen Berichterstatters Philipp, es habe Versuche gegeben, die Besucher politisch zu beeinflussen, dürfte dann aber auch für einige Zugriffe gesorgt haben. Trotz des expliziten Hinweises, dass es sich nicht um einen Bericht der Redaktion handelte, kam es auf der Facebookseite des HaSiWe zu Nutzerkommentaren wie „Vielleicht hätte die Scoutingtruppe darauf verzichten sollen, Penny auf der Reeperbahn zu besuchen und stattdessen lieber einen Fairtrade-Markt aufsuchen sollen – dabei hätte man sich nebenbei noch etwas politisch bilden können". Das war dann zumindest Anlass für einen Artikel zum 1. April: **Scoutingredaktion bei Besuch eines Fairtrade-Marktes verschüttet** („Es hätte der Höhepunkt ihres diesjährigen Betriebsausfluges werden sollen und kostete beinahe ihr Leben"). Der schaffte es allerdings nicht auf einen vorderen Platz.
scouting.de/bericht-plazierung-fotos-video-vom-hamburger-singewettstreit-2017/

Platz 03: Vorbild Pfadfinder. Ja, man liest auch gern mal etwas Positives über sich selbst. In einem Gastbeitrag für die „Süddeutsche Zeitung" hatte sich Sebastian Gallander mit den beruflichen Herausforderungen der Zukunft auseinandergesetzt. Stichwort „Sozialkompetenz". Um junge Menschen in ihren charakterlichen Fähigkeiten zu stärken, empfiehlt der Autor die Pfadfinder. Denn bei einem Pilotprojekt in England, bei welchem verschiedene Schulen mit Pfadfindern Kooperationen eingegangen seien, sollen sich bereits nach wenigen Monaten positive Ergebnisse bei den Schülern gezeigt haben. So sei ihre Kooperationsfähigkeit gestiegen, ihr Gemeinsinn, teilweise sogar ihr gesamtes Verhalten verbessert worden. scouting.de/vorbild-pfadfinder

Platz 02: Der Filmexperte der Redaktion bekam übel Kopfschmerzen vom **Video über das Bundeslager des Deutschen Pfadfinderbundes (DPB).** Denn das von der völlig unerfahrenen Kollegin erstellte Filmchen bestand schlicht aus einem wackeligen Rundumblick beim Morgenkreis, ansonsten einer schlichten Diashow und im Hintergrund trötet und trommelt ein Trommel- und Fanfarencorps. Aber das war vollkommen egal, erstens „Learning by Doing" und zweitens gehört auch der Deutsche Pfadfinderbund zu den Bünden, die man nur kurz erwähnen muss und schon schnellen die Zugriffe nach oben.
scouting.de/video-dpb-bundeslager-pfingsten-2017-in-hemer

1

Platz 01: Das war eindeutig der Höhepunkt des Jahres 2017. Am Überbündischen Lager vom 28. September bis 03. Oktober 2017 auf dem Allensbacher Hof nahmen 2000 Teilnehmer aus mindestens 45 unterschiedlichen Bünden und Initiativen der Pfadfinder- und Jugendbewegung teil. **Video und Kurzbericht vom Überbündischen Treffen** schnellten zügig auf den vordersten Platz der Zugriffe. Und das, obgleich das Video wieder von derselben unerfahrenen Kraft (siehe Platz 02) erstellt worden war und der Chefredakteur mäkelte, das Video sei mit fast 15 Minuten Dauer viel zu lang, so etwas schaue sich doch kein Mensch an.

scouting.de/video-vom-uet-2017-ueberbuendisches-treffen

ÜT 2017

Rover Moot 2017

Island

Allgemeines

Das Rover Moot ist ein weltweites Pfadfindertreffen, das wie das Jamboree alle vier Jahre in einem anderen Land stattfindet. Nachdem ich 2015 beim Jamboree in Japan war, ging es dieses Jahr, 2017, nach Island zum 15ten Rover Moot. Unter dem Motto „Change Inspired by Iceland" reisten ca. 5000 Teilnehmerrinnen und Teilnehmer aus aller Welt nach Island, um dort 8 Tage gemeinsam zu verbringen.

Vorbereitung

Wer meinen Artikel vom Jamboree 2015 kennt, weiß, dass ich auf keiner Nachtour in Japan war. Das war sehr sehr schade und sollte dieses Mal nicht zur Debatte stehen. Die 100 Teilnehmer des deutschen Kontingents fuhren nicht, wie erwartet und erhofft mit gemeinsamer Ringkluft, die ja schon vor 2 Jahren zum Jamboree etabliert wurde, sondern in ihren eigenen Verbandskluften.

Die Uneinigkeit der Bünde wurde schon beim Vortreffen in Westernohe deutlich, als da nur die DPSG-Teilnehmer anwesend waren(und ein BdPler). Es wurde also von der Kontingentsführung bekanntgegeben, dass es keine einheitliche Kluft geben wird, obwohl diese in der Anmeldung angepriesen wurde, und man diese auch vorher bezahlt hat. Als Entschädigung hat man uns eine Mütze gegeben. Der Vorschlag von Christian Wolff, dem einzigen BdPler, eine bordeauxrote Juscha(Ringfarbe) zu bestellen wurde leider nicht umgesetzt, obwohl die Teilnehmer alle zugestimmt haben. Die Juscha wäre wenigstens etwas praktisches und ein deutliches Erkennungsmerkmal, ganz im Gegensatz zu einer lächerlichen Mütze, die uns die Kontingentsleitung und Jan-Henrik Buchmann angedreht hatte.

Ich hatte mich eigentlich schon auf das Abzeichen tauschen beim Moot gefreut. Mein Vater und ich haben eine große Sammlung, die wir weiter ausbauen wollten und ich hatte mir deshalb viele Aufnäher bestellt. Für die Kontingentsleitung anscheinend zu viele, da sie mir Vorgeworfen hatte, die Abzeichen zu horten und ich könnte sie ja dann auf dem Moot verkaufen. „Es sei ungefähr gegenüber den anderen, wenn ein Teilnehmer so viele Aufnäher hat."

In Westernohe hab ich auch einen alten Bekannten vom Jamboree 2015 wiedergetroffen und mich mit seinen Freunden angefreundet und wir haben eine Nachtour-Gruppe gebildet. Zu den Aktivitäten in Westernohe muss man nicht viel sagen, wir hatten ein paar Information über Island, den Ablauf und wie wir mit fremden Kulturen umzugehen hatten bekommen.

Meine Nachtour-gruppe und ich, haben sich dann nochmal getroffen um die Tour festzulegen. Wir haben uns dafür entschieden den touristisch geprägten Süden abzufahren und so viel wie möglich von Island zu sehen. Unser Endziel sollte Hof(gesprochen wie das Geräusch, dass man beim Schluckauf hat)sein. Über die Nachtour werde ich in einem späteren Kapitel berichten.

Anreise

Am 24.07.2017 ging es also los. Ich nahm den Zug nach München und traf dort einen Teil meiner Nachtourgruppe. Gemeinsam flogen wir um 14:05 ca. 4 Stunden nach Keflavik, den Flughafen vor den Toren Reykjaviks. Am Flughafen angekommen trafen wir von noch gut riechenden Pfadfindern zusammen. In der Ankunftshalle wurden wir direkt von isländischen Pfadfindern interviewt, wie denn unser Flug war und ob wir uns schon aus das Moot freuen, die Antwort war eindeutig: JA.

Nach etwas warten und kurzzeitiger Ratlosigkeit wie es jetzt ins 50km entfernte Reykjavik geht wurden wir in Busse geladen und zu unserer ersten Übernachtungsmöglichkeit gefahren. Eine Schule, nicht weit vom Zentrum entfernt. Eigentlich wollte ich bei einem Haus in der Nähe klingen und schauen, ob ich dort einen Schlafplatz finde, doch kamen wir so spät an, dass ich mich dagegen entschied und mit in die, eigentlich kostenpflichtige, Schule ging und dort in einem Klassenzimmer schlief.

Natürlich wollten wir sofort die Stadt erkunden, was in Island auch zu später Stunde noch möglich ist, da es nie dunkel wird. Wir sind also an unseren ersten Abend im Stadtzentrum und waren dann noch weit nach 12 Uhr auf dem Spielplatz vor der Schule. Das alles bei einem komplett verwirrtem Gehirn, das mit dem mangelndem schlaf und dem durchgehendem Dämmerungslicht noch nicht ganz klar kam. Am nächsten morgen mussten wir um 6 Uhr raus.

Tag 1

Da Selbstverpflegung am morgen auf dem Speiseplan stand, hatten wir uns am Vorabend im Supermarkt mit Frühstück eingedeckt. Mein Frühstück bestand aus Keksen, einem Apfel, und einem Schokoriegel. Unsere Gepäckstücke mussten wir in einen Truck laden, der sie dann zur Sporthalle in der die Eröffnungsfeier stattfinden sollte brachte und wir wurden mit einem Linienbus einige Zeit später vor der Halle abgesetzt. Mit Reisebussen sollten wir dann zu unseren Expeditioncentern gebracht werden. Anders als beim Jamboree waren nicht alle Teilnehmer auf dem selben Zeltplatz sondern wir waren in Expeditioncenter aufgeteilt, wo wir die ersten 4 Tage verbrachten. So bekam jeder einen anderen Eindruck von Island, und konnte diesen dann am Ende, wenn alle wieder auf einem Zeltplatz sind mit allen teilen. Mein Expeditioncenter befand sich in Akureyri(18000 Einwohner), die größte Stadt im Norden Island. Gefühlt aber nur so groß wie ganz Westerland(9000Einwohner).

Wir standen also vor dieser Halle und wollten rein. Außerdem war ein Kontingentstreffen vor der Eröffnungsfeier geplant. Um in die Halle zukommen war ein Teilnehmerbändchen nötig. Geplant von der Kontingentsleitung war, dass wir diese Bändchen in der Halle bekommen. Wer jetzt nachdenkt, merkt dass diese Rechnung nicht aufgeht. Zum Glück war unsere Kontingentsleitung nirgendwo zu finden also mussten wir warten. Nach einiger Zeit durften wir dann in die Halle zum Kontingentstreffen. Dort haben wir dann die Bändchen und noch ein paar Informationen bekommen. Wie zum Beispiel, zum wiederholten Mal, dass wir nach der Eröffnungsfeier in die Busse steigen müssen, „Die Busse warten nicht!" überall wurde das gesagt und wir hatten das alle verinnerlicht.

In der Halle angekommen, mussten wir uns in unseren Expeditioncentern aufteilen, dazu waren Fahnen mit den Städten und Menschen mit den Tribe-Nummern bereitgestanden. Nachdem sich alle gefunden hatten, man noch etwas geredet hat, ging es relativ schnell los. Man hat erst gar nicht so schnell realisiert, wer den jetzt die Leute aus seinem Patrol waren, mit denen man sich schon über Facebook unterhalten hatte.

Die Eröffnungsfeier war grandios, mit isländischen Künstlern und Bands die die Stimmung noch weiter anhoben. Es waren Radkünstler, verschiedene Bands, Seiltänzerinnen und natürlich wichtige Pfadfinder auf der Bühne.

Nach der Eröffnungsfeier wollten wir also so schnell wie möglich zu den Bussen, denn „die warten nicht!" Vorher durften wir aber noch ein Lunch-

change
change
change
change

paket abholen. Das bestand aus zwei Broten mit eine unerklärlichen Paste darauf, höchstwahrscheinlich Fisch, einer Orange und zwei Säften. Das musste also für die 6 Stunden Busfahrt reichen, die wir vor uns hatten. Nach der Essensausgabe haben wurde dann auch unser Patrol einander vorgestellt und man hat sich zum ersten mal mit den Leuten unterhalten, mit denen man die nächsten Tage am meisten Zeit verbringen wird.

Unser Tribeführer löste dann die allgemeine Panik um die nicht wartenden Busse auf und sagte im guten englisch mit italienischem Akzent , dass niemand zurückgelassen wird. Das stimmte aber nur teilweise da leider genau unser Patrol auf zwei verschiedene Busse aufgeteilt waren, die zum Glück ans selbe Ziel fuhren. Die 6 Stunden fahrt vergingen schneller als gedacht, denn man hatte genug Zeit die neu gefundenen Freunde aus dem eigenen Patrol kennenzulernen, zu reden und zu spielen. Nach einer Weile, waren viele am schlafen, geschafft von der langen Anreise.

In Akureyri waren aber alle wieder wach und gespannt, wie denn der Zeltplatz aussieht. Unser Gepäck war in einem anderem Bus, doch der stand natürlich nicht auf dem Parkplatz. Also erst mal weiter ohne Gepäck. Uns wurde dann unser Zeltplatz gezeigt und irgendwann kam dann die Nachricht, dass unser Gepäck angekommen ist. Wir bauten unsere Zelte auf und fingen und zu kochen: Burger. Genau das richtige Für so einen Tag. Auf dem Moot läuft es ähnlich wie auf dem Jamboree vom Essen her. Man muss sich das Essen als Tribe holen und dann selbst zubereiten. Nichts lieber als das, selbstgemacht schmeckt doch am besten. Nach dem Essen hat der Campchief des Zeltplatzes eine Willkommensrede gehalten, er ist begeistert von uns und hat so einige Lobeslieder über uns gesungen.

An diesen Abend sind alle relativ früh ins Bett, obwohl viele im Bus geschlafen haben, war der Zeltplatz wie leergefegt. Nur vereinzelt wurde Gitarre gespielt und in großen Runden geredet. Wir wollten jeden Tag bis in die letzten Züge genießen.

Tag 2

An diesem Morgen viel das Aufstehen nicht schwer, alle freuten sich auf die ersten Aktivitäten mit den Leuten die man erst kürzlich kennengelernt hat, aber trotzdem schon ins Herz geschlossen hat. Nach dem Frühstück liefen wir ca. 3km bis nach Akureyri, welches direkt an einem Fjord liegt, um dort den sogenannten Community Service zu machen. Was das hieß erfuhren wir erst später. Wir liefen also zu dem Punkt, der uns gesagt wurde. Doch dort war niemand. Man sagte uns sei ein „green house", also hielten wir Ausschau nach grünen Häusern. Auf die Idee, dass ein Greenhouse ein Gewächshaus ist kamen wir erst, als wir direkt davor standen. Dort wartete natürlich schon jemand auf uns der uns bat ihm zu folgen. Er führte uns zu einem Grünstreifen an der Straße, die wir gerade hergelaufen sind, drückte uns Spaten in die Hand, zeigte auf eine Pflanze und sagte: „Die müssen weg, aber nur die, nicht die anderen Pflanzen." Wir teilten uns in zwei Gruppen auf und arbeiteten aufeinander zu. Die Pflanzen waren zwar deutlich zu erkennen, doch wuchsen sie an einem Steilhang mit losem Untergrund, es entstanden viele lustige Situationen, bei denen wir vom Berg abrutschten und runterkullerten. Wir hatten viel Spaß die Pflanzen rauszureißen und wenn man zusammen mit seinen Freunden ist, macht auch solche Arbeit Spaß! Wir haben in Akkordzeit gearbeitet, sodass wir 30min zu früh fertig waren und uns dafür viel Zeit beim Mittagessen im schattigen Plätzchen ließen. Warum ich das erwähne? Weil es an den ersten Tagen des Moots eine regelrechte Hitzewelle gab. Die heißesten Tage in Island seit 6 Jahren bei bis zu 25 Grad! Deshalb suchten wir den Schatten.

Nach unserem ausgiebigen Mittagessen besuchten wir spontan ein Museum. Eigentlich ein Technikmuseum, dass aber auch isländische Kultur und Tradition beinhaltete, untergebracht am Rande des Fjords. Dort drin gab es alles nicht Zeitgemäßes. Sonargeräte von U-Booten, Haartrockenhauben aus den 70er, alte Setzmaschinen zum Buchdruck, die ersten Computer und Maschinen zur Herstellung von Käse. Im Obergeschoss gab es isländische Kleidung und Accessoires.

Doch der beste Teil des Tages wartete noch auf uns: Segeln im Fjord!

Bei 25 Grad ist das natürlich ein Traum. Das Wasser hatte trotz Hochsommer um die Null Grad. Der Sprung ins kalte nass durfte aber natürlich nicht fehlen.

Wir haben uns in einer kleinen Hütte direkt am Wasser umgezogen, sind in Schwimmwesten geschlüpft und hatten dann die Auswahl zwischen Paddel- oder Segelboot. Ines, ein portugiesisches Mädchen aus meinem Patrol und ich haben uns für ein Paddelboot entschieden und haben dann auf dem

eiskalten Wasser des Fjords unsere Runden gedreht. Für die Segelboote gab es andere Anweisungen. „Ihr dürft nicht alleine fahren, es ist immer ein Könner dabei.", sagte der Chef des Bootclubs. In der Realität, sind dann die Könner nach ca. 10 Minuten ausgewechselt worden und man ist allein rumgefahren. Zum krönenden Abschluss haben wir eine Speedboot-tour gemacht, die dann in einem Rennen mit einer anderen Gruppe geendet hat und man mit 50 Sachen übers Wasser geschossen ist. All das Geschah unter stets guter Laune, bei Sonnenschein und 25 Grad in Island am zweiten Tag.

Bei einem 18.000 Seelen Dörfchen wie Akureyri, dessen Markenzeichen eine Ampel mit einem Rotlicht in Form eines Herzens ist, kann man natürlich keine große Fußgängerzone erwarten, die nach gut 100 Metern beendet. Bemerkenswert war aber der Flughafen, dessen Landebahn sich mitten auf dem Fjord befand, umzingelt von Wasser.

Der Heimweg war deutlich anstrengender als der Hinweg, den man noch gefüllt mit Energie, quasi im Sprint zurückgelegt hat. Nun trabten wir zurück zum Zeltplatz, dort angekommen stellten wir zur großen Freude unserer seits fest, das der restliche Tribe schon angefangen hatte zu kochen, da sie früher von ihrer Aktivität zurück kamen. Wir mussten uns also nur noch hinsetzen, unser Essbesteck auspacken und essen. Vor und nach dem Essen scherzten wir über die Ereignisse des vergangenen Tages und erzählten uns gegenseitig wie toll doch alles sei. Wir hatten echt eine tolle Zeit an den Abenden des Moots in Akureyri.

Am späten Abend gab es dann noch einen spontan aufgezogenen Openmic-Abend, mit Tanzeinlagen, Gedichten, Songs und Sketchen. Leider durfte man kein Feuer machen, was bei den abendlichen Temperaturen hilfreich gewesen wäre doch bei der guten Stimmung die herrschte viel das nicht so sehr auf. Der Veranstaltung wurde zwar zeitig beendet, doch der Abend war noch lange nicht vorbei. Noch bis spät in die Nacht saßen wir auf dem Zeltplatz, wir konnten uns einfach nicht mehr voneinander Trennen, wir waren zusammengewachsen und erzählten und erzählten. Wir erzählten von uns, von unserer Heimat, von Sachen die wir mögen und von Sachen die wir nicht mögen. Man taucht ein in eine andere Welt, wenn man von anderen Kulturen erzählt bekommt und sie erlebt.

HEISSE QUELLEN, [
BERÜHRENDER ZU
IMPRESSIONEN V
AUF ISLAND

Als ich mich als einzige
nale Großlager in Island an
dort erwarten würde. Infor
man nur sporadisch und so

Bekannt war, dass wir
stehend aus jeweils etwa
Ländern, eingeteilt sein wü
von elf auf der Insel verteil
der persönlichen Interesse
Aktivitäten entschieden un
brodelt es ganz heftig, wes
geothermischen Energie be
Auch für seine heißen Qu
vielen Wanderns auch die

Während die meisten
päck und Bussen nach Úlfl
– darunter ich – zum Ziel,
erneuten Bad in der heißen
keinen Wegen – fernab jeg
noch ein paar Schafe, doc
serfälle und endlose Weit
Staffel „Game of Thrones"
alle froh, als wir nach etw
noch froher, als wir festst
das Abendessen vorbereit
gestellt in Island zu sein,
Tausenden von Menschen

Doch auch daran gewö
Teilnehmern und etwa 700
Gefühl, was Pfadfinden be
in der jeder gleich behand

Tag 3

Der dritte Tag startete mit einem Hike. Man sagte uns, dass wir etwa 10km laufen müssten, genaue Anweisungen, gäbe es kurz vor der Abreise. Wir frühstückten also, packten unser Lunchpaket.

Treffpunkt war am Rande des Zeltplatzes und wir waren schon alle gespannt auf den Weg, denn es hieß wir müssten einen Canyon durchqueren, was sich sehr cool anhörte. Beim Treffpunkt angekommen, wartete schon eine Frau auf uns, die uns weitere Anweisungen gab. „10km, bleibt so weit oben auf dem Berg wie möglich, diese Richtung, viel Spaß" Das waren alle Informationen, die wir bekamen. Also sind wir aus dem Zeltplatz raus und erst mal in die falsche Richtung gelaufen. Nachdem wir dann bei der Frau uns nochmals erkundigt haben, hatten wir den Richtigen weg gefunden und ab hier sollte das wahre Abenteuer wirklich beginnen.

Der Wanderpfad endete an einer Hütte, bei der noch andere Gruppen vom Moot waren, von denen aber dann einige in andere Richtungen gingen. Manche von ihnen bestiegen zum Beispiel einen Berg, auf dessen Spitze Schnee lag und von Nebel umgeben war.

Wir gingen weiter in die Richtung die uns gesagt wurde und stießen auf die erste Hürde des Weges. Wir mussten entlang eines rutschigen Geröllhangs klettern und jeder Stein auf den wir traten rutschte unter unseren Füßen davon. Wir wanderten auf einer Hochebene, das Fjord zu unseren Füßen, querfeldein bis wir letztendlich an einer Schlucht ankamen, die wir durchqueren mussten. Es ging extrem steil bergab und man musste bei jedem Schritt aufpassen, um nicht abzurutschen. Auf der anderen Seite machten wir unsere Mittagspause. Da wir, wie schon erwähnt, nur wage Angaben zur genauen Route hatten, entschieden wir uns langsam in Richtung Fjord zu gehen. Wir suchten uns unseren Weg durch einen Nadelwald und stießen auf eine Wanderweg, den wir bis in die nächste Stadt folgten

Kurz vor unserem eigentlichem Ziel, einem Schwimmbad, statteten wir einem Christmas Village einen Besuch ab. Bei wieder knapp 25 Grad und Ende Juli kann man sich vorstellen, wie die Stimmung war. Man muss zugeben, es war ganz schön gemacht, und es gab gratis Essen, nämlich selbstgemachte Marmelade, doch waren wir wie schon gesagt alle nicht in der richtigen Stimmung dafür. Also ging es dann noch 200m ins Schwimmbad. Wenn man in Island in ein Schwimmbad sind grundsätzlich alle Becken beheizt, außer das Eisbecken, welches man aber nur in Maßen „genießen" sollte. Bei unserem Schwimmbad gab es eine Rutsche, ein Schwimmerbecken, natürlich auch beheizt, ein Hottub, mit um die 40 Grad, ein ganz niedriges Becken, bei dem man auf dem Boden liegen musste, um mit Wasser bedeckt zu sein und das erwähnte Eisbecken.

gestellt bekommen haben und der selbst für mich, mit einer wirklich durchschnittlichen Größe von 1,79, nur wenig Beinfreiheit bot und keinerlei Nackenstütze hatte. Ich saß also total übermüdet kerzengerade in meinem Sitz und ich konnte nur ahnen wie unangenehm es für den 2,02 Meter Menschen vor mir sein musste.

Nach etwa der Hälfte der Fahrt hörte man einen lauten Knall im Bus, dann ein Rattern. Ja uns ist gerade ein Reifen geplatzt, sagte der Busfahrer durch seine Sprechanlage. Wir fuhren noch einige Hundertmeter auf der Landstraße weiter, bis eine geeignete Ausfahrt, wohl eher die einzige Ausfahrt weit und breit, kam und wir auf einer Farm landeten. Wir stiegen also alle aus dem Bus aus und betrachteten den Schaden. Der äußere rechte Hinterreifen war komplett zerfetzt und wir mussten ihn auswechseln. Nun standen wir aber vor einem neuen Problem, wir hatten 2 Wagenheber: Einer war nicht stark genug um den Bus zu heben und der andere war zu kurz. Wir haben uns etwas zusammengepfuscht und den verklemmten Reifen von der Achse gezogen. Den neuen zu montieren ging sehr viel schneller und nach gut eineinviertel Stunden Zwangspause waren wir wieder startklar. Der Rest des Weges verging wie im Flug und wir erreichten endlich Ulfljotsvatn auch wenn wir einer der letzten Busse waren der eintraf, konnten wir das vorprogrammierte Chaos der Zeltplatzzuweisung nicht umgehen und die allgemeine Aufregung war deutlich spürbar.

Jetzt war natürlich viel los. Man musste die Zelte wieder aufbauen, das Küchenzelt zusammensuchen, den Platz erkunden. Ich traf mich unterandarem auch wieder mit dem deutschen Kontingent und uns wurde die neue Essensausgabe erklärt. Jeder Tribe hatte ein Punktekonto und jedes Produkt im Moot eigenen Supermarkt kostete eine gewisse Punktzahl. Man konnte sich also immer als Tribe abstimmen und selbst bestimmen, was man den gerne kochen möchte. Man kann also auch Hamburger zum Frühstück essen oder zweimal Abendessen, dafür hatte man dann halt weniger Punkte, die man ausgeben konnte. Das Problem war, das niemand aus dem Tribe wusste wie viele Punkte man nun tatsächlich zur Verfügung hatte und so haben wir beschlossen keine Experimente zu machen und haben unsere Essen traditionell gehalten.

Am Abend gab es unsere dritte Eröffnungsfeier auf diesem Moot. Alle 5000 Teilnehmer waren wieder vereint, auf einem großen Zeltplatz, um den Frieden und Gemeinschaft zu feiern, um Spaß zu haben und neue Freunde zu finden.

Dieses mal sprach die isländische Pfadfinderleitung und der Moot-song wurde auf und ab gespielt. Jeder tanzte und hatte Spaß. Als dann angekündigte, dass ein DJ auflegen würde und wir bis in die Nacht feiern dürfen, gab es kein halten mehr. Es wurden Wasserbälle geworfen und wir haben Limbos veranstaltet. Man hat Menschenketten aus wildfremden Menschen gebildet die alle gemeinsam getanzt haben und fröhlich waren. Es war ein Unglaublich, und ich mitten drin.

Die Party endete aber nicht ohne das wir eine zweite und dritte Zugabe ein forderten und alle unsere Kräfte auf der Tanzfläche liesen. Alles was an diesem Tag passiert war, der verpasste Sonnenaufgang, die Abwesenheit von schlaf, oder der geplatzte Reifen und die unbequemen sitze, all das war vergessen und ausgetauscht gegen pure Glücksgefühle und Fröhlichkeit.

Tag 6

Der nächste Tag war komplett als „international day" deklariert. Das gleiche Konzept gibt es auch auf dem Jamboree mit dem Unterschied, das ich beim Jamboree quasi krank war und den Tag nicht genießen konnte. Dieses Mal bin och putzmunter, es gab also viel nach zu holen.

Mit was wir starteten kann ich nicht sagen, aber ich denke, wir haben so gut wie alles gemacht. Im Arabischen Zelt haben wir uns arabische Gewänder angezogen und neben japanische Nudel probiert. Bei den Amerikanern gab es Marschmallow-sandwiches. Es ist ein Wunder, dass wir noch zwei Portionen von den italienischen Nudeln mit selbstgemachter Soße essen konnten, nachdem wir bei allen möglichen Ländern etliche Würste gegessen haben. Dazu haben wir uns durch jede erdenkliche Essensausgabe geschlängelt und von allem etwas probiert Die Pasta der Italiener war aber tatsächlich außergewöhnlich gut. Nach dem „Mittagessen" sind wir in Richtung Südamerika gegangen, die zu unserem Glück fast alle Getränke und Nachspeisen hatten. Wir probierten uns durch noch mehr Leckereien, tranken costaricanischen Kaffee. Allgegenwärtige Nebenbeschäftigung war wieder, wie immer eigentlich, das Abzeichen tauschen. Ich hab ja nicht umsonst so viele Abzeichen gekauft. Nachdem das Moot aber auch schon mehr als zur Hälfte zu Ende war und damit viele meiner deutschen Kontingentsfreunde all ihre Abzeichen schon vertauscht haben, hab ich manche auch einfach verschenkt. Seitdem wir in Island sind wollte ich entweder den Portugiesischen oder den Kanadischen Pulli tauschen. Natürlich tauscht kein Kontingent einen Pulli gegen eine Mütze aber ein paar freiwillige aus dem deutschen Kontingent haben Pullis und T-Shirts machen lassen, die man sich kaufen konnte. Leider war der deutsche Kontingentspulli in Baby-blau nicht so begehrt und deswegen nur schwer zu tauschen.

Tag 7

Für die nächsten zwei Tage gab es immer zwei sogenannte Villages, eine Art Station, bei der es verschiedene Aktivitäten zu machen gab. Ein Village am Vormittag und eins am Nachmittag.

In unserem ersten Dorf machten wir uns daran einen Fahrschultest zu bestehen. Man musste erst ein paar Fragen beantworten und dann musst man eine Brille, die die Sicht bei Trunkenheit darstellt, aufsetzen. Mit dieser Brille musste man dann versuchen, durch Pylonen durch zu laufen. Das hat für einige Lacher gesorgt. Den Abschluss der Station machte ein Auto, das einen Unfall simulierte. Es war an der Front und am Heck mit einer drehbaren Plattform verbunden, die es dem Auto ermöglichte eine Rolle zu machen. Man saß ganz normal in dem Auto, schnallte sich an und dann hatte man einen Unfalll mit Überschlag. Natürlich nur langsam aber diese Simulation ist ein Teil der isländischen Fahrprüfung und soll den Fahrschülern die Situation näherbringen und natürlich soll es auch als präventiv Maßnahme dienen.

Weil die Patrols alle in verschiedenen Stationen waren, und alle zu unterschiedlichen Zeit essen wollten, haben wir als Tribe entschieden, das ein Patrol Mittagessen holt und jeder dann zu seiner zeit sein Mittagessen machen kann. Wir besorgten das Essen nach dem ersten Village und bereiteten es zu. Nachdem wir gegessen haben ging es zu dem wohl spaßigsten Village von allen. Es gab dort Menschliches-Kicker, bei dem wir die gegnerische Mannschaft mit einem zu-Null sieg nach Hause schickten, einen „Boxring" mit gigantischen Boxhandschuhen aus Schaumstoff in dem wir einige Runden verbrachten, Slacklines, einen Parcours, Kistenstapeln und Klettern. Vor dem Kistenstapeln war, wie von jedem Kinderfest gewohnt, eine ewig lange Schlange und von dem Turm neben an konnte man den kompletten Zeltplatz überblicken.

Am selben Abend hat sich der gesamte Tribe auf dem Berg neben den See getroffen, um den Sonnenuntergang zu bewundern. Oben auf dem Gipfel waren wir aber nicht alleine, viele gleichgesinnte haben den Weg auf sich genommen um hier gemeinsam zu singen und sich zu unterhalten. Wir schwelgten in Erinnerungen und lachten über die vergangenen Tage.

In diesen Momenten, als wir gemeinsam der Sonne nachschauten, oben auf dem Gipfel, denke ich, dass wir es verstanden haben. Wir waren mehr als nur Freunde geworden, wir sind zu Menschen geworden, die für immer in der Erinnerung des anderen bleiben werden.

15. WORLD SCOUT ROVERMOOT IN ISLAND ZWISCHENBERICHT

Am 28. Jukli endeten die Expeditioncenters in Island. Unsere Gruppe war in Akureyri und wir hatten eine tolle Zeit dort. Am ersten Tag hatten wir Community Service, wo wir einem Landschaftsgärtner halfen Unkraut zu zupfen. Danach sind wir in einem Fjord gesegelt. Das Wasser war eiskalt, trotzdem sind wir reingesprungen.

Am zweiten Tag machten wir einen 10km Haik und besichtigten das Christmasvillage. Highlight des Tages war aber definitiv das Schwimmbad mit einem Hotpott (40°C) eine Rutsche und ein Eisbad.

Am letzten Tag des Expeditioncenter haben wir eine Sightseeingtour gemacht. Wie waren an einem großen Wasserfall, geothermische Quellen und haben eine See angeschautt, der von einem Vulkan geformt wurde.

Am Abend war dann ein openmic Abend bei dem wirklich gute Reden gehalten wurden und den Expeditioncenter würdig beendeten. Jetzt geht es zurück nach Úlffljótsvatn zum Zeltplatz der isländischen Pfadfinderorganisation.

Tag 8

Der letzte Tag hatte begonnen. Wir hatten wie auch schon am gestrigen Tag zwei Villages vor uns. Am Morgen waren wir im Faith und Believe-Zelt, In dem man sich über die verschiedenen Weltreligionen informieren konnte. Nachdem wir uns dort etwas aufgehalten haben, haben wir uns zusammen an den Rand des Sees gesetzt und uns unterhalten. Die Stimmung war bedrückt oder besser gesagt nicht mehr so fröhlich, da man spürte, dass dieses Lager bald ein Ende hat. Unvermeidlich war, dass wir uns trennen werden und uns lange oder überhaupt nicht mehr sehen. Nichts desto trotz wollten wir hier nicht in Kummer versauern also versuchten wir das beste draus zu machen. Der restliche Tag ging relativ schnell rum. Am Abend gab es nochmal eine große Party, die wie jeden Abend im niederländischem Zelt stattfand. Heute waren aber gefühlt 5000 Pfadfinder in einem einzigen Bierzelt versammelt und obwohl die Zeltwände hochgesteckt waren, war es unglaublich stickig in diese Zelt und man hatte keinerlei Platz um zu tanzen. Viele Leute fragen mich, was man den auf eine Moot oder Jamboree für Aktivitäten macht. Nun ja, das tolle an einem Moot oder Jamboree sind nicht die Aktivitäten an sich, denn die Verantwortlichen können ja nicht zaubern und Sachen machen, die man nicht irgendwo schon mal gemacht hat. Man macht also an sich die klassischen Pfadfinder- Spiele und –Aktivitäten. Man kennt die meisten Spiele schon aus seinem Heimatland. Wir sind uns also einig, dass die Aktivitäten nicht wirklich etwas besonders sind. Was macht dann aber ein Moot so besonders? Es sind die Leute, die Pfadfinder die dort sind. Es ist einfach eine andere Stimmung wenn man Aufgaben mit Leuten löst, die man noch nie zuvor im Leben gesehen hat oder mit seinen Freunden Spaß hat, die man erst seit gut einer Woche hat. Jeder ist fröhlich und Glücklich. Man kann sagen, dass alle das gleiche Mindset haben, was die Pfadfinder in der Heimat ja eigentlich auch haben, man aber mit so vielen verschiedenen Kulturen, Angewohnheiten, Nationen, Religionen und Ethnien auf engsten Raum zusammenlebt.

Abreise

An diesem Morgen musste so einiges erledigt werden, man musste die Zelte abbauen, das Küchenzelt mal wieder einlege und den Zeltplatz aufräumen. Alle Rucksäcke waren gepackt und wir ging in Richtung Arena in der die Abschlusszeremonie stattfand bei der noch mal alle Teilnehmer zusammen waren. Der Secretary General of the World Organization of Scout Movement Ahmad Alhendawi hielt die Abschlussrede und das Moot wurde formell an das nächste Gastgeberland, Irland, weitergegeben. Keiner wollte so wirklich das Event beenden, also wurde noch ein paar mal der Moot-Song gespielt. Irgendwann war es aber dann vorbei. Wir gingen zurück zu unserem Platz und verabschiedeten uns voneinander. Die Busse, die uns wieder nach Reykjavik bringen sollten, warteten schon. Wir fuhren als Kontingent ab und ich traf mich mit meiner Nachtour-Reisegruppe. Nach Reykjavik dauerte es ungefähr 1,5 Stunden, wir mussten aber weiter zum Flughafen, um unsere Autos abzuholen. Die Australier und die Briten veranstalteten eine Aftermootparty, zu der wir eigentlich gehen wollten, weil dort ganz viele von unseren Freunden sein wollten. Für unsere erste Nacht wollten wir auf einem Zeltplatz in Reykjavik bleiben, nicht weit von dem Ort, wo die Party stattfinden sollte. AM nächsten morgen wollten wir so früh wie möglich vom Zeltplatz weg und in Richtung Südosten fahren. Das war also unser Plan.

Unser Bus ließ uns an der zentralen Busstation in Reykavik raus und die Gruppe teilte sich auf. Die zwei Fahrer, Marcus und Simon, und Ich machten uns auf in Richtung Fughafen und die anderen gingen zum Zeltplatz. Der Bus zum flughafen dauerte wieder undgefähr eine Stunde und man sagte uns, dass jemand in der Ankunftshalle auf uns warten sollte. Doch dort war niemand. Wir trafen auf eine Familie, die bei der gleichen Autovermietung ein Auto gemietet haben und die auch nicht wussten wo der Mann, der uns abholen sollte, bleibt. Die Autovermietung, war nämlich nicht im Flughafen sondern circa 5 Minuten entfernt. Bei der Autovermietung angekommen mussten wir einige Zeit warten und auch noch eine versicherung bezahlen, von der Online nichts stand. Wir versuchten diese zu umgehen aber das schien unmöglich und deswegen mussten wir in den sauren Apfel beisen und diese bezahlen. Alle von uns haben 500 Euro gezahlt, da wir 10 Leute waren, hatten wir also 5000 Euro für unsere Nachtour zur Verfügung, wobei schon mal ziemlich viel Geld für die Autos draufging. Als wir vom Parkplatz der Autovermietung fuhren war es schon nach 12, für uns viel die Party also ins Wasser. Wir fuhren nach Reykjavik und gelangten um ca 1:30 Uhr auf den Zeltplatz. Die anderen hatten zum Glück unsere Zelte schon aufgebaut und wir legten uns schlafen. Am nächsten morgen wollten wir um 6 Uhr aufstehen.

AUSKLANG

(phil) Das 15 internationale Scout Moot in Island ist nach acht Tagen Spaß, Freude und Zusammensein zu Ende gegangen. Es war eine schöne Zeit mit deutlich mehr glücklichen Phasen als traurigen Zeiten. Wir alle hatten Spaß, die verschiedenen Villages zu erkunden, uns mit unseren neu gewonnenen Freunde auszutoben. Jetzt kehrt jeder wieder in sein normales Leben zurück, manche bleiben vielleicht noch im Land. Auch ich werde mich zu einer Nachtour aufmachen und das Land erkunden und kennenlernen.

Rund 5.000 Pfadfinderinnen und Pfadfinder aus 95 Nationen hatten am Moot teilgenommen. So viele Nationen wie noch nie, schrieb Ingar Kristjansdottir in ihrem Vorwort der Mootzeitschrift.

Auf vimeo steht ein toller Film mit vielen Aussagen von Teilnehmern und beindruckenden Bildern – siehe QR-Code links

NACHTOUR

Entgegen aller Erwartungen stand wirklich jeder gegen 6 Uhr morgens auf dem Zeltplatz und machte sich fertig für die Abreise. Die Stimmung war jedoch anders, das Moot war vorbei und man merkte, dass alle mit ihrem Kopf auf dem viel zu schnell vorbei gegangenem Lager waren. Man wurde sich jetzt erst bewusst, dass alle jetzt wieder getrennte Wege gehen werden. Die Luft war kühl und es war frisch, die Sonne schien jedoch und wandelte den Morgentau und den uns umgebenden Nebel in einen wunderschönen Morgen auf einem Zeltplatz in der Mitte von Reykjavik.

Unsere Gruppe befand sich auf ihrem ersten Abenteuer: Aus Reykjavik heraus finden, was im Endeffekt nicht schwer war, wenn man bedenkt, dass Reykjavik nur ca. 120.000 Einwohner hat. Unsere erste Station war ein Geysir in der Nähe vom Moot Zeltplatz. Wir hatten das Glück, dass wir zur richtigen Zeit dort waren und die spektakulären Ausbrüche zu erleben. Unsere Nächste Station war einer der prächtigsten Wasserfälle in Island. Der Wasserfall Gullfoss beisitzt 2 Fallstufen. Als Lagerplatz für die Nacht fanden wir einen wunderschönen Zeltplatz vor einem Wasserfall.

Am nächsten Morgen bereiteten wir das gemeinsame Frühstück vor und nach dem Finanzcheck machten wir uns wieder auf den Weg zu unserer nächsten Abenteuer. Der Gletscher Vatnajökull ist der größte Gletscher Islands und er nimmt mit seinem Eis 8% der Landfläche Islands in Anspruch. Unser nächster Zeltplatz lag nur ein paar Minuten davon entfernt. Die Mutigen unsrer Gruppe entschieden sich dafür auf den Gletscher zu klettern und ihn zu erkunden. Nach unserem kleinen Ausflug wanderten wir auf den Gipfel des nahegelegenen Berges. Der Weg nach oben war zu bewältigen und mit der Sonne strahlend hell am Himmel folgten wir dem Pfad hinauf zum Gipfel. Auf dem Weg nach oben machten wir öfters Halt um die Aussicht auf Island zu genießen. Auf einer Seite Eis auf der anderen Berge, dann flaches Land und das Meer. Oben angekommen machten sich ein paar von uns auf den Weg nach ganz oben um sich ins Gipfelbuch einzutragen und der Weg führte uns über Steilhänge mit Absturzgefahr und Kletterpassagen zum Gipfelkreuz. Der Abstiege brchte uns auf die andere Seite es Berges, wo wir unmittelbar neben dem Gletscher zurück ins Tal liefen.

Unser Wendepunkt, die Stadt Höfn, rückte immer näher und auf der Ringstraße gab es noch so einiges zu entdecken. Mit dem Gletscher auf unsrer linken Seite und dem Meer auf der rechten, fuhren wir Richtung Höfn. Kurz vor Höfn machten wir halt an einem Gletschersee, dessen Eisberge durch einen Kanal im Meer landeten. Die Fotofanatiker von uns waren begeistert von den tollen Motiven, die man dort finden konnte.

Nach 450km fahrt auf Islands Straßen, erreichten wir Höfn. Ein kleines Fischerdorf an der Südostküste direkt unter dem Gletscher Vatnajökull. Mit gerade mal 1600 Einwohner ist es eine wirklich kleine Stadt, die aber doch einige interessante Museen zu bieten hat. Wir besuchten den Stadtkern und das Heimatmuseum bevor wir uns aufmachten und die Straßen entlang der Küste zu erkunden. Wir fanden einen sehr schönen Platz um Mittag zu essen, mit Aussicht auf den Gletscher und das Meer allgegenwertig um uns herum. Wir entschieden uns dazu noch am selben Tag auf den Rückweg zu machen und wir machten halt an einigen interessanten Lavagebilde entlang der Ringstraße. Die Lavastrukturen waren oft komplett mit Moos bewachsen und gaben uns so einen einzigartigen Anblick. Einen Lagerplatz zu finden, war gar nicht so einfach, dazu kam, dass es anfing strak zu regnen wir endeten unseren Tag auf einem Zeltplatz in Vik, wo wir den nächsten tag verbringen wollten.

Vik war quasi unsere letzte Station der Nachtour. Es ist bekannt für den Lavasandstrand und die vielen Papageientaucher auf den Klippen der umliegenden Felsen. Der Tag war bedeckt und es regnete viele. Wir alle trugen regenfeste Kleidung und wanderten auf einen der Felsen. Wir hatten die Befürchtung, dass wir durch das schlechte Wetter keine Papageientaucher sehen werden doch als wir an den Klippen ankamen, die über dem Meer und dem schwarzen Sand thronte überflog uns ein Schwarm der kleinen Islandvögel. Die Nester befanden sich direkt unter uns und wir hatten einen tollen Ausblick auf die kleinen Vögel und das Meer.

Auf dem Weg zurück nach Reykjavik machten wir halt am berühmten Seljalandfoss. Ein Wasserfall der 60m in die Tiefe fällt. Das Besondere an diesem Wasserfall jedoch ist, dass er eine Höhle hinter sich hat, in die man reingehen kann. Am Abend des Tages erreichten wir Reykavik, wo wir dann noch einen Tag übrig hatten und uns dazu entschieden diesen in der Therme zu verbringen.

Nach mehr als 2 Wochen in Island kam dann aber der Tag der Abreise. Zurück nach Deutschland, zurück ins normale Leben. Meine Reise endet jedoch nicht in Island. Die Freunde die ich dort gefunden habe bleiben fürs Leben und ich stehe immer noch in Kontakt mit vielen. Dankeschön an alle die dabei waren, die gemeinsamen Momente der Freude werde ich niemals vergessen. Ein großes Dankeschön auch an Stella, für ihren Artikel.

„Je schöner und voller die Erinnerung, desto schwerer ist die Trennung. Aber die Dankbarkeit verwandelt die Erinnerung in stille Freude." - D. Bonhoeffer

15TH World Scout Moot 2017
change
Inspired by Iceland

Boy Scouts of America (BSA) öffnen sich für Mädchen

DIE WELTWEIT GRÖSSTE PFADFINDERORGANISATION VERÄNDERT SICHT RASANT

Am elften Oktober des Jahres 2017, dem „Internationalen Tag der Mädchen“, veröffentlichten die Boy Scouts of America (BSA) die Ankündigung, ihre Programme künftig auch für Mädchen zu öffnen. Ein neuer Höhepunkt in der rasanten Veränderung einer der größten nationalen Pfadfinderorganisationen der Welt mit 2,3 Millionen jungen Mitgliedern und weiteren 960.000 Mitwirkenden.

Begründet wurde dieser Schritt (neben den enormen Möglichkeiten, welche die Aktivitäten der BSA auch Mädchen bieten könnten) mit der enormen zeitlichen Belastung von Familien, denen es eine Hilfe sei, könnten sie alle ihre Kinder in derselben Organisation unterbringen und mit einem hohen Interesse von bis zu 90 Prozent, für ihre Töchter die Teilnahme an einem Angebot wie jenem der BSA zu ermöglichen. Die BSA würden äußerst erfolgreich Führungspersönlichkeiten mit guten Charakter und Integrität formen, nichts vermittle Führungsqualitäten und Disziplin so gut wie seine Organisation, verlautbarte der Vorsitzende Randall Stephenson. Es sei an der Zeit, diese herausragenden führungsbildenden Maßnahmen auch Mädchen zugänglich zu machen.

Von 2018 an können sowohl Mädchen, als auch Jungen zu den Wölflingen der BSA angemeldet werden, wobei es den einzelnen Ortsgruppen überlassen sei, zu entscheiden, ob sie reine Mädchengruppen neu gründen, Jungen- und Mädchengruppen parallel laufen lassen oder sich weiterhin auf Jungengruppen beschränken („Hybrid-Modell“). Die einzelnen Gruppen werden also nicht koedukativ, d.h. nicht gemischtgeschlechtlich, arbeiten. Das Ausbildungsprogramm für die Mädchen soll mit jenem für die Jungs übereinstimmen, künftig können es also auch Mädchen zum „Eagle Scout“ bringen. Die Kluften sollen prinzipiell gleichfalls übereinstimmen und nur stilistisch punktuell abweichen. Gleichfalls in 2018 werden Vorbereitungen getroffen, um im Jahr 2019 auch den älteren Mädchen im Pfadfinderalter den Zugang zu ermöglichen. Auch in der Vergangenheit gab es bereits seit 1971 Maßnahmen, bei denen Mädchen am Programm der BSA teilnehmen konnten, diese hatten jedoch stets Projektcharakter. Knackpunkt für das Angebot weiblicher Gruppen dürfte sein, dass die BSA hierfür weibliche Führerinnen vorsehen, doch woher sollten diese kommen? Die Lösung haben sie selbst schon vorgegeben: Es reiche, wenn von zwei Führern nur einer weiblich sei und es müsse auch nur einer (dann vermutlich der Mann) Mitglied bei der BSA sein, um diese Funktion auszuüben. Da werden wohl viele Gruppenleiter, die gern mehr Gruppen hätten, ihren Lebensgefährtinnen und Ehefrauen einen entsprechenden Vorschlag unterbreiten.

Die Reaktionen in Amerika selbst waren geteilter Art. Überwiegend waren die Kommentatoren der Ansicht, dieser Schritt sei wohl eher durch den erheblichen Einbruch der Mitgliederzahlen hervorgerufen worden und nicht durch ein echtes pädagogisches Interesse an Mädchen. Dies wies die BSA von sich, doch de facto sank in den vergangenen fünf Jahren die Anzahl der Mitglieder der BSA um 14 Prozent, seit 1972 gar um satte 60 Prozent. Statt den defizitären „Wirtschaftsbetrieb" durch eine Anpassung an die niedrigeren Zahlen zurechtzustutzen, um wieder in die schwarzen Zahlen zu kommen, habe man sich wohl schlicht für eine Ausweitung des Mitgliederklientels entschieden, vermuten zahlreiche amerikanische Journalisten.

Was bei genauer Lektüre der Pressemitteilung, mit welche die BSA ihre Entscheidung kund tat, ins Auge fiel, war, dass darin kein einziger Satz auf die Existenz einer Pfadfinderinnenorganisation hinwies. Man konnte den Eindruck gewinnen, bislang sei es Mädchen in Amerika leider überhaupt nicht möglich gewesen, an dem wunderbaren und charakterformenden Programm von Pfadfindern teilhaben zu können. Die Girl Scouts USA (GSUSA) existieren allerdings bereits seit 1912. Und so dürften wohl nicht wenige nach der Ankündigung der BSA, jetzt auch Mädchen in den Genuss der Pfadfinderei kommen zu lassen, Ähnliches gedacht haben, wie Donald Trump junior, der twitterte: "Seltsam, ich dachte, dafür gäbe es die Girl Scouts???"

Von den GSUSA gab es zur Ankündigung der BSA kein offizielles Statement, auch auf Rückfrage nicht. Sie haben zwar etwa 1/3 weniger Mitglieder, als die BSA, aber insgesamt 2,6 Millionen sind ja auch nicht zu verachten. Zudem sollen sie mit den Geldern besser haushalten, als es von der BSA zuletzt hieß. Nur einzelne Leiterinnen taten dann doch ihren Unmut kund, so die West-New Yorker Leitung der Girl Scouts, welche der Presse sagte, dass sie diese Entscheidung der Boy Scouts of America nicht begrüße. Schließlich seien die Girl Scouts die beste Erfahrung für Mädchen, das Programm auf ihre Belange zugeschnitten. Die Girl Scouts würden ihre unabhängige Arbeit selbstverständlich fortsetzen. Gänzlich unerwartet kam die Ankündigung der BSA für die GSUSA wohl nicht, schon im August hatte sich die Führung der GSUSA äußerst kritisch zu entsprechenden Plänen geäußert.

Wodurch wurde der Mitgliedereinbruch bei den BSA verursacht? Blickt man zurück, so galten die BSA noch um die Jahrtausendwende herum als der Hort von Konservatismus schlechthin. In Deutschland entschieden beispielsweise in den siebziger Jahren viele Bünde, fortan koedukativ zu arbeiten, also die Trennung zwischen Mädchen- und Jungenbünden aufzuheben. So die Deutsche Pfadfinderschaft Sankt Georg 1971, der Verband Christlicher

Pfadfinderinnen und Pfadfinder entstand durch Zusammenschluss 1973 als koedukativer Bund, der Bund der Pfadfinderinnen und Pfadfinder 1976 durch Fusion. Von diesem Trend war in den USA hingegen nichts zu spüren.

Wagt man den thematischen Sprung zur Frage nach dem Umgang mit der sexuellen Orientierung, so hat hierzulande nach meiner Kenntnis kein Bund ein Gerichtsverfahren geführt, um Homosexuellen die Mitgliedschaft zu verwehren, wie es die BSA im Jahr 2000 getan hatte. Und es gewann. Diese Einstellung war aber nicht zu halten. Die BSA geriet im öffentlichen Ansehen ins Taumeln, als sie 2010 zu einer Entschädigungszahlung in Höhe von 13,9 Millionen Euro verurteilt worden waren, um für die jahrelange Politik des Wegschauens und Vertuschens von Missbrauchsfällen bei den Boy Scouts of America zu büßen. In 2012 mussten sie gerichtlich dazu gezwungen werden, Unterlagen über solche Fälle („Akten der Perversion") der Vergangenheit dem Staat auszuhändigen, damit dieser ermitteln konnte.

Nachdem im selben Jahr eine zweijährige interne Überprüfung das Ergebnis ergeben hatte, von der bisherigen Handhabung hinsichtlich des Ausschlusses von Homosexuellen nicht abzurücken, formierte sich erheblicher Widerstand. In 2012/2013 sprangen erste Sponsoren (wie Intel) ab, da deren interne Leitlinien untersagten, mit diskriminierenden Organisationen zusammen zu arbeiten bzw. diese zu fördern. Rund vierhundert (ehemalige) Pfadfinder gaben aus Protest gegen die Haltung des Verbandes ihre „Eagle"-Auszeichnung an die BSA zurück.

Noch mehr schlechte Presse und Einnahmenseinbrüche konnte oder wollte man wohl nicht riskieren. Man schwenkte im Kurs um. Ab 2014 konnten dann auch Jugendliche mit homosexueller Orientierung am Programm der BSA teilnehmen (39% der Entscheider waren dagegen – darunter zahlreiche Vertreter kooperierender Kirchen). In 2015 schlug dann der damalige Vorsitzende Robert Gates (zuvor Verteidigungsminister der USA) vor, Homosexuelle auch als Gruppenführer zuzulassen, denn man müsse sich mit der Welt abfinden, wie sie sei, die alten Vorschriften hätten sich überholt. Ein Hauptsponsor der amerikanischen Pfadfinder, die mormonische Kirche „The Church of Jesus Christ of Latter-day Saints" kündigte hingegen postwendend an, sie werde genau untersuchen, welche Auswirkungen diese Änderung auf die über ein Jahrhundert alte Verbindung mit den Boy Scouts of Amerika haben könnte. Anfang 2017 verklagte ein Transgender-Junge (geboren als Mädchen), von der BSA ausgeschlossen worden zu sein und wurde zeitnah wieder aufgenommen, zusammen mit einem grundsätzlichem Statement für eine Öffnung auch für solche Personen. Wenig später verlautbarte die mormonische Kirche, sich teilweise aus dem Programm der BSA zurückzuziehen, da diese Ansichten vertrete, welche ihre Kirche nicht mittragen könne. Der Mitgliederschwund der letzten Jahre dürfte wohl – neben einem allgemeinen Imageschaden – auch durch die Abkehr religiöser Gruppen vom Programm der BSA begründet sein.

Ist die Diskussion um die Aufnahme homosexueller oder transgender Mitglieder ohne Schaden an den Girl Scouts vorübergegangen? War es kein Thema für sie? Dabei kooperieren auch die Girl Scouts mit religiös-konservativen Kirchen. Doch der Eindruck trügt, die Debatte über die Girl Scouts hat es nur nicht über den großen Teich bis nach Europa geschafft. Auch sie waren den Angriffen religiöser Gruppen ausgesetzt, als sie einen homosexuellen Mann, der zuvor bei der BSA ausgeschieden war, zum Chef für externe Angelegenheiten ernannten; 2011 kam eine weitere „homosexuelle Aktivistin" in die Führungsriege und das Statement der Girl Scouts für Diversität (d.h. Vielfalt der Lebensentwürfe) hat nicht überall offene Türen eingerannt. So empfahl die Korrespondentin der Catholic News Agency, den Pfadfinderinnen keine Kekse mehr abzukaufen, weil damit ein moralisch höchst fragwürdiges Programm unterstützt werde. Ist man hingegen Befürworter eines LGBT-inkludierenden Programms (LGBT= englische Abkürzung für Lesben, Schwule, Bisexuelle und Transgender), so ist festzuhalten, dass die Girl Scouts USA hier sehr viel früher und erheblich mehr Toleranz an den Tag legten, als die BSA es tat. Auch sie setzen sich mit diesen Fragestellungen auseinander, aber vollzogen keine Kehrtwende und wurden nicht von so zahlreichen zusätzlichen Skandalen erschüttert.

Auf die Ankündigung, jetzt auch Mädchen zuzulassen, kam natürlich sogleich auch eine Reaktion einer Kirche: Das „Southern Baptist Convention Executive Committee" verkündete, es sei wegen vorangegangener Entscheidungen mit Traurigkeit erfüllt. Sie hätten schon früh gewarnt, dass der Kurswechsel in 2013/14 nicht etwa zu wachsenden Mitgliedzahlen, sondern zu weiteren Einbrüchen führen würde. Leider sei diese Prophezeihung wahr geworden. Die vorgesehene Aufnahme von Mädchen erlaube es hingegen, flexibel mit diesen neuen Gruppen je nach Situation vor Ort umzugehen, hier seien die Bedürfnisse religiöser Gemeinschaften beachtet worden. Kirchliche Angebote machen zwei Drittel aller BSA-Programme aus, es handelt sich also nicht um kleine radikale Minderheiten.

„Das Haus der Pfadfinder brennt", erklärte eine Vertreterin der GSUSA dem Sender ABC. „Statt intern systematische Veränderungen hinsichtlich sexueller Benachteiligungen, finanziellem Missmanagement und defizitären Programmen zu erwirken, wollen sie nun einen Anbau an das brennende Haus schaffen, indem sie Mädchen rekrutieren." Es bleibt abzuwarten, ob die BSA mit ihrer Öffnung für Mädchen ihre Mitgliederzahlen erfolgreich stabilisieren kann, welche Auswirkungen dies für die Mitgliederzahlen der GSUSA haben wird und ob konservative Gruppen sich nicht weiterhin nach existierenden Alternativen umschauen werden.

Weit – der Film über eine Reise rund um die Welt

„Weit" ist ein Dokumentationsfilm über die Weltreise von Patrick Allgaier und Gwendolin Weisser, die vorrangig zu Fuß und per Anhalter, keinesfalls fliegend, in drei Jahren und 110 Tagen knapp 100.000 Kilometer zurücklegten. Im Frühjahr 2013 starteten Patrick und Gwen, ein junges Paar, von ihrer Heimatstadt Freiburg im Breisgau aus. Der Weg führte sie in östlicher Richtung durch Europa, Asien sowie Nord- und Mittelamerika. Sie lernten Menschen aus vielen unterschiedlichen Kulturkreisen kennen, übernahmen meist selbst das Filmen. Im Sommer 2016 kehrten sie zurück. Der Film würde im März uraufgeführt, offizieller Kinostart war am 8. Juni und der Film wurde dennoch zur erfolgreichsten Kinodokumentation des Jahres 2017 in Deutschland.

Patrick und Gwen ziehen mit dem Rucksack um die Welt, leben dabei sehr einfach und bewusst, reduziert auf das Nötigste. Sie wissen nicht, was ihnen der kommende Tag bringen wird, geschweige denn, ob ihre Reise ein gutes Ende nehmen wird. Sie lassen sich einfach auf die Ungewissheit ein.

Sie haben keinen Pfadfinderbezug, allenfalls Berührung mit dem Reformschulwesen. Und dennoch, beim Überbündischen Treffen wurde der Film in der Jurte vorgeführt, er wurde dann sogleich wegen Überfüllung ein zweites Mal abgespielt und da ist niemand „unberührt" wieder herausmarschiert. Die Natürlichkeit und der offene, unverstellte Blick, mit welchem die beiden an fremde Menschen und Kulturen herantreten, ist ein weiterer Punkt, in welchem sich so mancher der „Unsrigen" wiederfinden können wird.

Das ZDF schrieb zu dieser Dokumentation: „WEIT - ein unverstellter Film von einem jungen Paar, das um die Welt reist, schafft etwas Großartiges: Er gibt uns Vertrauen in die Welt zurück." Und so schließen die Beiden nach dem mehrwöchigen Aufenthalt im Iran und in Pakistan, dass sie wohl nicht „Glück" gehabt hätten, dass ihnen dort nichts Schreckliches widerfahren sei, sondern schlicht „kein Pech". Und das sei ein erheblicher Unterschied. So seien sie von Heimat zu Heimat gezogen, hätten Phantasie mit Erfahrung getauscht, seien so weit nach Osten gereist, bis sie aus dem Westen wieder nach Hause gekommen seien und stellten dabei fest: Die Erde, sie ist rund und immer doch weiter, als man denkt. Dieser Film bietet alles – Gedankenanstoß, emotionale Momente, sehr viel Humor. Und die Weisheit: Alles wird gut. Alles hat seinen Sinn.

Die Veröffentlichung der DVD ist für Dezember 2017 geplant gewesen, zuvor ist bereits ein Buch zur Reise erschienen, welches Qualitäten eines sehr persönlichen Reisemagazins mit einem Skizzenbuch vereinigt. Beides kann bestellt werden unter der Homepage www.weitumdiewelt.de.

Almi

Klöster, Krater, Kindercamps

KPE-GROSSFAHRT 2017. FÜNF WOCHEN UNTERWEGS IN ARMENIEN UND GEORGIEN

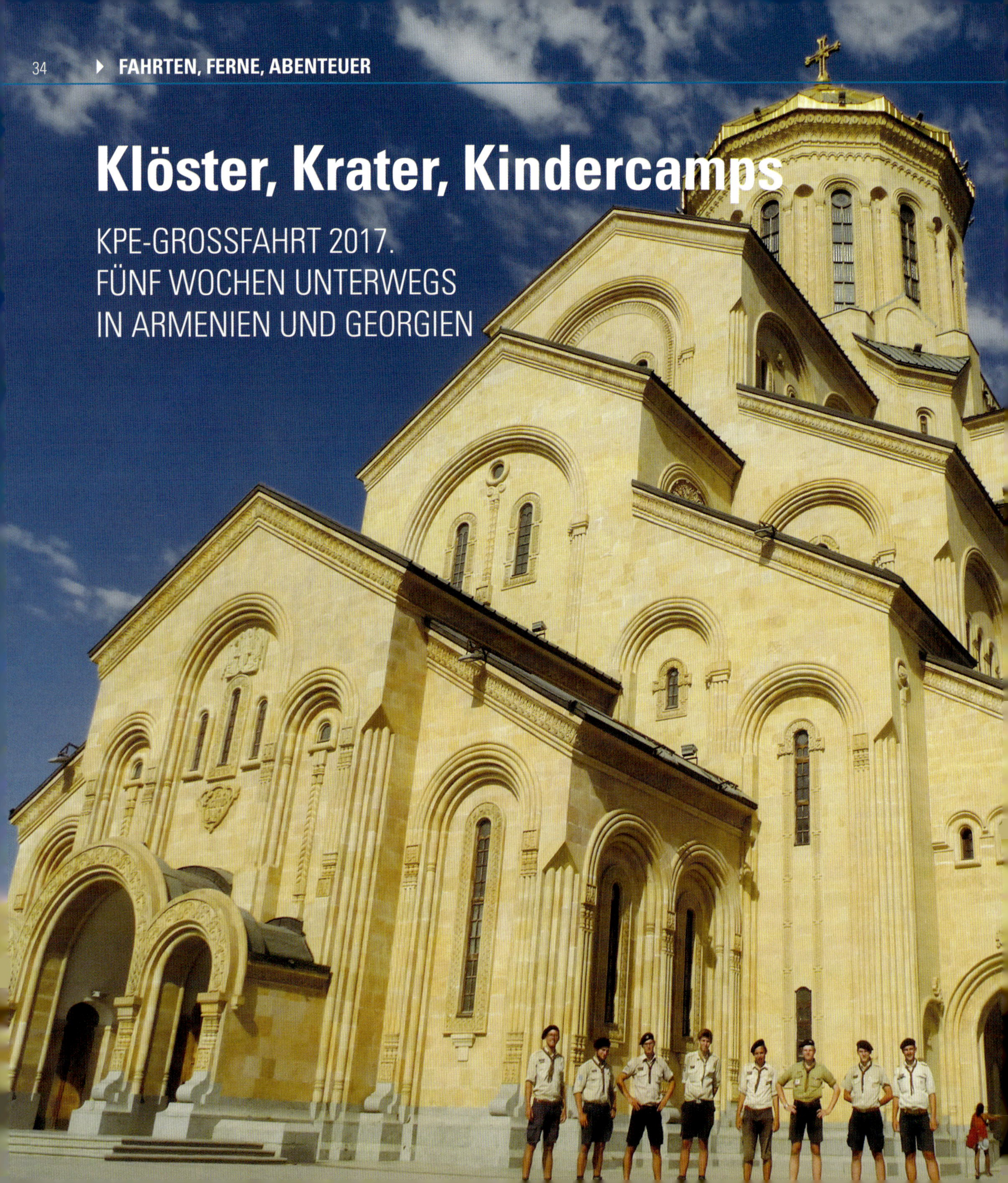

Armenien zählt zu den ältesten christlichen Ländern der Welt. Grund genug für eine Fahrt in dieses Land, von dem wir eigentlich nicht viel wissen. Und weil Armenien so klein ist, nehmen wir Georgien noch dazu. Wir wollen die schönsten Regionen der beiden Länder erkunden, uralte Klöster und Kirchen besuchen und verschiedene Projekte durch Diensteinsätze unterstützen. Beim Wandern orientieren wir uns an 40 Jahre alten russischen 1:100.000-Militärkarten; neueres Kartenmaterial gibt es nicht; auch das ist ein Abenteuerfaktor. Anfang Juli starten wir in München. Auszüge aus unserer Fahrtenchronik.

Dienstag, 4. Juli. Pfadfinder – eine weltumspannende Bruderschaft

Um 0:30 sind wir in Jerewan angekommen. Den Rest der Nacht haben wir in der armenisch-katholischen Pfarrei verbracht. Jetzt stehen wir im Zentrum der Millionenmetropole und wollen irgendwie nach „Lanjazat“, einem kleinen Dörfchen am Stadtrand, von wo unsere Tour ins Geghama-Gebirge startet. Geht das per Bus? Während wir am Straßenrand überlegen, spricht uns ein junger Mann an. *Are you scouts? – Yes, we are.* Er ist gebürtiger Armenier, in den USA aufgewachsen und war dort Boyscout. *Can I help you?* Gern. Wie kommt man nach Lanjazat? Versuch Nr. 1: Per Handy will er einen Minibus chartern. Nach einer halben Stunde gibt er auf. Versuch Nr. 2: Er bringt uns zum Busterminal, 3 km entfernt, eine Stunde Fußmarsch, und setzt uns in einen Bus. Aber der Bus startet nach Norden, und wir müssen doch nach Süden… In letzter Sekunde merken wir, dass es Lanjazat zweimal auf der Karte gibt. Wir sitzen im falschen Bus, schnell raus! Versuch Nr. 3: Unser Freund bringt uns per Taxi zu einem anderen Busbahnhof. Die Taxis für die Gruppe bezahlt er. Hier startet der richtige Bus. In fünf Minuten. Leider sind zwei Raider spurlos verschwunden, um noch ein Gewürz für unsere Lagerküche zu kaufen. Der Bus ist weg! Versuch Nr. 4: Inzwischen ist es 17 Uhr. Mit einiger Mühe organisiert unser neuer Freund nochmals einen Bus.

Mal ehrlich: Wer von uns opfert spontan den ganzen Nachmittag inkl. Geld für Bus und Taxi, um einer Gruppe Pfadfinderbrüder zu helfen, die er irgendwo in der Stadt trifft? Vom ersten Tag an sind wir von der Freundlichkeit der Armenier beeindruckt.

Freitag, 7. Juli. Wir brauchen ein Auto. Hier. Jetzt. Sofort.

Seit drei Tagen sind wir im Geghama-Gebirge unterwegs. Johannes ist krank geworden. Magenverstimmung, Schwäche, Fieber. Egal was er zu sich nimmt, nichts bleibt drin. Trotzdem müssen wir weiter, denn unser Essen ist auf genau sieben Tage berechnet. Wir erleichtern seinen Rucksack, schließlich übernehmen wir sein ganzes Gepäck. Dann wird er abwechselnd von einem Kameraden gezogen, dann von zweien, und schließlich schiebt noch jemand von hinten. Aber Johannes geht es immer schlechter. Mittags geben wir auf und bauen die Kohte als Sonnenschutz auf. Was tun? Wir *müssen*

weiter, aber Johannes *kann* nicht weiter. Wir diskutieren, ob man in solchen Situationen um ein Wunder beten darf: Um einen Jeep, der vom Himmel fällt und Johannes mitnimmt – hier in den Bergen, wo wir den ganzen Tag noch kein Auto gesichtet haben. Oder heißt das, Gott zu versuchen? Wir lesen Mk 11,23 und sind ermutigt. Los, wir beten den Rosenkranz, im Vertrauen, dass irgendetwas passiert.

Weil der Jeep noch etwas auf sich warten lässt, bauen wir die Kohte wieder ab und ziehen und schieben Johannes weiter. Fünf Minuten. Dann ist es so weit. Wir hören einen brummenden Motor. Musik in unseren Ohren! Von hinten nähert sich ein Auto. Das erste und einzige Auto des Tages – oder der Woche? Eigentlich ist der Jeep voll, aber ein Patient hat immer Platz. *Für Gott ist kein Ding unmöglich.*

> „Amen, das sage ich euch: Wenn jemand zu diesem Berg sagt: Heb dich empor und stürz dich ins Meer!, und wenn er in seinem Herzen nicht zweifelt, sondern glaubt, dass geschieht, was er sagt, dann wird es geschehen. Darum sage ich euch: Alles, worum ihr betet und bittet - glaubt nur, dass ihr es schon erhalten habt, dann wird es euch zuteil." (Mk 11,23f).

Samstag, 8. Juli. Camp am See – im Vulkankrater auf 3500 m Höhe

Die Wolkendecke liegt auf 3300 m, der Vulkanberg Ashdahak mit 3598 m ist deutlich höher, am späten Nachmittag tauchen wir in die Wolken ein. Im Blindflug navigieren wir per Kompass über die letzten Flanken des Gipfelmassivs und erreichen so den Kraterrand. Durch Nebelfetzen hindurch erkennen wir 100 m tiefer unseren See. Kreisrund, tiefblaues Wasser, noch halb von Schnee und Eis bedeckt. Am schmalen Uferstreifen können wir unsere Kohte aufbauen. Sorgfältig spannen wir unser Zelt ab – in dieser Höhe muss man immer mit Sturmböen rechnen. Am Abend verziehen sich die Wolken, aber sobald die Sonne weg ist, wird es bitterkalt. Und um 1:00 morgens kommt er. Wind. Nein, Sturm! Ein Blick unter der Zeltplane heraus zeigt ein gespenstisches Bild: Vollmond, gigantische Nebelschwaden ziehen in rasender Geschwindigkeit über den Vulkanrand, werden in den Krater hineingesogen und treffen ungebremst auf unsere Zeltplanen. Die Nacht wird turbulent, aber faszinierend zugleich. Kurz vor Sonnenaufgang steigen wir auf den höchsten Punkt des Kraterrands. Nach Osten hin erstreckt sich weit unter uns ein endloses Wolkenmeer, aus dem sich in gleisendem Licht die Sonne erhebt. „Die Himmel rühmen die Herrlichkeit Gottes, vom Werk seiner Hände kündet das Firmament" (Ps 19).

Montag, 10. Juli. Einsatz als Milchmann

Die heutige Tagesetappe ist 35 km lang. Von 2700 m geht es über die nördlichen Ausläufer der Geghama-Mountains hinunter in die Ebene von Tsaghkadzor. Nach gut einer Stunde Marsch kommt uns ein uralter Tanklaster entgegen. Er holt Milch aus den Bergen, erklärt uns der Fahrer mit Händen und Füßen. Kurze Zeit später kommt ein zweiter Tanklaster von hinten. Nein, es ist der gleiche. Ob wir nicht mitkommen wollen? Wenn wir ihm helfen,

bringt er uns im Gegenzug mittags ins Tal. Wir überlegen kurz und klettern auf sein Gefährt. Die ganze Mannschaft. Mit Rucksäcken. Alle Mann festhalten! Über Stock und Stein geht es zurück in die Berge zu einer kleinen Jurtensiedlung. Von gefühlt 100 Hunden werden wir begrüßt. Weil die Kühe noch gemolken werden, probieren wir solange die frische Milch, staunen, wie schnell ein Schafe geschoren ist, plaudern mit den Hirten und bemühen uns, das feindselige Knurren der 100 Hunde zu ignorieren. Endlich geht die Arbeit los: Mit 40L-Kannen muss der 3000L-Tank gefüllt werden. Ein Absauggerät gibt es nicht. Zu zweit stemmen wir die Kannen in die Höhe, zwei weitere Raider übernehmen sie auf halber Höhe, ein drittes Team schüttet die Milch durch die Deckelluke in den Tank. Jetzt wissen wir, warum der Fahrer uns als Helfer mitgenommen hat… Gegen Mittag ist es geschafft. Alle aufsteigen, und im rasanten Tempo geht's dem Tal zu. Die Gute Tat ist erledigt, wir haben sogar Zeit gewonnen und sind um eine schöne Erfahrung reicher. Ein erfolgreicher Vormittag.

Ab Dienstag, 11 Juli. Mit 220 Kindern im Sommercamp

Acht Wochen Feriencamp für jeweils rund 220 Kinder, teils Waisenkinder, und das viermal hintereinander – so sieht das Juli-August-Programm der armenisch-katholischen Schwestern aus Gyumri aus. Respekt! Wenigstens für eine Woche wollen wir sie bei dieser Mammutaufgabe in Tsaghkadzor unterstützen. Nach dem gemeinsamen Morgengebet, Morgensport und Frühstück (220 Kinder in der Kapelle, 220 Kinder auf dem Pausenhof, 220 Kinder im Speisesaal!) gibt es am Vormittag schulähnliche Workshops: Singen, Gymnastik, Religion, Computer, Englisch, Französisch. Bei vielen Fächern können wir mithelfen. Aber wir sprechen doch kein Armenisch! Diese Bedenken hatten wir schon im Vorfeld geäußert. Doch Schwester Arousiag, die Leiterin der Camps, hatte uns beruhigt: „*Language is no problem. As you well know, giving love and attention to orphans and abandoned, poor and needy children*

does not require a spoken language; you just let the heart speak." Wie Recht sie hatte! Die Verständigung ist nie ein Problem. Den Nachmittag verbringen wir einfach mit den Kindern bei Spiel und Sport und Plaudern. Liebe und Aufmerksamkeit schenken: Kommunikation in der Sprache des Herzens. Noch deutlicher spürbar wird diese Verbundenheit in der Kapelle, wenn wir uns gemeinsam dem HERRN zuwenden, vor allem bei der Heiligen Messe, die im Camp im armenischen Ritus gefeiert wird. Die Tage werden für uns eine ganz besondere Erfahrung. Die Freude der Kinder darüber, dass Jugendliche aus dem Land von BMW und Porsche zu ihnen nach Tsaghkadzor gekommen sind, ist unbeschreiblich.

Ach ja, neben unseren „pädagogischen" Einsätzen gibt es auch eine Menge handwerklicher Aufgaben: wir reparieren Betten, Schränke und Stühle, pflegen die Außenanlagen, helfen in der Küche, installieren große Plakate zu den Stationen im Leben Jesu, und vieles mehr.

Mittwoch, 19. Juli. Im Dschungelcamp

Dilijan, der schönste Nationalpark in Armenien, so hatten wir im Vorfeld immer wieder gelesen. Unsere Hoffnung, vor Ort Wanderkarten zu erhalten, erfüllt sich nicht. Wir werden also mit unserer russischen 1:100.000-Karte anno 1976 die Berge erobern. Nur gut, dass sich die Landschaft seither nicht wesentlich verändert hat; von Straßen und Wegen lässt sich das leider nicht sagen. Unterwegs stoßen wir immer wieder auf armselige Blechhütten von Hirten, die hier den Sommer verbringen. Sobald man uns entdeckt, werden wir hereingebeten, man serviert uns Kaffee, Kekse, Brot, Käse… alles was man hat. Armenische Gastfreundschaft.

Heute am letzten Tag führt unsere Route durch den Khachaghbyur-Canyon zurück in die Zivilisation. Laut Karte führt ein Traktorweg direkt am Fluss entlang. Aber den Weg gibt es nicht. Wir wollen das steile Flussbett umgehen

und steigen einige hundert Meter auf, um über weite Wiesen schneller voranzukommen. Aber was aus der Entfernung wie Golfplatz-Rasen aussieht, entpuppt sich als Dschungel, dessen Gestrüpp, Sträucher und Dornen oft größer sind als wir selbst. Wir bahnen uns eine Spur durch das Dickicht, immer wieder stolpern wir in metertiefe Gräben, Sumpfstellen und Wasserlöcher. Eine Tortur. Im Schneckentempo kommen wir voran.

Als wir an der Höhle von Lastiver ankommen, dämmert es schon. Keiner hat mehr Kraft oder Lust für dieses archäologische Highlight. Schnell die Kohte aufgebaut und ab in den Fluss, der hier durch ein kleines Wehr aufgestaut ist. Ende gut, alles gut. Morgen wird uns ein vernünftiger Pfad aus dem Dschungel bringen.

Samstag, 22. Juli. Hilfsbereitschaft auf eigene Kosten

Wir sind wieder in den Bergen. Nach dem Mittagessen halten wir unsere Stille Stunde. Obwohl wir schon auf 3000 m Höhe unterwegs sind, ist es angenehm warm: Sonne, blauer Himmel, wir liegen im Gras und lesen einen Text über die Täuschungen des menschlichen Herzens von Birgit und Corbin Gams. Irgendwie riecht es nach Benzin. *Eine Täuschung unserer Nase*, denken wir. Nein, eine Täuschung unseres Urteils bezüglich der Stabilität von Brennstoffflaschen, wenn sie in der Sonne liegen. Ehe wir uns versehen, ist der Rucksack von Klaus benzingetränkt und das Benzin für unseren Kocher futsch. Zum Glück entdecken wir am Abend am Ufer unseres Bergsees einen Toyota Land Cruiser. Ein reicher Russe hat es mit seinem Wagen irgendwie bis hierher geschafft. Ob er uns etwas Benzin „leiht"? Mit der leeren Flasche in der Hand erklären wir ihm unser Problem. Wenn wir einen Schlauch haben, dürfen wir seinen Tank anzapfen. Also los. Andreas muss sein Rucksack-Trinksystem opfern, Josef schiebt den Schlauch in den Tankstutzen und zieht und zieht … aber der Schlauch ist zu kurz. Wir überreden den Russen, seinen Jeep in 45 Grad Hangneigung zu manövrieren, damit der Benzinpegel auf unserer Seite steigt. Auch das hilft nichts. Wir wollen schon aufgeben, da ergreift der Chef selbst die Initiative: Kritisch prüft er die Länge der verschiedenen Schläuche im Motor, schneidet die Kabelbinder durch, montiert die Kühlwasserleitung ab – überall spritzt die Flüssigkeit – und versucht nun selber, Benzin anzuzapfen. Er zieht am Schlauch … und spuckt Benzin in unsere Flasche. Ein zweiter Zug – wieder ein Schluck für unsere Flasche. Aber der Benzinfluss kommt nicht in Gang. Immer wieder nimmt er einen Schluck – allmählich fürchten wir um seine Gesundheit! Aber es klappt nicht. Als sei es sein Fehler, entschuldigt er sich immer wieder. Um uns doch zu helfen, schenkt er uns seinen eigenen Gaskocher – zusammen mit Brot, Käse, Gemüse und Salat, alles, was im Auto zu finden ist. Hilfsbereitschaft, die beeindruckt. Hoffentlich hat er – und sein Land Cruiser! – die Aktion gut überstanden.

Sonntag, 23. Juli. Pfadfinderversprechen in 4092 m Höhe

Expedition auf den Mount Aragats, den höchsten Berg Armeniens. Kurz nach Sonnenaufgang starten wir vom Lake Kari. An der südlichen Seite eines lang gezogen Bergrückens geht es langsam bergauf. In 3600 m erreichen wir einen Durchgang zwischen dem Süd- und Ostgipfel des Aragats. Aber wir wollen weiter zum Nordgipfel, der noch 20 m höher ist. Über Schnee-, Geröll- und Lavafelder steigen wir in den ehemaligen Krater ab und auf der Nordseite wieder auf. Ein iranischer Bergführer, den wir zufällig treffen und der den Berg gut kennt, gibt uns wertvolle Infos über verschiedene Aufstiegsmöglichkeiten – denn wir sind nicht in den Alpen; markierte Wege gibt es nicht; manchmal ist ein Pfad zu erkennen, manchmal gibt es vereinzelte „Steinmännchen", aber meistens fehlt jede Orientierungshilfe. Bei der Querung eines breiten Geröllfeldes verlieren wir viel Zeit; die Hangneigung ist zwar ungefährlich, aber das Gestein ist lose und das Vorankommen ist mühsam und kostet viel Kraft. Aber das Ziel lockt... Um 14:00 stehen wir endlich auf dem Gipfel. Es ist nicht nur der geographische Höhepunkt unserer Fahrt, sondern auch der pfadfinderische: Bernhard, der erst als junger Erwachsener zu uns gestoßen ist, legt sein Pfadfinderversprechen ab. Hoch über den Wolken. In 4092 m Höhe. Ob es das schon mal gab?

Dienstag, 25. Juli. „Hilfe! Die Schwestern machen uns fertig!"

In Spitak sind wir bei den Mutter-Teresa-Schwestern angemeldet. Nach der Erdbebenkatastrophe 1988 war die große Heilige nach Armenien gekommen und hat ein Haus für verwaiste Trisomiekinder gegründet. Bis heute führen ihre Schwestern dieses Heim und leben zusammen mit den Kindern, von denen inzwischen einige erwachsen sind, aber immer noch liebevoll „our children" gerufen werden. Wir wollen den Schwestern ein paar Tage bei ihrer Arbeit helfen: Im Haus, im Garten, mit den „Kindern". Um Mittag kommen wir an. Wir erhalten ein kleines Häuschen, jeder eine Matratze und werden dann schnell an den gedeckten Tisch geladen. Anschließend wollen wir arbeiten. *„No, no, you are so tired. First, you must sleep. Come again at 4pm."* Ergeben fügen wir uns dem Schicksal und machen einen Mittagsschlaf. Aber pünktlich um 4 sind wir zur Arbeit bereit. *„No, no, take some coffee and cake."* Gesagt

Nochmals 31. Juli. Ignatius kann noch mehr

Nach dem Mittagessen trampe ich wieder allein. Gerade sitze ich in einem uralten Laster. Beschleunigung von 0 auf 50 in fünf Minuten. Schneller läuft die Karre nicht. Aber nur wenn es bergab geht. Bei der nächsten Tanke gibt es einen Stopp und ich werde zu Cola und Eis eingeladen. Ignatius zeigt sich weiterhin großzügig.

Wieder stehe ich am Straßenrand, doch jetzt wird es kritisch. Ein Polizeiauto stoppt. Die georgische Frage verstehe ich nicht. Aufs Geratewohl erwidere ich: „Germania, Germania", diese Standardantwort hat sich bisher bewährt. Man deutet mir an, ich hätte einzusteigen. Habe ich etwas verbrochen? Ich bin mir keiner Schuld bewusst. Aber weil wir in eine Richtung fahren, die zu meinem Trampziel passt, mache ich mir keine großen Sorgen. Nach 10 Minuten hält das Polizeiauto und man heißt mich aussteigen. Während ich verwirrt am Straßenrand stehe, kommt ein anderer Polizeiwagen, übernimmt mich und weiter geht's. Dann plötzlich drehen wir und fahren zurück. Via Smartphone-Übersetzung erklärt mir der Polizist, er habe die Nachricht erhalten, weitere Scouts seien entdeckt worden; die müssten wir nun holen. Wir halten vor einem Restaurant. Wer sitzt drin? Zwei unserer Raider. Schon wieder beim Essen. Und Biertrinken… Hl. Ignatius!

Nach einer Stunde kommen wir vom Essen endlich weg. Die Polizei fährt uns 30 km, dann bleiben wir wieder stehen. Man müsse auf Kollegen warten. Tatsächlich kommt ein dritter Wagen und übernimmt uns. Auch diese Streife bringt uns durch ihr Revier und übergibt uns schließlich an ein viertes Polizeiauto, und dieses an ein fünftes, und dieses an ein sechstes. Unglaublich. Um 18:59 kommen wir mit der letzten Polizeistreife an unserem Treffpunkt an. Vereinbart war 19:00. Besser als die DB. Ein toller Festtag!

Donnerstag, 3. August. Tobavarchkhili-Lake und Mount Elbrus

Swanetien sei der schönste Teil des Großen Kaukasus. Alle Reiseführer schwärmen von dieser Region. Auf nach Swanetien! Unsere Route führt in eine 3000 m hohe, dem Hauptmassiv vorgelagerte Gebirgskette mit mehreren großen Seen. Während die Landschaft in Armenien weit, trocken, „wiesig" war, sind die Berge und Täler hier eng und steil mit abwechslungsreicher Vegetation. Die nordseitigen Rinnen liegen noch voller Schnee. Oft können wir die Firnflächen auf Ponchos und Isomatten bequem abfahren. Das Wetter ist traumhaft, von einer Scharte aus haben wir einen guten Blick auf den 5642 m hohen Elbrus, der zwei Bergketten weiter auf der russischen Seite des Kaukasus alle Gipfel majestätisch überragt. Am Spätnachmittag erreichen wir den Tobavarchkhili-Lake, den größten Gebirgssee des Massivs. Umgeben von namenlosen, senkrecht abfallenden Zinnen schlagen wir am Ufer unsere Kohte auf. Wieder haben wir Vollmond. Dieses Mal ohne Wind. Auf der Wasseroberfläche spiegeln sich die unheimlichen Schatten der umliegenden Berggiganten. Unglaublich schön! Von den Strapazen, die uns in den nächsten zwei Tagen auf dem Rückweg in die Zivilisation durch georgischen Urwald bevorstehen, ahnen wir zu diesem Zeitpunkt zum Glück noch nichts…

Montag, 7. August. Nochmals Mutter-Teresa-Schwestern

Letzter Tag. Wir sind in Tiflis. Weil wir nicht nur Sightseeing wollen, besuchen wir am Vormittag das dortige Obdachlosenheim der Mutter-Teresa-Schwestern. „We want to do some service for the homeless people", so immer wieder unsere Message. Dieses Mal klappt es. Kleiderwaschen, Dachrinnen säubern, Fenster putzen, Toiletten reinigen, in der Küche helfen, mit Händen und Füßen mit den Obdachlosen „reden", und das große Metallkreuz auf der Spitze des Kirchturms abschleifen und neu streichen … Letzteres ist sogar für unsere kletterbegeisterten Raider eine Herausforderung, inklusiv für ihre Schutzengel. Alles geht gut. Und natürlich gibt's am Ende wieder ein leckeres Mutter-Teresa-Schwestern-Mittagessen.

Kurz nach Mitternacht sind wir am Airport von Tiflis. Drei Stunden Schlaf, dann fliegen wir zurück in den Alltag. Die Fahrt ist vorbei, die Eindrücke bleiben. Fünf wunderbare Wochen sind uns geschenkt – erlebnisreich, spannend, oft auch berührend. Die Gastfreundschaft und Großzügigkeit der Armenier und Georgier werden wir so schnell nicht vergessen – genauso wenig die spürbare Führung „von oben", die uns auf Schritt und Tritt begleitet hat. Deo gratias.

Von Flusstälern, rinnendem Schweiß und Klippensprüngen

KORSIKAFAHRT EINER WEINBACHER JUNGSHORTE

Foto: xxx

„Die Sonne brennt unbarmherzig...". So lautet der Anfang eines Liedes, das auf einer Sardinienfahrt entstanden ist, aber ebenso auf die etwas nördlicher gelegene Insel Korsika passt. Es ist nicht nur heiß, das Land ist auch ziemlich ausgetrocknet, weswegen die Waldbrandgefahr extrem hoch ist und wir beim Feuermachen höllisch aufpassen müssen. Glücklicherweise führen die Flüsse auf Korsika (im Gegensatz zu Sardinien...) trotz der Trockenheit genügend Wasser, so dass wir immer wieder Pausen zum Baden nutzen können. Das macht dann auch das Laufen und die Hitze einigermaßen erträglich.

Wir sind acht, zumeist 12-14-jährige Jungs aus dem Weinbacher Wandervogel, die für zweieinhalb Wochen auf die französische Insel losgezogen sind, um in freier Natur Fahrt und Abenteuer zu erleben. An diesem Morgen sind wir von unserem Lagerplatz direkt am Ufer des Fango aufgebrochen. Den gestrigen Tag hatten wir fast ganz an einer tollen Badestelle mit tiefen, richtig großen Becken und über zwölf Meter hohen Felsen, von denen man springen konnte, verbracht. Deshalb müssen wir uns heute nun ranhalten, um noch einige Kilometer flussaufwärts weiter hinauf in die Berge kommen.

Der schmale Pfad verläuft immer fast direkt am Fluss, dessen Wasser wir jedoch nicht trinken können, da etwas weiter oben noch ein kleines Dorf liegt. Deshalb sind unsere Trinkflaschen schon bald fast leer, was den Weg zwischen Dornenbüschen und Steinen zusätzlich erschwert. Glücklicherweise erreichen wir schon bald das besagte Dorf und machen uns auf die Suche nach Trinkwasser.

Ein kleines Stück von den Häusern entfernt erreichen wir eine staubige Wegkreuzung, von der mehrere Pfade abgehen. Es sieht so aus, als würde hier nur äußerst selten jemand entlanggehen. Unterhalb des Ortes war das noch anders, da sind wir gelegentlich auch anderen Wanderern begegnet.

Der Weg führt immer weiter aufwärts und wir verlieren den Fluss immer mehr aus den Augen. Immer wieder müssen wir uns durch Stachelgestrüpp und Büsche kämpfen. Der Schweiß rinnt bei allen in Strömen und die Sonne nähert sich langsam dem Zenit. Eigentlich würden wir jetzt gern eine längere Pause machen, um der sengenden Mittagshitze zu entgehen, aber der Fluss ist weit und breit nicht zu sehen. Wir legen unsere Affen am Wegesrand ab und begeben uns auf Erkundung. Wegen des vielen Gestrüpps hat man nur ein sehr begrenztes Sichtfeld. Ziemlich zerkratzt kehren alle bald wieder ohne positives Ergebnis zurück. Außerhalb des Pfades gibt es kein Durchkommen, also beschließen wir einfach weiter dem schmalen Weg zu folgen, da der laut Landkarte ja irgendwann auch zum Fluss führen soll.

Hoffentlich ist das nicht mehr allzu weit, denn Hitze und Fliegen werden immer gemeiner. Rinnender Schweiß tut das Übrige und diejenigen, die ohne Hemd laufen, haben tüchtig verschrammte Schultern und Arme. Doch dann hören wir deutliches Plätschern und tatsächlich stehen wir nach einiger Zeit an glucksendem, springendem Wasser. Dafür endet dann hier auch der Weg, aber das ist uns erst einmal egal. Als Erstes überqueren wir den Fluss, legen Affen und den letzten Rest an Kleidung ab und springen ins kühle Nass.

Nachdem sich alle Schweiß und Staub vom Leib gewaschen haben, essen wir zur Stärkung einige Kekse und legen uns dann zum Mittagsschlaf am Ufer in den Schatten der Bäume.

Da es inzwischen Nachmittag geworden ist, machen sich zwei von uns ohne Gepäck auf, um die Umgebung nach einem Lagerplatz für die Nacht zu erkunden. Wir anderen dösen, schlafen und baden. Stunden vergehen. Schon macht sich Hunger breit. Als die beiden endlich zurückkommen, tun sich in unseren Mägen schon regelrechte Löcher auf. Wenigstens haben sie etwas gefunden, doch müssen wir noch ein ganzes Stück weiter flussaufwärts. Bevor wir aufbrechen, essen wir noch etwas Brot mit Marmelade und Nutella.

Da der Pfad zu Ende ist, bleibt nur eins: durch den Fluss! Wir laufen und klettern mal an einem, mal am anderen Ufer entlang, wechseln öfter die Seiten, springen von Stein zu Stein und suchen uns unseren eigenen Weg. Bei schwierigen Stellen helfen wir uns gegenseitig. Manchmal kommen wir deshalb nur sehr langsam voran.

Dann ist es auch nicht mehr weit und wir gelangen zu einem recht großen Badebecken, das bis auf zwei schmale Durchflüsse fast gänzlich abgeschlossen und zudem recht tief ist. Das ist der Platz, den die beiden vorhin gefunden haben. Es gibt einen breiten, felsigen Uferstreifen, auf dem man lagern und kochen kann und einen kleinen, von Tieren getretenen Pfad, der oberhalb der Felsen zu einer Lichtung inmitten von Bäumen führt, mit wunderbar ebenem Laubboden, auf dem man schlafen kann.

Als Erstes wird ausgiebig gebadet, denn nach dem anstrengenden Durchschlagen bis hier hoch ist das kühle Wasser wieder eine sehr willkommene Erfrischung. Danach beginnen wir mit dem Kochen. Beim Entfachen des Feuers müssen wir wie immer, aufgrund der bereits erwähnten Waldbrandgefahr, besonders vorsichtig sein. Mal ganz abgesehen von der tatsächlich realen Brandgefahr (einen kleinen Waldbrand und zwei Löschflugzeuge, die dort Wasser abwerfen, hatten wir zwei Tage zuvor gesehen) dürfen auf keinen Fall Einheimische unser Feuer oder den Rauch sehen, denn hier auf Korsika reagieren sie besonders allergisch auf so etwas. Deshalb entfachen wir das Feuer auf dem steinigen Uferstreifen fast direkt am Wasser zwischen zwei Felsen. So kann garantiert nichts anbrennen. Dadurch müssen wir auch kein Dreibein binden, da man die Töpfe einfach an einem querliegenden Ast über das Feuer hängen kann. Die Köche können sich nun an die Arbeit machen, doch eigentlich ist es wie immer, fast alle helfen irgendwie mit, aber immer ein anderer trägt die Verantwortung. Bis auf denjenigen, der heute mit dem Chronikschreiben dran ist, der darf sich dazu in den Schatten der Büsche legen, und den Feuermacher, doch das ist fast immer Erik.

Nach einem anstrengenden Tag wie diesem schmeckt das Essen dann noch mal doppelt so gut. Wir lassen den Abend mit Gespräch und Gesang ausklingen und legen uns dann auf der kleinen Lichtung schlafen. Der Mond blinzelt zwischen den Bäumen hindurch, von Ferne hört man Nachtvögel rufen und im stockdunklen Buschwerk um uns herum Knacken und Rascheln. Das Tal ist inzwischen recht eng und die Berge schroff und hoch. Was wird der morgige Tag bringen, werden wir noch viel weiter hinaufkommen? Wird es wieder einen „richtigen" Pfad geben? Werden wir auch morgen Abend wieder eine so schöne Badestelle finden? Mit diesen Gedanken schlafe ich schließlich ein.

Heinrich

Klippensprünge am Tavignao

Ist solches Wecken sanft oder unsanft?! Ich weiß es nicht so recht. Die Sonne strahlt mir jedenfalls auch heute Morgen wieder ins Gesicht und heizt den Schlafsack rasch auf. Meine Knochen schmerzen noch ein wenig vom letzten Tag. Erst mal bleibe ich liegen und warte, bis auch die Anderen aufwachen. Wenigstens kann man zum morgendlichen Waschen gleich ins kühle Wasser der tiefen Gumpen springen. Dann beginne ich Feuer zu machen, denn wir wollen Tee kochen, und es gibt noch ein paar Nudeln vom gestrigen Abendessen, die wir anbraten wollen.

Nach dem Frühstück packen wir unsere Sachen zusammen, teilen die verbliebenen Lebensmittel neu auf und los geht die Wanderung. Der Aufstieg ist wie schon gestern wieder schwer, die Sonne brennt und der schmale Pfad windet sich ziemlich steil den Berghang hinauf. Die große Hitze verführt dazu ständig zu trinken, aber wir müssen uns das Wasser gut einteilen. Immer wieder machen wir kleine Pausen. Ich genieße es dann, im Schatten zu sitzen und aus der Feldfalsche zu nippen und noch viel mehr vom kalten Quellwasser zu trinken, wenn wir ab und zu auf kleine Bächlein stoßen. Doch die Pausen sind gefühlt immer viel zu kurz und schon bald geht es wieder weiter.

Die Sonne steigt immer höher und macht Schatten seltener. Doch glücklicherweise verläuft der Pfad die meiste Zeit im Wald. Gestern war das nicht so, da hatten wir Sonne pur. Die Zeit vergeht und jeder Schritt wird schwerer und schwerer. Mein linkes Knie, das nun fast jeden Tag zu schmerzen anfängt, macht mir die ganze Sache nicht viel einfacher. Deshalb bin ich heilfroh, als wir am Nachmittag endlich unseren Schlafplatz erreichen. Glücklicherweise ist nun wieder baden angesagt. Sogleich machen wir uns zu zweit auf die Suche nach einer tiefen Stelle und finden glücklicherweise auch einen Flussabschnitt mit tief aussehenden Becken und hohen Klippen. Das erzählen wir den Anderen und legen noch fest, wer beim Gepäck bleiben soll. Das muss als Vorsichtsmaßnahme leider sein, denn im Wald sind überall Tiere unterwegs, auch streunende Hunde, und wir haben ja einiges an Essen dabei. Ein paar Tage später wird uns dann ein Fuchs, den wir am Abend schon um das Lager haben streichen sehen, in der Nacht zwei Wanderschuhe stehlen. Glücklicherweise merkt er aber bald, dass sie nicht schmecken und lässt sie ein ganzes Stück entfernt, aber nah beieinander, in einem Gebüsch liegen. Ein Glück, dass wir sie nach längerem gemeinsamen Suchen wiedergefunden haben, denn in den Bergen ohne Schuhe, das muss nun wirklich nicht sein. Aber ohne Essen auch nicht, deshalb muss einer aufpassen. Na ja, es wollen ja sowieso nicht immer alle baden – und Klippenspringen sowieso nicht.

An den tiefen Gumpen angekommen ziehen wir uns aus und rennen wild hinein. Das Wasser ist hier oben in den Bergen eisig. Ich spüre die Kälte auf meiner Haut regelrecht brennen. Nur wieder raus aus dem Wasser, sagt das Gefühl, doch der Kopf sagt, dass ich mich langsam an die Temperatur gewöhnen werde. Außerdem will ich ja ans andere Ufer zur Klippe und springen! Trotzdem zögere ich kurz, doch dann schwimme ich los. Die Bewegungen im Wasser, liegend statt mit Rucksack bergauf laufend, erscheinen mir so einfach und ich fühle mich schwebend leicht.

Es dauert nicht lange, dann habe ich die warme Steinwand erreicht. Mit beiden Händen versuche ich Halt zu finden und lasse, so weit es aus dem Wasser heraus geht, die Finger über den Fels tastend nach oben wandern. Der Stein ist zwar warm, aber nass und rutschig. Endlich habe ich einen Griff gefunden und kann mich langsam aus dem Wasser ziehen. Ein kalter Luftzug über die nasse Haut lässt mich frösteln. Doch die Sonne macht das bald wieder wett. Der raue Stein schneidet an Fingern und Füßen. Manchmal tut es gar ein wenig weh, aber in Gedanken an den ersten Sprung klettere ich schnell weiter. Barfuß ist es auch gar nicht so einfach, an den oft nur kleinen Vorsprüngen Halt zu finden. Meter um Meter geht es nach oben, manchmal muss ich eine Weile innehalten und erst einmal schauen, wo es weitergeht. Sollte ich fallen, muss ich nur versuchen, möglichst weit von der Wand wegzukommen. Eigentlich kann nichts passieren. So macht Klettern ziemlich Spaß.

Oben angekommen setze ich mich erst einmal auf den aufgeheizten Stein in die Sonne. Langsam wird mir wieder warm und ich überlege, ob ich jetzt tatsächlich runterspringen soll. Wie hoch mag es sein?! Zehn Meter mindestens. Von unten rufen die anderen: „Spring doch", aber ich halte noch inne. Ist es vielleicht etwas Furcht oder zumindest Respekt vor der Höhe?! Doch irgendwann will ich nicht mehr warten und springe einfach. Ein kurzer Flug, dann spüre ich, wie mein Körper in das Wasser schneidet. Wieder ein Kälteschock, doch für solche Gedanken bleibt eigentlich keine Zeit, denn es ist irgendwie ja auch faszinierend, das grüne, klare Wasser, die Luftblasen und die weißen Unterwasserfelsen. Ich tauche schnell wieder auf und hole erst mal tief Luft. Dann geht es wieder nach oben, hinauf auf die Klippe. Sprung um Sprung verliert man die Angst und die Höhe wird einem egal. Auch die Anderen beginnen nun zu springen und ich hole mir jetzt erst einmal die Go-Pro. Ab jetzt wird jeder Sprung aufgenommen (Video ist auf der WWV- Homepage). Irgendwann beginne ich mit den ersten Saltos. Erst einmal von niedrigeren Felsen. Ramirez schaut zu und gibt Ratschläge und ich schaue, wie er es macht. Nur nicht nachlässig werden, immer muss man möglichst weit von Felsen wegkommen und auch beim Klettern aufpassen.

Auch wenn man nun schon öfter gesprungen ist, so merkt man dennoch, wie vor jedem neuen Absprung der Adrenalinpegel immer wieder aufs Neue steigt. Suchtgefahr?! Gut, also noch mal ein Salto. Diesmal von ganz oben! Ich stelle mich mit dem Gesicht zum Felsen und probiere erst einmal, mein Gleichgewicht zu finden. Dann gehe ich in die Hocke, drücke mich nach oben ab, hole heftig mit den Armen Schwung und beginne mich rückwärts zu drehen. Kurz sehe ich Himmel, Felswand, Wasser und schon tauche ich in das kalte Nass.

Ich kann zuerst kaum fassen, dass ich es getan habe. Ich schwimme so schnell ich kann wieder zur Klippe, klettere hinauf und springe. Dieses seltsam wunderbare Gefühl, welches dabei meinen Körper durchdringt, hört nicht mehr auf. Doch leider wird es bald dunkel und außerdem bekommen wir alle Hunger. Deshalb machen wir uns auf den Weg zurück zu unserem Lagerplatz. Dort beginne ich gleich mit dem Feuermachen, während die anderen Gemüse und Zwiebeln schnippeln. Ich bin hungrig und denke dennoch immer nur an die Klippen. Morgen früh nach dem Aufstehen will ich gleich wieder springen gehen. Den ganzen Abend reden wir alle noch darüber und mir wird klar, morgen werde ich noch mehr probieren. Mittlerweile wird es stockdunkel. Ich werde müde, aber während ich einschlafe, denke ich die ganze Zeit über an das Klippenspringen und an morgen.

Erik

Tempelritter auf Großfahrt

DURCH DIE RUMÄNISCHEN KARPATEN

Im Sommer 2017 fuhr die Sippe Tempelritter aus dem Christlichen Pfadfinderbund Saar (CPS) mit Bahn und rumänischem Rückkehrerbus über München, Ungarn, bis nach Hermannstadt (Sibiu). In München wurde der Aufenthalt spontan genutzt um in der Fußgängerzone ein paar Lieder zum Besten zu geben. Die Resonanz des Publikums war besonders herzlich aus den Reihen vieler ausländischer Pfadfinder und Christlicher Jugendgruppen zu spüren. Die in 30 Minuten ersungenen 140 € sicherten uns in der ersten Woche unserer Fahrt unsere Verpflegung.

Nach der 20-stündigen Busfahrt kamen wir mit einigen Rumänen ins Gespräch, die das ganze Jahr über in Deutschland arbeiteten. Sie waren sehr zurückhaltend und höflich und betrachteten uns mit einer Mischung aus Neugier, Skepsis und Freundlichkeit. Ein Satz blieb uns bei einer aussteigenden jungen Rumänin im Gedächtnis. Sie sagte: „Rumänien ist ein schönes Land und in Deutschland wohnen viele böse Menschen." Wir konnten diese Erfahrung nur mit großem Mitgefühl zur Kenntnis nehmen und ihr alles Gute wünschen. So trafen wir kurz hinter der Grenze auf den ersten Cevapcici-Essensstand, der uns von denmitreisenden Rumänen wärmstens empfohlen wurde. Die ultrabilligen Hackfleischbratlinge (Cevapcici) ließen einen nahen Durchfall befürchten, der sich aber ohh Wunder auch während der nächsten 3 Wochen niemals einstellte.

In Hermannstadt (Sibiu) testeten wir nochmal unser Singetauglichkeit auf der Straße. Schon nach 5 Minuten füllte sich unser Barett derartig mit 1- und 5-Lei-Geldscheinen, dass sie drohten, aus dem Barett rauszufliegen. Daraufhin schenkte uns eine ältere Dame einen von ihr organisierten Schuhkarton mit Geldschlitzdeckel, der sich in den nächsten 30 Minuten ebenfalls bis obenhin füllte. So finanziell gestärkt starteten wir abends das Abenteuer. Ich fahre mit einem Regionalzug durch Rumänien. Die Abfahrtzeiten schwankten plus, minus zwei Stunden um den eigentlichen Abfahrtszeitpunkt. Dies erinnerte uns sehr an Russland oder Afrika …

Nachdem es dann nun endlich losging, fuhren wir mit offenen Türen (was die Pimpfe sehr erfreute) auf die Karpaten zu. Natürlich hatte auch nicht jeder Bahnhof ein passendes Bahnhofsschild, so dass wir unseren Zielpunkt um 40 Kilometer zu weit überfuhren. Nachdem wir dann mit dem Bahnhofsvorsteher sprachen, um herauszubekommen, ob noch ein Zug an dem Abend zurückfuhr, bekamen wir keine besonders zielführende Antwort! Als wir ihn dann fragten, ob wir hier irgendwo ein Zelt aufschlagen dürften, zeigte er im 360-Grad-Radius um den Bahnhof herum an, das wir überall unser Zelt aufschlagen könnten – so entspannt ist Rumänien. Nach einigem Abschätzen der Lage entschieden wir uns für eine braunbärsichere Laderampe, die etwas erhöht an einen Bahnhofsgebäude zu finden war.

Nachdem wir am nächsten Morgen den angekündigten 8-Uhr-Zug verpasst hatten, weil er eine halbe Stunde früher kam, frühstückten wir erstmals völlig entspannt am Bahnhof und konnten uns mit einer vorsintflutlichen Heizspirale eine warme Tasse Kaffee kochen. Nachdem die Pimpfe den Fliegerangriffen von um sich kackenden Schwalben ausgesetzt waren, kam 2 Stunden später der nächte Regionalzug, dessen Wagen sich als 50 Jahre alte Deutsche-Bahn-Sechserabteil-Wagen herausstellten (die guten alten Reise-

waggons).Das Ticketproblem löste sich auch im Zug. Hier verkauft der Schaffner selbst noch die Tickets. Nachdem er uns den Fahrpreis errechnet hatte, fragte er uns, ob wir die 40 Lei mit Ticket bezahlen wollten oder ohne Ticket? Nachdem es ohne Ticket nur 20 Lei kostete, war die Entscheidung klar! Ebenso eine bemerkenswerte Erfahrung über das Zug fahren in Rumänien.

Nachdem wir im letzten Jahr unserer Lappland-Hungerfahrt hinter uns gebracht hatten, entschieden wir uns nun, über die rumänischen Dörfer am Südrand der Fagarasch-Karpaten zu wandern. Ständig wurden wir von Einheimischen und der Polizei eindringlichst vor den Braunbären gewarnt. Nun, das waren ja schöne Aussichten und versprachen einen spannenden Fahrtenverlauf. So wanderten wir nun mehrere Tage über die kleinen Karpatendörfer. Uns folgte auf dieser Reise einer der zahllosen Straßenköter. der uns treu und wie ein Schutzengel begleitete. Daher nannten wir ihn den „Kleinen Engel".

Eines Abends tauchte vor unseren Augen eine große Menge an Jahrmarktzelten, Karussells und Verkaufsständen auf. Dies stellte sich nach näherem Nachfragen als einheimischer Bauernmarkt heraus und man lud uns ein, hier zu verweilen und mal wieder irgendwo das Zelt aufzubauen. Wir freuten uns auf diesen eindrucksvollen Abend mit den Einheimischen und genossen am nächsten Morgen das unglaubliche Angebot dieses Jahrmarktes. Neben Hufeisen, Pferdegeschirren und Holzfässern gab es alles, was das rumänische Bauernherz begehrte zu unglaublich günstigen Preisen (aus unserer Sicht). Wir zogen weiter Richtung Lacul Vidradu, einem Trinkwasserstausee für Bukarest, gespeist aus dem Karpatenwasser oberhalb der eigentlichen Drakulaburg. Auf dem Weg zum See lauerten die üblichen rumänischen Hirtenhunde, die mit Wolfsstachelhalsband und beträchtlicher Größe einem Wanderer das Leben schwer machen können. Ausgestattet mit Pfefferspray und langen Stöcken hofften wir, uns diesen Bestien entgegenstellen zu können! Ein Tramp auf einem Pickup brachte uns dann sicher an den Hunden vorbei.

Am See konnten wir ein ausgedientes Forsthaus, in dem schon die Braunbären einigen Un-

2017/08/03

2017/08/03

sinn angestellt hatten, als unser zweitägiges Ruhequartier in Beschlag nehmen. Hier versuchten wir, uns so bärensicher, wie es nur ging, einzurichten. Des Nachts hörten wir sie allerdings um unser Quartier schleichen, was zur entspannten Nachtruhe nicht wirklich beitrug. Neben uns rastende Rumänen stießen nachts alle 5 Minuten unnachahmliche spitze Schreie aus. Nachdem wir sie dann daraufhin befragten, was der Grund für diesen Nachtlärm bedeuten sollte, erklärten sie uns, dass sie damit die Bären vertreiben wollten.

Zum Ende der Fahrt hatten wir uns mit Gerhild und Ditmar Groß in Viscri (Deutsch Weiskirch) verabredet, nachdem wir noch 3 Tage am Schwarzen Meer verweilt hatten. In Deutsch Weiskich hatten wir unsere Hilfe und Unterstützung zur Unterhaltung und Renovierung der Kirchenburg zugesagt und sollten beim alljährlichen Treffen der Siebenbürger Sachsen musikalisch unterstützen. Dort wurden wir mit so großer Herzlichkeit und Freude aufgenommen, dass es eine Wonne war, die alten Dorfstrukturen und dessen Bevölkerung kennen zu lernen. Zeitweise kam es einem vor wie ein Zeitsprung von 70 Jahre in die Vergangenheit, wenn die Panjewagen über die Dorfstraße fegten und die Kühe morgens nach dem Melken vom Dorfhirten eingesammelt wurden und zur Tagesweide außerhalb des Dorfes geführt wurden, dies war ein Schauspiel der ganz besonderen Art. Auch das Zusammenleben der Rumänen, der Siebenbürger Sachsen und der Zigeuner in Deutsch-Weiskirch absolut entspannt. Niemand schloss sein Haus ab und die Milch und der Käse wurden vom Bauern persönlich vorbeigebracht.

Zum Schluss der Fahrt besuchten wir das große Sachsentreffen in Hermannstadt, an dem über 10.000 ehemalige Siebenbürger Sachsen aus aller Welt nach Hermannstadt kommen und am großem Festumzug teilnehmen. Der rumänische Bundespräsident (selber Siebenbürger Sachse) war Schirmherr der gesamten Veranstaltung. Dort trafen wir rumänische Pfadfinder und sangen mit ihnen auf dem großen Marktplatz von Hermannstadt. Zwei andere Bundesgruppen der CPSaar stießen in diesen letzten Fahrtentagen zu uns und erlebten gemeinsam das besondere Gefühl der Verbundenheit der Siebenbürger Sachsen mit ihrer ehemaligen Heimat. Nach einem Abschlussabend am Lagerfeuer mit 3.000 Siebenbürger Sachsen in Afrik (Freck) am Palais Bruckenthal ging es für uns in die Heimat zurück.

Als Fazit bleibt: Rumänien ist ein wunderbares Fahrtenland für ältere Fahrtengruppen ab 14 Jahren aufwärts mit liebenswerten und gastfreundlichen Menschen.

Herzlich Gut Pfad,
Micki, Wolle (Sippe der Tempelritter im CPSaar).

Großfahrt Südamerika

VIER WOCHEN CHILE, BOLIVIEN UND PERU

Foto: xxxx

Bei Wind, Schnee und Sonnenschein über die Pässe der Anden – 10 Raiderinnen und Ranger zusammen mit einem Kuraten auf Großfahrt in Südamerika – ausgezeichnete Gastfreundschaft in den Frauenklöstern Perus – eine Missionsstation, bei der man (beinahe) hängen bleibt – ein Hund, der uns treu durch die Berge geleitet – unter 10 Grad minus nachts – Alpaka-Herden vor grandiosen Bergkulissen – wer trägt dort die Rucksäcke selbst? – grobe Karten zur groben Orientierung – Leben an der Hand der Vorsehung – und eine Gemeinschaft durch dick und dünn bzw. durch Höhen und Tiefen ... ☺ – Stichworte zu unserer Großfahrt 2017.

Vier Wochen auf Fahrt?

Zwei Monate sind nun vergangen. Die Großfahrt 2017 liegt hinter uns. 4 Wochen durch Südamerika: Ankunft in Chile – 10 Tage in Bolivien und dann ging´s nach Peru. Was bleibt aus dieser Zeit? Was haben uns diese 4 Wochen out of Alltag geschenkt? Was wirkt nach…

Ja, die Frage kam häufig: Was ist denn das Besondere an einer Großfahrt? Um was geht es denn da? Die Antwort lautet dann oft: Komm mit und du weißt Bescheid! In der Tat ist es nicht einfach, das, was Fahrtenleben ausmacht, in Worte zu fassen. Äußerlich unterscheidet sich die Zeit auf Fahrt z.B. dadurch, dass wir auf Smartphone, Handy und Internet verzichten. Das ist eine ungeschriebene Regel, die uns überhaupt erst die Möglichkeit gibt, wirklich auf Fahrt zu sein und uns voll und ganz auf all das einzulassen, was uns der Augenblick schenkt. Damit ersparen wir uns auch die dauernde Entscheidung, wen in der ganzen Welt wir jetzt gerade an unseren Erlebnissen teilhaben lassen wollen, welche Fotos wir posten und auf welche Nachricht von irgendwoher geantwortet werden sollte… Stattdessen gibt es natürlich ganz konventionell: Tagebuch und Fahrtenchronik!

GANZ IM AUGENBLICK leben, sich auf Begegnungen einlassen, katholische Kirche weltweit als eine große Familie erleben, die Gemeinschaft einer Fahrtengruppe erfahren, eigene Grenzen erkennen, Unterstützung von anderen annehmen lernen, hinter die Fassade der Dinge blicken, sich in der Einfachheit des Fahrtenlebens Gedanken über das Wesentliche des Lebens zu machen… Das sind die vielfältigen Chancen unseres Fahrtenlebens. Und es liegt an jeder Einzelnen selbst, was sie für sich daraus mitnimmt.

So – nun ganz kurz zu uns und unserer Idee

Wir waren zu elft unterwegs. 10 Ranger, alle schon fahrtenerfahren, und ein Pater, natürlich abenteuererprobt. Um die Kosten für den langen Flug möglichst niedrig zu halten, wählten wir die Anreise über Chile und nutzten den Aufenthalt in Santiago, um einen Abstecher nach Auco zu machen. Die Chilenen verehren dort die Hl. Theresita de Los Andes, eine junge Heilige, die uns auf den ersten Blick einfach sympathisch war: sie liebte das Leben, die Freiheit, die Berge, die Natur und… fand dadurch ihren Weg zu Gott.

Kurzerhand wurde sie zur Patronin unserer Fahrt „erhoben". Von Chile aus ging´s dann nach La Paz, der Millionenmetropole Boliviens auf einer Meereshöhe von 3600 bis 4100 m. In kluger Voraussicht nutzten wir die ersten Tage zur Akklimatisierung. Die Höhe machte uns allen zu schaffen, dem einen weniger, dem anderen mehr… Dankenswerterweise durften wir bei den Zisterzienserinnen des Colegio Ave María im Stadtteil Villa Fatíma für eine weitere Nacht Quartier finden!

Eindrücke Millionenmetropole

Die Stadt – mit ausführlichem Namen *„Nuestra Señora de La Paz"* („Unsere Liebe Frau des Friedens") – ist Regierungssitz von Bolivien und ermöglichte uns gleich von Anfang an einen guten Eindruck dieser faszinierenden, doch so ganz anderen Welt: kleine, unfertige Häuser, gedeckt mit Wellblech, ohne Kamin, alles unverputzt… Das ganze Leben spielt sich auf der Straße ab, an jeder Ecke ein kleiner Grill mit Essen zum Mitnehmen, neuartige und interessante Gerüche, Frauen in fremdländisch-indianischer Tracht, Folklore-Musik aus Straßenlautsprechern und überall Anzeichen einer deutlich überforderten Müllabfuhr…

So richtig heimisch fühlten wir uns dann erst wieder in der Gondel! Dieses neue Projekt (von der Firma Doppelmayr umgesetzt) wird gerade immer weiter ausgebaut: Um den Verkehr zu entlasten, sind verschiedenste Gondel-Lifte über das ganze Stadtgebiet hin in Planung. Da die Stadt rundherum in die steilen Hänge gebaut ist, bietet sich diese Art von Transport natürlich an. Wir nutzen die Gondel „rojo" und schweben über den riesigen Friedhof („cementerio") hoch Richtung El Alto…

Der öffentliche Nahverkehr in La Paz besteht bislang hauptsächlich aus Minibussen und Sammeltaxis („Collectivos"). So gibt es mehr als 200 verschiedene Routen, die jeden Bereich der Stadt abdecken. Die Busse und Taxis halten ohne feste Haltestellen auf Zuwinken oder Zuruf. Wer mit will, steigt ein und bezahlt beim Verlassen des Busses 2 Bolivianos… Eigentlich ganz praktisch.

Copacabana am Titicaca-See

Kurze Irritation? Gehört Copacabana nicht nach Rio? Korrekt. Nur war das Heiligtum zur *Virgen de la candelaria* und der *Cerro Calario* am Titicaca-See Namensgeber für die berühmte Strandpromenade in Brasilien. Wir gerieten dort in ein richtiges Volksfest, die Straßen voller Menschen und Autos, Musik, Gesang, bolivianische Köstlichkeiten, dazwischen grauhaarige Männer, die gekleidet nach der Tradition der Naturreligionen mit Weihrauch und Böller „Segnungen" vornahmen... Wir gewannen zum ersten Mal einen Einblick, wie sehr sich in Südamerika die christliche Religion in der Tradition des Volkes mit dem Glauben der Naturvölker vermischt hat. Unser Aufstieg zum Kalvarienberg (wir vermuteten dabei natürlich einen Kreuzweg) mit dem Anblick der verschiedenen Opferstellen bestätigte diesen Eindruck. Nach dem Trubel genossen wir umso mehr unseren ruhigen Lagerplatz am Ufer des Titicacasees und die echt erfrischenden Schwimmzüge unterm Sternenhimmel. Was war unser Plan? Wir wollten mit dem Schiff übersetzen auf die Isla del Sol, eine Insel im Titicaca-See mit Inka-Geschichte und wunderschönen Buchten.

Doch plötzlich Berge bis zum Himmel gehn

… mit ihren eisbestäubten Spitzen – nein, es waren nicht die Rockys, sondern die verschiedenen Gebirgszüge der Anden. Wir konnten sie von den Buchten der Insel aus schon in der Ferne sehen! Dort wollten wir also eigentlich hin! Drei Tage Akklimatisierung mussten genügen, wir versuchten es nun hoch hinaus. Unser Ziel war die Cordillera Condoriri. Von den Hütten des kleinen „Ortes" Tuni aus ging es große Stauseen entlang langsam höher in die Gebirgsregion. Die ersten Alpaca-Herden, kleine Lehmhütten, Hirtenhunde die uns mal freundlich, mal weniger freundlich begrüßen… Wir hatten noch ein richtig flottes Tempo. Noch – das sollte sich im Laufe der Tage so ziemlich komplett ändern. Nicht nur, weil wir aus dem Staunen über die grandiose Bergwelt nicht mehr herauskamen, sondern vielmehr, weil jeder Schritt – je höher wir kamen – zu einer echten Herausforderung wurde. Bin mir gar nicht sicher, ob das Genießen der Natur ums uns rum noch so wirklich möglich war… Doch bekanntermaßen geht´s ja im Leben mehr um das innere als das äußere Abenteuer. ☺

Auf jeden Fall werden uns der 10. und 11. August 2017 als die Tage der Pässe in Erinnerung bleiben. Wenn man die Höhenmeter der Anstiege hier aufzählen würde, wäre die erste Reaktion wahrscheinlich: Klacks! Was sind schon 500 m Anstieg! Stimmt, in den Alpen nimmt man diese in einer bis eineinhalb Stunden… Nur: wir waren in den Anden in Höhen über 5000 m unterwegs. Jeder Schritt eine neue Überwindung: 2x schnaufen, 1 Schritt vorwärts (hoffentlich ☺). Je höher, desto langsamer. Wir packen um. Diejenigen, die heute noch fit sind, nehmen mehr. Vielleicht wird´s morgen dann schon wieder anders sein? Die Höhenkrankheit zeigt sich in ihren ersten Anzeichen: Übelkeit, Schwindel, Kopfschmerz, Durchfall … Naja, oder von allem halt ein bisschen.

Wir verbringen die zweite Nacht in einem Hochtal auf ca. 4800 m. In Wolken. Unser Unglück, denn so blieb uns der Blick in die Yungas, den Dschungel, versperrt. Unser Glück, so wurde die Nacht nicht ganz so eisig. Trotzdem gefriert sofort nach Sonnenuntergang (18 Uhr) das gewaschene Klufthemd zu einem starren Eisgebilde und mit der Schichtmethode von T-Shirt, Hemd, Pulli und Juja kann man es in der Kohte gerade noch so aushalten… Da freut sich jeder auf den Schlafsack. Und soviel wie auf dieser Fahrt haben wir noch nie geschlafen! Feuerholz in dieser Höhe: Fehlanzeige. So singen wir im Kerzenlicht noch ein paar Lieder, erfinden die neue Tradition „Lagerlektüre gibt´s im Schlafsack" und einige sind eh schon während des Abendessens eingeschlafen. ☺

Apropos: Verlassen der Kohte. In dieser Höhenlage ist tatsächlich jeder Schritt anstrengend und soweit man noch in der Lage ist, klare Gedanken zu fassen, plant man auch entsprechend: Wasserholen, Zähneputzen und Toilettengang kann ja alles in einem gehen. Da lernt man Sparsamkeit auch bei der Anzahl der Schritte…

In Laguna Wichu Khota nutzen wir die erste Alternativ-Route und verabschieden uns für kurze Zeit von Alina und Antonia. Das Wildwestfeeling dieses Ortes wollten sie unbedingt noch länger genießen und nutzten einen alten duftenden Schafstall zur Rekreation im Windschatten. Den anderen pfiff der eisigkalte Stieber weiter um die Ohren, als sie ihren Weg zum nächsten Pass fortsetzten. Melluni am Zongo-Pass war das Ziel. Dazwischen lagen noch einige Kilometer und vor allem Höhenmeter. „Nur noch 20 m" – so die Ansage! Was heißt dort aber 20 m!! Der Wind pfeift, der Atem geht rasend, die Schläfen pochen … nur nicht anhalten. Dann geschafft. Am Sattel. Doch ausruhen geht nicht, man will ja nicht erfrieren. Also geht´s sofort an den Abstieg. Es liegt Schnee. Der Himmel klar, der Wind eisig kalt, eiskalt. Beeilung. Uns treibt die Vorfreude auf irgendetwas Warmes in der Ortschaft Melluni. Angekommen. Doch: WAS IST DAS? Wir nennen Melluni sofort „die Geisterstadt". Alles ist noch vorhanden: Kirche, Theater, Schule, Fabrik, Wohnsiedlungen… doch bis auf ein altes Mütterchen alles völlig verlassen! Sie zeigt uns fließendes Wasser. In den Gebäuden fehlen die Fensterscheiben, der Wind lässt die Türen knarren, alles verdreckt... Dann doch lieber die Kohte.

Todmüde fallen wir ein paar Stunden später in unseren Schlafsack, überleben und erfragen am nächsten Morgen einige Kilometer weiter von Straßenpolizisten die Nachttemperaturen: 8 Grad minus im Tal. - Wir ersehnen gerade nichts mehr als die ersten Sonnenstrahlen, warten an der Passstraße auf Mitfahrgelegenheiten zurück nach La Paz und gehen heute keinen Kilometer mehr freiwillig.

Juliaca

Nach unserem ersten Abenteuer in den bolivianischen Anden überquerten wir die Grenze nach Peru und nehmen Kurs auf Juliaca. Fragende Blicke in der Fahrtenrunde, als wir diese Zwischenstation auf dem Weg nach Norden verkünden: Was machen wir denn in Juliaca?

Die Stadt an sich ist wirklich keine Pracht. Und bis dahin wussten wir alle nicht, was wir an unseren Fahrzeugen mit Katalysator und unserem weiß-blauen Himmel in Bayern oder sonst wo so wirklich haben. Jetzt schätzen wir es! Dank Juliaca!

Doch mit Juliaca verbindet uns nunmehr nicht nur die Wertschätzung frischer Luft und EU-Autoregelungen, sondern VOR ALLEM die Erinnerung an die Begegnung mit den Schwestern der ehemals deutschen Dominikanerinnen-Kongregation. Raoul hatte uns den Kontakt vermittelt: „Im Collegio St. Elena müsst ihr vorbeischauen!" Und wir taten recht so! Sr. Doris, die Chefin, organisierte eine Rundum-Verpflegung (!!) und ein 24-Stundenprogramm: vom Besuch im Kindergarten mit Sing- und Tanzspiel, über die Vorführung eines Folkloretanzes zur peruanischen Geschichte bis hin zum Gesang unserer Fahrtenlieder in den höheren Jahrgangsstufen des Mädchengymnasiums… Echt beeindruckend, was die Schwestern dort für die Mädchen aus armen Familien auf die Beine gestellt haben und welch positiver Geist dort herrscht. Sr. Doris – das war sagenhaft!

Dann endlich Cusco …

Wer nach Peru geht, muss nach Cusco. So kennt man es. Auch uns führte unsere Fahrt nach Cusco und natürlich nahmen wir uns Zeit für einen Stadtrundgang, Erzählungen über die Inka-Vergangenheit und einen Besuch auf dem großen Markt, mit den vielfältigen angenehmen oder weniger angenehmen Gerüchen. Diejenigen unter uns, die wesentlich ihr Empfinden mit dem Sinnesorgan Nase verknüpfen, verbinden somit eher Unangenehmes mit diesem Part unserer Fahrt.

Beeindruckend dagegen die Kathedrale und ihr Pendant, die Jesuitenkirche. Krass und grandios. Laudetur Jesus Christus!

Doch dann stoppte auch schon unser Touri-Programm: Nein, wir gingen nicht nach Machu Picchu, nein, wir besichtigten nicht die Ruinen von Pisac, nein – wir waren auch nicht in Ollantaytambo! Ja, was dann???

Bei den Dienern der Armen

Wir machten eine richtig lange Station bei den Dienerinnen der Armen! Und das ist viel mehr Peru als das Abklappern von alten Steinhaufen, so interessant die Vergangenheit, über die sie erzählen, auch sein mag. So erlebten wir das Peru der Gegenwart. Und wer sind nun die Diener und Dienerinnen der Armen?

Den Kontakt dorthin hatten wir über Matthias und seine Familie erhalten. Matthias ist KPEler und arbeitet seit Jahren als Missionar in Südamerika. Die Schwestern und Brüder der Gemeinschaft haben in Cusco und Umgebung eine große Missionsstation aufgebaut und leben ganz in der Art und Weise der Armen, denen sie auch in besonderer Weise ihre Arbeit und Liebe widmen. Zu dem Projekt gehören eine gesamte „Jungenstadt" bei Andahuaylillas, ein Heim für schwerbehinderte Kinder und Jugendliche rund um das Schwesternheim in Cusco, ein Mädcheninternat und eine Mädchenschule, sowie mehrere kleine Missionsstationen in den Dörfern der Berge ringsum.

Die gestrenge Chefin Sr. María Betzabé mit ihrem großen Herz ermöglichte uns Einblicke in all die Aufgabenbereiche: Besonders beeindruckte uns dabei der liebevolle Umgang der Schwestern mit den schwer benachteiligten Kindern. Wir durften dort mithelfen, umkleiden, Essen reichen, waschen, singen, spielen, zu Bett bringen… und jede von uns schloss ihren Liebling ins Herz.

Eine davon war die 16-jährige Jesenica. Jesenica leidet an einer unheilbaren Krankheit, ist seit Monaten gelähmt und vollkommen auf Hilfe von anderen angewiesen. Sie weiß, dass sie bald sterben wird. Die Begegnung mit ihr gehört sicher zu den eindrücklichsten unserer Fahrt: Jesenica strahlte eine Ruhe und Freude aus, die nur von ihrer tiefen Überzeugung, bald bei Jesus zu sein, kommen konnte. Ihre dunklen Augen waren ganz klar. Immer wieder schauten wir bei ihr vorbei, um bei ihr und mit ihr zu singen. Dazwischen gab sie mal schnell einen kleinen Spanisch-Sprachkurs für Antonia und Alina und begann mitzusummen, sobald sie unsere Lieder im Ohr hatte. Immer wieder bat sie um ihr Lieblingslied: „Ave Maria, ave Maria!" – Es will das Licht des Tages scheiden…

An anderen Tagen waren wir an Außenstellen unterwegs: in der „Bubenstadt", in der wir den Pfadfinderpater P. Louis-Marie kennenlernten oder mit den jungen Schwestern in die Missionsstationen Casacunca und Puna Cancha der Berge fuhren. Wir erlebten dort die Totenfeier für eine verstorbene alte Frau, feierten eine Heilige Messe auf Quechua (Sprache der indigenen Bevölkerung) mit, wir spielten, sangen, beteten und kochten mit den Kindern des Dorfes… und traten abends in einem völlig „staubenden" Bus[1] mit zufriedenen Schwestern die Rückfahrt an. Die Schwestern sind echt fromm und richtig lustig. Eine amüsante Mischung. Am liebsten hätten sie natürlich einige von uns gleich eingekleidet. Aber auch wir hätten gerne einige von ihnen gleich mitgenommen. Rucksackproben und Verhandlungen gab es schon. Aber ganz im Geheimen. ☺

Ausangate à la KPE

Doch uns riefen nun wieder die Berge: Waren wir nach den Tagen in der Missionsstation wieder richtig erholt, ging es an die Planung unserer zweiten Andentour. Mit den Erfahrungen aus Bolivien entschlossen wir uns zu einer Änderung der Route: nicht *rund* um den Ausangate, sondern *entlang* des Ausangate: Kreation KPE.

Wetterbedingungen und Berichte anderer Bergsteiger (Zitat: „Nur raus hier!") bestätigten im Nachhinein die Richtigkeit unserer Entscheidung. So erlebten wir eine Tour mit grandiosen Tälern, atemberaubenden Anblicken eisiger Gipfel, traumhaften Ausblicken, dampfend heißen Quellen und feenhaften Talgründen… Ja, wir könnten einen neuen Wanderführer schreiben, tun das aber sicher nicht und lassen einfach Bilder sprechen…

Diese faszinierende Landschaft hat jedoch einen besonderen Beigeschmack: Die Höhe. Unbarmherzig raubt sie einem den Atem und zusätzlich die Energie in den Beinen. Da verstanden wir, was uns diese Zeilen vorausgesagt hatten: *„Mühsam schleppe ich mich durch dieses Postkartenidyll. Von einem Aussichtspunkt aus – von dem wir in ein sonnendurchflutetes Tal, in der eine Lagune friedlich schlummert, blicken –, wird mir die Dramaturgie des Moments bewusst. Meine puddingartigen Beine sollen mich jetzt noch über einen 5.200 Meter hohen Pass tragen, von dem ich nicht einmal weiß, ob ich ihn überleben werde. - Mir laufen die Tränen übers Gesicht. Mein Ausdruck von Verzweiflung. Das packe ich nicht, rufe ich den vor mir Laufenden hinterher, die schon auf dem Weg ins Tal sind. "Na klar schaffst du das! Heute Abend haben wir was zum Feiern!", ermunterte mich jemand, ohne sich umzudrehen. Meine innere Stimme macht einen Aufstand. Ich will da nicht rüber, es muss doch eine Abkürzung oder irgendeinen Tunnel geben! Bockig trample ich den andern hinterher, meine gereizte Stimmung schnürt mir die Luft ab. Innerlich rebelliere, äußerlich japse ich, bis ich mich schließlich meinem bittersüßen Schicksal füge."* (aus info-peru.de)

Auf dieser Tour waren wir übrigens zu zwölft: Ein schwarzer Hirtenhund begleitete uns vom ersten bis zum letzten Tag und hielt treu bei uns Wacht. Sogar die eiskalten Nächte mit minus 15 Grad hielten ihn nicht davon ab, seinen Platz direkt vor dem Kohteneingang die ganze Nacht über nicht zu verlassen. Am Morgen war sein schwarzes Fell dann von Raureif grau … dass bei diesen Temperaturen unsere Feldflaschen morgens völlig durchgefroren waren, ist die logische Folge.

Eine weitere Besonderheit waren die nachmittäglichen Gewitter mit Graupel- und Schneeschauer. Irgendwann gewöhnten wir uns in unserer

1 Konntet ihr schon mal in den Staub eurer Röcke Nachrichten schreiben?

HIER EIN AUSZUG AUS DER FAHRTENCHRONIK

Samstag, 26.08.2017

Weit sind die Wege und staubig die Straßen... So mancher Liedtext mag wohl einigen von uns heute durch den Kopf gegangen sein. Vielleicht auch die Frage, wo werden meine Füße versagen mir den Lauf?

Auf jeden Fall wollten wir heute raus aus den Bergen und dazu war ein Gewaltmarsch notwendig. Wir verließen unseren wunderschönen Lagerplatz an der Holzbrücke von Ranrapta und warfen einen letzten Blick auf den eisigen Ausangate, der am Ende des Hochtales den perfekten Abschluss unseres Lagerplatzes bildete. Dann bogen wir in das Tal des Rio Jalacocha ab und folgten stundenlang dem Flusslauf. Im Ort Jalacocha trafen wir wieder auf P. Stefan und feierten im Hof des Kindergartens mit einigen Einheimischen die Heilige Messe. Weiter ging´s... Schritt um Schritt, Stunde um Stunde. Perfekt zur Mittagspause erreichten wir einen schönen Aussichtspunkt: Der Blick zurück bot uns das ganze Panorama der Ausangate-Kette von Ost nach West und der Blick nach vorne zeigte uns unseren weiteren Weg Richtung Ocongate... Da haben wir noch einiges vor uns.

Das Wetter schien umzuschlagen und wir behielten ein flottes Tempo bei. Im letzten Ort vor der Hauptstraße (die Ocongate mit Tinqui verbindet) nahmen wir dann die direkte Abkürzung. „Doch nicht jede Abkürzung ist eine gute Abkürzung!" Wie wahr. Ein breiter Fluss versperrte uns den Weg und wir stiegen erst mal ins Tal hinab, folgten dem Flusslauf und überquerten ihn dann kurz vor Ocongate auf einer Brücke. Wieder an der Transkontinentalstraße (von Ozean zu Ozean) angekommen hieß es jetzt Abschied nehmen: Wir lassen unseren Hirtenhund zurück, der vor sechs Tagen in Mallma auf uns getroffen und uns seither treu gefolgt war. Trotz seiner ihm eigenen gewissen Verrücktheit hatten wir ihn echt ins Herz geschlossen.

Heute war Samstag und wir hatten noch keine Ahnung, wo wir die Nacht verbringen sollten. Doch Samstag ist Muttergottes-Tag, wir waren eben vor einem großen Wetterumschwung mit Blitz, Donner und Schneeschauer „davongefahren" und die Quick Novena gab unserem Wunsch nach einer guten Lösung für die kommende Nacht nochmals zusätzlich Gewicht. Wir wünschten uns, heute noch an den Wallfahrtsort Huanca zu kommen und dort eine gute, trockene Unterkunft zu finden...

Nun, der Bus, in den wir gestiegen waren, ging tatsächlich bis Cusco und wir konnten an der Abzweigung zum Santuario aussteigen. Doch wie sollten wir abends um 19 Uhr im Dunklen noch die 35 km zum Heiligtum kommen? Tja, es gäbe alle 20 min Busse, die nach San Salvador führen und von dort könne man ein Collectivo nach Hunaca nehmen... Realität: Der erste Bus war völlig überfüllt, der zweite ebenso... indische Verhältnisse! Was tun? Mal sehen. Da bot uns ganz unvermittelt ein Mann an, uns für einen unwesentlichen Preis direkt ans Santuario zu fahren. Klasse. Doch er hatte nur für 8 Personen inkl. Gepäck (und das war schon knapp) Platz. So quetschten sich Magdalena, Maria S. und P. Stefan doch in den nächsten übervollen Bus und der Rest machte sich mit dem „Taxi" auf den Weg zum Wallfahrtsort... Was wird uns dort erwarten? - Die Überraschung war groß, als wir dort eine große geschlossene Kirche und sonst NIEMAND vorfanden. Das ganze Areal war wie ausgestorben. Wir konnten weit und breit keine einzige Person, aber geöffnete WCs, Waschgelegenheiten und eine offene Unterkunft für uns entdecken. Was hatten wir uns nochmals am Nachmittag von der Muttergottes gewünscht? Deo gratias und danke, Madonna!

Sonntag, 27.08.2017

Ganz früh am Morgen besuchten wir das Heiligtum Huanca und konnten eine Weile ganz für uns dort verweilen. Die geplante Sonntagsmesse verschob dann der – etwas später vom Schlaf erwachte – Superior des Wallfahrtsortes auf 9 Uhr, dafür am Gnadenaltar des gegeißelten Heilands, mit großer Ankündigung des deutschen Paters und zahlreicher Beteiligung der peruanischen Pilger. Wir sagen im Bereich des eigentlichen Chorgestühls die Missa simplicitatis Version 2.0 mit Fugette und waren teils selbst über unseren anhörlichen Gesang erstaunt. ☺ Die Predigt auf Deutsch war dann nur für uns.

Vor unserer Weiterfahrt wollten wir den Sonntag auch als Sonntag begehen und vereinbarten eine stille Wüstenzeit. Wie man wollte, konnte man noch einige Zeit am Heiligtum verbringen oder sich schon langsam nach San Salvador ins Tal aufmachen... So etwas tut gut. Und weil Sonntag war, ließen wir es uns gleich weiter gut gehen: Das Verpflegungsteam verschwand in die nahe gelegene Markthalle und der Rest schaute sich an den umliegenden Straßenständen nach einem sonntäglichen Mittagsmenü um, was wir uns dann auch gut schmecken ließen... Ein Regenguss beendete jedoch abrupt den Genuss und erstaunlich schnell waren alle unsere Sachen im nächsten Bus Richtung Pisac und Urubamba verstaut. Von dort wollten wir hoch nach Maras, einem schönen Bergdorf, bei dem tags darauf die Tour zu den Salinas de Maras beginnen sollte...

Maras selbst hat Charme. Die schöne Kirche mit dem Hl. Franz von Assisi als Patron war leider für Renovierungsarbeiten geschlossen, doch am Dorfdenkmal gab ein peruanischer Chor sein Bestes und eine Dame am Straßenrand ließ nicht locker, bis einige von uns am Tor des Pfarrhofes geklingelt und um Unterkunft gebeten hatten. Der zuständige Pfarrer war gerade auf dem Sprung und sein Auto war schon beladen. Doch mit peruanischer Gastfreundschaft stellte er uns sofort den kompletten Pfarrhof mit Innenhof für eine Nacht zur Verfügung und wünschte uns noch einen schönen Sonntag. Perfekt für eine Katechese! Am Abend trafen wir uns dann zu einer schönen Singerunde in der urigen Stube des Pfarrhofes... Schon wieder ein Geschenk der Vorsehung.

Zeitplanung schon dran und die Begeisterung für lange Schwimm- und Badestunden an den eisigen Gebirgsseen hielt sich eh ziemlich in Grenzen.

Die Salzterrassen von Maras – freier Eintritt für Pfadfinder

... und keiner wusste warum. Quer durch die Pampa erreichten wir die Salzterrassen von Maras, ein geniales Meisterwerk rund um eine salzige Quelle. Erstaunlich, wie die Intelligenz einer alten Kultur im Stande war, dieses Geflecht aus Kanälen und Salzbecken in hunderten kleinen Terrassen zu schaffen. Und fast noch bewundernswerter, wie diese Tradition über Generationen hinweg erhalten blieb. Die Inka waren bekannt für ihre strenge, aber gerechte Gesellschaftsordnung. Am Beispiel der Salzterrassen kann man dies heute noch gut nachvollziehen. Die Fläche der Salzbecken wurde seit jeher gleichmäßig auf die Familien der umliegenden Region aufgeteilt. Jeder sollte von der Bewirtschaftung der Salzterrassen gleichermaßen profitierten. So befinden bis heute sich 3.000 Becken an den steilen Hängen der Bergschluchten von Urubamba. Die Salzgewinnung der „salineras" von Maras findet auf rein natürlichem Wege statt. Das salzhaltige Wasser wird über ein ausgeklügeltes Kanalsystem in die ca. 30 cm tiefen Becken geleitet. Die hohe Sonneneinstrahlung lässt das Wasser verdunsten. Zurück bleibt das schneeweiße, kristalli-

ne Salz – das sogenannte „Weiße Gold“ der Anden. So wertvoll, dass es zu Inka-Zeiten für Tauschzwecke diente.

Eine Nacht im Sacred Valley

Die Lagerplatzsuche in dieser sehr touristisch genutzten Region war kein Leichtes und wir hatten uns schon damit abgefunden, für diese Nacht auf einen Traumlagerplatz verzichten zu müssen. Umso größer die Überraschung, als uns Pferde-Ranch-Besitzer Pablo Haus und Hof öffnete und wir uns plötzlich auf einem Lagerplatz à la Luxus-Suite-Anlage wiederfanden: „Für euch selbstverständlich gratis! Ich war auch mal Pfadfinder!“… Als er uns jedoch dann vor nächtlichem Regen warnte und uns anbot, die Betonfläche mit Vordach als sicheren Zufluchtsort für unsere Kohte zu wählen, zweifelten wir zumindest ein wenig an seiner praktischen pfadfinderischen Vergangenheit.

Doch Stil hatte das Ganze! Waschbecken aus Glas in Holzstämme eingelassen, Kombinationen aus Marmor und Holzverkleidungen, terrassenartig angelegte Gartenbereiche, edelste Innenausstattung und einen Gitarristen, dem man stundenlang hätte zuhören können… Danke, Pablo, das war ein schöner Abschluss unserer Fahrtenzeit!

Die noch verbleibenden Tage gehörten schon zur Rückreise: Unser Abschied von den Schwestern und Kindern in Cusco, eine Nacht im Gästebereich eines Lokals, das uns dankenswerterweise nach Ausschank-Schluss beherbergte, da der Flughafen über Nacht Sperrzone war, der Flug nach Chile, die Begegnung mit Oswaldo, P. Erich und den anderen Freunden der deutschsprachigen Gemeinde von Santiago de Chile und dann wieder: Daheim! Sommer, blauer Himmel, grüne Wiesen & frische Luft.

Was bleibt am Ende unserer Großfahrt noch zu sagen?

… Ja, warum muss es ausgerechnet Südamerika sein? Die Bedingungen des Landes erschweren zu dieser Jahreszeit das Fahrtenleben erheblich. Doch wenn es gelingt, trotz oder gerade wegen der widrigen Bedingungen den Blick auf das zu richten, was in unserem Inneren geschieht, dann hoffen wir, genauso wie Guy de Larigaudie, schreiben zu können:

„Etwas in mir hatte sich verändert. Ich hatte eben begriffen, dass auf der Welt wirklich nur eins zählt: die Liebe zu Gott, eine unermessliche, nicht von Vernunft bestimmte Liebe, die Liebe eines Kindes, das seine Mutter anbetet, eine totale Liebe, die uns in jedem Augenblick unseres Lebens ganz und gar erfasst. Diese kindliche Liebe, diese wunderbare Liebe wird später einmal alle unsere Hässlichkeiten auslöschen und die alleineige Siegerin bleiben.“

Gott ist groß. Grandios. Und wir durften IHN im Kalten und Warmen, im} Kleinen und Großen, bei Armen und Reichen, durch Einsamkeit und Gemeinschaft, im inneren und äußeren Abenteuer wieder ganz neu entdecken!

Auf zur nächsten Fahrt.

judith

Kaukasisches Abenteuer

ÄLTERENFAHRT NACH ARMENIEN

Wenn man in einem Pfadfinderbund, in meinem Falle der DPB, älter wird, dann ist es bisweilen schwierig, mit seiner alten Gruppe auf Großfahrt zu gehen: Vielfältig sind die Verpflichtungen familiärer oder beruflicher Art, die eine Fahrt verhindern. Manch einer schafft es auch gesundheitlich nicht mehr.

Bei mir hat jedoch die Sehnsucht nach Abenteuern in fernen Ländern nie nachgelassen. Als mir daher in diesem Sommer zwei Wochen Urlaub ohne Familie gestattet wurden, kristallisierte sich schnell als Ziel Armenien heraus. Ein Land, in das sich nur wenige Touristen verirren, mit einer uralten christlichen Kultur, gelegen in der zerklüfteten Bergwelt des Kaukasus im Übergang zwischen Okzident und Orient.

Mindestens so abenteuerlich wie das Fahrtenziel erschien mir jedoch die Fahrtengruppe, die sich gefunden hatte: ich sollte mit drei Wandervögeln auf Fahrt gehen!

Ich kannte die drei von verschiedenen Singeabenden und wusste daher, dass kräftiger Gesang und schönes Klampfenspiel die Fahrt untermalen würden. Aber ich hatte natürlich auch schon von den wilden, verwegenen Unternehmungen der Wandervögel gehört. Würde ich da mithalten können? Zu meiner Beruhigung konnte ich mir sagen, dass ich mit meinen 42 Jahren der Jüngste der Gruppe war (Jürgen brachte es immerhin auf 59 Jahre).

Da es aufgrund der begrenzten Zeit nicht möglich war, die Strecke nach Armenien zu trampen, nahmen wir das Flugzeug und erreichten mitten in der Nacht die Hauptstadt Jerevan. Wir genehmigten uns zunächst ein kühles Bier der Marke „Ararat". Dieser mythische, schneebedeckte Berg ist das Wahrzeichen Armeniens und mit seinen 5165 Metern von vielen Teilen des Landes aus zu sehen. Leider befindet er sich heute auf türkischem Staatsgebiet und ist deshalb für die Armenier unerreichbar. Die Grenzen zur Türkei sind dicht. Eine stetige Mahnung an den Völkermord der Türken an den Armeniern während des 1. Weltkriegs.

So bleibt es den Menschen nur, sehnsuchtsvoll zum Ararat zu blicken und diverse Produkte mit diesem Namen zu versehen. Neben Bier und Zigaretten zählt dazu auch der hervorragende Kognak.

Wir beschlossen, uns nicht lange in der Haupt-

stadt aufzuhalten, die wir eh beim Rückflug wiedersehen würden. Uns zog es in die Berge! Mit verschiedenen Kleinbussen erreichten wir für kleines Geld bald die Stadt Dilidjan, die inmitten von grünen Wäldern in der Provinz Tavush liegt.

Die Gegend ist bergig und wasserreich, mit Tagestemperaturen im Sommer zwischen 25° und 30° deutlich kühler als andere Landesteile und ähnelt europäischen Mittelgebirgslandschaften. Aufgrund der geographischen Lage bewegt man sich aber, im Vergleich zu einem deutschen Mittelgebirge, in höheren Lagen zwischen 1500 und 2500 Metern.

Wir wollten nun mehrere Tage um Dilidjan herum wandern und dabei das eine oder andere Kloster besichtigen. Die Klöster sind Relikte des armenisch-apostolischen Christentums, das es seit dem Jahre 301 gibt. Unser erstes Ziel war das Kloster Haghartsin. Die Orientierung erfolgte mit einer recht guten Straßenkarte und wir wanderten auf kleinen Wegen mit wenig Verkehr durch immer dichter werdenden Wald stetig bergauf. Nach einer Wegkehre sahen wir einen alten Turm inmitten einer Wiese, auf der sich an die hundert Bienenkästen befanden. Die drei Imker, die es sich mit Feldbetten in dem alten Gemäuer gemütlich gemacht hatten, luden uns sofort zu sich ein, als sie unserer gewahr wurden. Wir aßen Fladenbrot, Schafskäse, Gemüseeintopf und natürlich auch Honig. Das Ganze wurde abgerundet durch selbstgebrannten Aprikosenschnaps. Die Verständigung erfolgte, wie außerhalb der Hauptstadt meistens, mit Händen und Füßen und ein paar Brocken Russisch.

Armenien gehörte fast 70 Jahre zur Sowjetunion, daher ist Russisch noch sehr verbreitet. Das Verhältnis zu Russland ist übrigens gut und das nicht ohne Eigennutz: Armeniens Energieversorgung erfolgt fast komplett durch Gazprom, nachdem die Pipelines vom Kaspischen Meer im Zuge des Aserbaidschankonflikts gesperrt wurden. Gasleitungen verlaufen, oberirdisch und nicht besonders vertrauenerweckend, bis ins kleinste Dorf, was Jürgen, im Zivilleben Heizungs- und Sanitärmeister, ein ums andere Mal den Kopf schütteln ließ.

Die Imker freute es jedenfalls, als wir nach zwei deutschen Volksliedern noch das schöne russische Lied „Kàk na gòrke“ vortrugen. Wir bedankten uns mit einem der wenigen armenischen Wörter, die wir beherrschten: „շնորհակալություն“ (Schnorhakaluthjún! = Danke!).

Wir besichtigten das malerisch gelegene Kloster Haghartsin und kamen mit einem der Priester ins Gespräch. Er sprach hervorragend Deutsch und erzählte uns, dass er für die vielen Armenier in der Diaspora zuständig und deshalb neben vielen anderen Ländern schon häufig in Deutschland gewesen sei. Jörn war einmal Lehrer in Köln gewesen und nannte dem Priester die Namen von zwei armenischen Zwillingen, die er damals unterrichtet hatte. Der Priester zeigte uns daraufhin auf seinem Smartphone (er war auf der Höhe der Zeit!) ein Foto vom 18. Geburtstag der Zwillinge. Manchmal ist die Welt sehr klein.

Hinter dem Kloster ging es auf Pfaden weiter in den Wald hinein. Auf einer Anhöhe fanden wir einen Lagerplatz und ließen den Abend am Feuer ausklingen. Ein Gewitter konnte uns im Ponchobiwak nicht mehr stören.

Am nächsten Morgen stellten wir fest, dass wir uns verlaufen hatten. Das sollte uns noch öfter passieren, da es in Armenien leider keine Wanderkarten gibt. Zwei belgische Wanderer, die wir ein paar Tage später trafen, behalfen

sich mit einem GPS-Gerät, das alle Pfade und Straßen anzeigte. Nicht sehr zünftig, aber hilfreich!

Wir schlugen uns nun querfeldein, teilweise durch dichtes Unterholz, den Berg hinauf und orientierten uns grob mit dem Kompass. Erst Stunden später erreichten wir einen Waldweg, der uns über einen Pass mit traumhafter Aussicht und weiter in Richtung der Klosterruine Jukhtavank führte, die wir am Abend erreichten. Wir verbrachten eine ruhige Nacht am Rande einer Kuhweide.

Den Weg zum Parzsee kürzten wir am nächsten Tag ab, indem wir ein Taxi requirierten, einen alten Wolga. Der Fahrer erzählte uns stolz von seiner Zeit als Major bei der Sowjetarmee. Ich zeigte ein Foto von mir und meinem Bruder als junge Leutnants bei der Bundeswehr, das ich für solche Fälle immer dabei habe. Schnell waren wir uns über die „дружба" (Druzhba = russisch für „Freundschaft") zwischen „Armenia" und „Germania" einig.

Nach ca. 20 Kilometern Buckelpiste erreichten wir den See. Hier gab es ein wenig touristische Infrastruktur, so ein idyllisch gelegenes Restaurant. Wir ließen uns Lammhackfleischspieße mit armenischem Fladenbrot („Lavasch") und verschiedenen Soßen schmecken. Derart gestärkt begaben wir uns dann auf die Wanderung zum Kloster Goshavankh, wobei wir uns wieder verliefen. Wir nahmen es aber mit Gleichmut, fanden wir doch einen schönen Lagerplatz für die Nacht. Da hatte es die russische Reisegruppe schon schwerer, die mit Kind und Kegel, teilweise in Badelatschen, insgesamt dreimal bei uns vorbeikam, ehe sie schließlich den gleichen Weg zurückliefen.

Nach einigen Umwegen kamen wir am nächsten Mittag zum Kloster Goshavankh. Im nahegelegenen Dorf gab es, wie in jedem armenischen Dorf, einen kleinen Laden, wo wir unsere Vorräte aufstockten. Wir erfuhren, dass es in den Bergen oberhalb des Dorfes einen See mitten im Wald gebe. Dieser sollte unser nächstes Ziel sein.

Nach steilem Anstieg erreichten wir schließlich das kleine Gewässer. Es war leidlich sauber und lud zu einem erfrischenden Bad ein. Neben einem Grillunterstand entzündeten wir unser Lagerfeuer und sangen bis in den Abend.

Mitten in der Nacht wurden wir wach, ein Geländewagen näherte sich unserem Platz: Dorfjugendliche oder Förster bzw. Polizisten, die uns vertreiben wollten? Die Insassen entpuppten sich als vier Männer im besten Alter, die seit Längerem einmal im Jahr zu diesem See fuhren, um am „most beautiful place in Armenia" zu campen. Sie kamen aus der Nähe von Jerevan und gehörten offensichtlich zur Oberschicht, sprachen sehr gut Englisch und arbeiteten z.B. bei der Regierung oder als Banker. In kürzester Zeit bauten sie mit Wurfzelten ihr Camp auf und luden uns dann, als Ausgleich für die unterbrochene Nachtruhe, zum Barbecue ein. Während wir mit der Glut unseres Lagerfeuers den Grill in Gang brachten, bestückten die Männer lange, schwertähnliche Spieße („Chorovats") mit frischem Lammfleisch, hauptsächlich Innereien. Das Tier war erst wenige Stunden zuvor bei einem Dorfbauern geschlachtet worden und schmeckte köstlich. Dazu gab es Wodka, wobei dieser immer erst nach einem Trinkspruch getrunken wurde.

Wir bedankten uns bei der Gruppe mit einigen Liedern.

Der nächste Tag sollte uns unsere längste, aber auch schönste Wanderung bescheren. Wir liefen durch dichten Laubwald, kamen je und je an Wiesen vorbei und begegneten Bauern bei der Heuernte, die uns auf übervoll beladenen, uralten Sowjet-LKWs fröhlich grüßten. Irgendwo hatten wir wohl eine abzweigende Piste zur nächsten Hauptstraße verpasst. So gingen wir immer weiter, meistens leicht bergan, weit oberhalb eines Tals an einem Bergrücken entlang. Mal führte der Weg in einen kühlen Bachgrund, dann wieder über einen Kamm mit weiter Aussicht auf die unberührte Bergwelt. Jörn vermutete, dass wir uns dem Ort Geghatap näherten, allerdings war auf der Straßenkarte keine Piste eingezeichnet, die von dort wegführte. Solle es sich um ein „Geisterdorf" handeln?

Diese Vermutung bestätigte sich später. Der Ort bestand aus etwa zehn verlassenen Gehöften, teilweise mit einfachen Betten im Inneren. Vermutlich wurden die Gebäude sporadisch von Hirten genutzt. Vom Ort weg führte ein Pfad neben einer längst nicht mehr funktionstüchtigen Stromleitung und verlor sich in den Bergen. Wir hatten kaum noch Nahrung, aber genügend Wasser, das ich rechtzeitig mit Micropur desinfiziert hatte. Keiner wollte wieder zurück. So folgten wir also dem Pfad, immer höher in die Berge hinauf.

Irgendwann überschritten wir einen Pass und sahen in der Ferne den Sevansee. Wir hatten die Provinz Tavush hinter uns gelassen und erreichten schließlich das kleine Dorf Semjonovka, das im 19. Jahrhundert von russischen Familien gegründet worden war, die der Sekte der Molokaner angehörten. Diese waren zwar Christen, lehnten aber jegliche materielle Darstellung Gottes ab. Es gab also keine Kreuze oder Kirchen.

Dafür öffnete der Dorfladen und wir deckten uns mit Proviant ein, bevor wir eine ruhige aber sehr kalte Nacht auf über 2000 Metern vor dem Denkmal für die gefallenen sowjetischen Soldaten verbrachten.

Am nächsten Morgen kauften wir Obst, das aus einem Laster heraus feilgeboten wurde und trampten zum Sevansee. Zunächst nahm uns ein Bauer in einem uralten Lada mit. Zu unserer Überraschung hört er deutsche Popmusik: Modern Talking!

Mit einem anderen Wagen trampten wir dann bis zu einer Datscha auf der Sevanhalbinsel. Wir wurden zum Frühstück eingeladen (eingelegte Knoblauchzehen und Wodka) und gaben ein paar Lieder zum Besten. Zur Verdauung schwammen Jörg und ich mit unserem Gastgeber im kalten Wasser des Sevansees. Dieses große Gewässer liegt auf etwa 1900 Metern und hat eine Wasseroberfläche von knapp 1000 Quadratkilometern. Wir genossen die Schönheit der Landschaft und ruhten uns ein paar Stunden aus.

Unser nächster Fahrtenabschnitt führte uns in die Provinz Vajots Dzor. Dazu mussten wir zunächst zurück nach Jerevan, um dann kilometerweit durch die fruchtbare und heiße Ebene des Flusses Arax zu fahren, wo hinter der türkischen Grenze der Ararat aus dem Dunst herausragte. Später ging es dann wieder in die schroffe, ockerfarbene Bergwelt. Wir passierten die Provinzhauptstadt Jeghegnadzor, wo es sehr heiß war, und gelangten schließlich in den Kurort Jermuk. Dieser liegt auf über 2000 Metern und ist von Wäldern und Bergen umgeben. Die Temperaturen waren wieder angenehmer und luden zum Wandern ein. Wir durchstreiften den, für armenische Verhältnisse,

mondänen Ort und schlugen uns dann wieder in die Berge. Die Nacht verbrachten wir in einem leerstehenden Kolchosenbetonklotz inmitten weiter Wiesen. Das war eine weise Entscheidung, da es ein heftiges Gewitter gab.

Die Wanderung am nächsten Tag fand wieder bei freundlichem Wetter statt. Wir wollten zum Kloster Gndevank, das nur zu Fuß oder über eine kaum befahrene Piste zu erreichen ist und in einer wildromantischen Schlucht liegt. Zunächst tippelten wir aber entlang des Kechutstausees, meist querfeldein an Wiesen entlang. Später gelangten wir an die Staumauer. Diese mussten wir nur noch überqueren, um die Piste zu erreichen, die durch die Schlucht führt. Leider gab es noch ein Hindernis: die Staumauer wurde von der Polizei bewacht. Vielleicht hatten sie Angst vor Freischärlern aus Aserbeidschan? Wir redeten in Englisch-Kauderwelsch auf die Wachmannschaft ein, sangen ein Lied und ich zeigte wieder mein Soldatenfoto, um an die Kameradschaft der Leute zu appellieren. Doch sie hatten kein Erbarmen mit uns. Notgedrungen mussten wir bis zur nächsten Straße wandern und trampten von dort aus in Zweiergruppen in den Ort Gndevaz, der oberhalb des Klosters liegt. Der Ort ist sehr weitläufig, mit vielen kleinen Gehöften und voller Aprikosen- und Walnussbäume. Es dauerte etwas, bis sich die Gruppen an einem Laden wiederfanden und wir uns ein wohlverdientes und gut gekühltes Ararat genehmigten. Dann begann der steile Abstieg in die Schlucht zum Kloster.

Gndevank wurde 936 gegründet und verfügt über eine meterhohe Festungsmauer. Wir hatten damit gerechnet, dort einen Unterschlupf zu finden, da sich wieder ein Gewitter zusammenbraute. Tatsächlich war das Kloster aber von echten Mönchen bewohnt, die so aussahen, wie zur Gründungszeit der Anlage: ein langes, schwarzes Gewand über einer engen, schwarzen Hose, dazu lange Bärte. Außerdem liefen sie barfuß. Einer von ihnen sprach gutes Deutsch und erzählte uns, dass sie in Gndevank Imkerei und Obstanbau betrieben. Sie wohnten in einfachen Zellen in der Außenmauer. Unsere Frage nach einer Unterkunft beantwortete der Mönch, wobei er auf die Obstwiesen unterhalb des Klosters wies, mit den Worten: „Ihr könnt unter den Bäumen schlafen." Offensichtlich wollte die Ordensgemeinschaft unter sich bleiben. Der Platz war jedenfalls wunderschön und man konnte weit in die Schlucht hineinblicken. Wir machten es uns unter einem Walnussbaum bequem und verbrachten einen ruhigen Abend am Lagerfeuer.

Die Nacht wurde dann leider weniger ruhig. Irgendwann näherte sich knurrend und bellend einer dieser riesigen armenischen Hirtenhunde unserem Lager. Wir hatten sie das ein oder andere Mal schon tagsüber gesehen: riesengroße, gelb-braune Tiere, die selbständig die Herden gegen Wölfe und andere Feinde verteidigen. Ich wurde wach, als der Köter nur noch einen halben Meter von Jörn entfernt war, der sich etwas abseits hingelegt hatte und offenbar einen gesunden Schlaf hatte. Meine soldatischen Instinkte waren hellwach. Ich griff die Gitarre, begann zu spielen und sang lauthals das Lied „Vorm Feinde stand in Reih und Glied". Das wirkte! Nach dem dritten Durchgang zog der Hund den Schwanz ein und trollte sich.

Die Nacht war trocken geblieben, der Segen des Mönchs hatte wohl gewirkt. Dass diese nicht vollständig in der Vergangenheit lebten, sahen wir dann in den frühen Morgenstunden: mit wehendem Bart fuhr einer der Brüder auf einem alten Motorroller die Piste entlang. Wahrscheinlich Brötchen besorgen!

Wir konnten dann endlich die Wanderung durch die Schlucht des Arpa beginnen (auf dem Weg, der nach Aussagen der Staumauerwachen angeblich unpassierbar sei!). Anfangs war es in der engen Klamm noch recht kühl, später öffnete sich die Landschaft und die Sonne brannte auf uns nieder. Nach knapp 20 Kilometern erreichten wir die Hauptstraße, an der sich ein kleines Gasthaus direkt am Fluss befand. Diese Gelegenheit mussten wir nutzen! Die Wirtin sprach ein paar Worte Englisch und wir entschieden uns alle für gegrillte Forellen. Als Vorspeise gab es das unvermeidliche Lavasch, Schafskäse, gegrillte Auberginen, Tomaten ... Dazu Bier, Mineralwasser und zum Nachtisch Gebäck und Kaffee. Das Essen war hervorragend und auf der schattigen Terrasse am plätschernden Fluss ließ es sich gut aushalten.

Langsam ging unsere Fahrtenzeit zu Ende. Bevor wir aber Jerevan erkunden wollten, hatten wir noch eine weitere Sehenswürdigkeit in einer Wanderregion eruiert. Wir fuhren nach Garni in der Provinz Kotajkh. Dort gibt es den berühmten Sonnentempel, der von den armenischen Königen im 3. Jahrhundert nach römischem Vorbild erbaut wurde. So schön die antiken Bauwerke und die Berglandschaft anzuschauen waren, merkten wir doch schnell, dass wir uns nun an einer touristischen Hauptattraktion befanden. So stiegen wir trotz Mittagshitze zügig ins Tal des Azat hinab (armenische Flüsse beginnen meistens mit „a"). Wir ließen den Menschentrubel bald hinter uns und liefen immer weiter durchs Tal. Interessant waren an vielen Stellen die riesigen Basaltsäulen, die die Schlucht säumten. Gegen Abend fanden wir einen Lagerplatz am jenseitigen Ufer des Flusses, den wir über einige Trittsteine erreichten. Wir genossen die Ruhe in der Natur, wohlwissend, dass es am nächsten Tag in die Millionenstadt Jerevan gehen würde.

Im Morgendunst wanderten wir dann zunächst weiter im Flusstal, bis es an einer sehr marode aussehenden Wasserleitung steil hinauf in ein Dorf ging. Dieses Dorf war teilweise noch sehr ursprünglich und landwirtschaftlich geprägt, einigen großzügigeren Anwesen sah man aber an, dass es sich um Häuser gutverdienender Hauptstädter handelte.

Wir erreichten eine Hauptstraße und pausierten an einem Laden. Wir sangen ein Lied, die Ladenbesitzerin spendierte uns armenischen Kaffee und wir kamen mit anderen Gästen ins Gespräch. Einer war der Fahrer des Linienbusses, der von dort nach Jerevan fuhr. Wir stiegen ein und fuhren durch viele Dörfer und Vororte bis in die Hauptstadt. Die Fahrgäste waren sehr gemischt: gut gekleidete Männer und Frauen auf dem Weg zur Arbeit, Mütter mit Kindern, alte Bauern mit wettergegerbten Gesichtern.

Dann empfing uns die tosende Stadt.

Wir kamen in einem Hostel unter und trafen das übliche internationale Publikum: Amerikaner, Japaner, Franzosen ... Ob einer von denen wohl auch das ursprüngliche Armenien gesehen hatte?

Abends gingen wir westarmenisch essen. Westarmenien ist identisch mit Ostanatolien, aber letztere Bezeichnung wird nicht gerne benutzt. Das Essen war jedenfalls sehr reichhaltig und schmackhaft, mit vielen kleinen und großen orientalischen Köstlichkeiten, dazu ein guter armenischer Rotwein aus Areni. Später zogen sich unsere Senioren in die Herberge zurück und Jörn und ich suchten einen Jazzclub auf. Wer hätte gedacht, dass Jerevan berühmt für seine Jazzszene ist?

Unser letzter Tag erwartete uns mit 40° Hitze. Entsprechend langsam durchstreiften wir die Stadt und einige Museen. Bemerkenswert war das Museum für Kinderbilder, das neben armenischen Bildern auch solche von Kindern aus aller Welt beherbergt. Lange unterhielten wir uns auf Deutsch mit dem Museumsdirektor über armenische Geschichte und Kultur.

Spät nachts brachte uns der Flieger zurück nach Deutschland.

Zwei Wochen reichen nicht aus, um ein Land kennenzulernen. Aber wir haben einen nachhaltigen Eindruck von einer uralten Kultur bekommen, sind durch schöne und einsame Landschaften gestreift und haben die Gastfreundschaft von Menschen erlebt, die noch einen weiten Weg vor sich haben, bis sie durch sämtliche Segnungen der westlichen Konsumgesellschaft beglückt werden. Für uns war es gerade diese Ursprünglichkeit eines Schwellenlandes, die unsere Fahrt zu einem Erlebnis machte.

Nicht zuletzt habe ich erfahren, dass es sehr gut möglich ist, dass Pfadfinder und Wandervögel gemeinsam unterwegs sind.

Brutus, DPB

Unterwegs auf dem Kerry Way

IRLANDGROSSFAHRT DES CPD-GAU NORICUM

In den Sommerferien wanderten wir vom CPD-Gau Noricum auf unserer Großfahrt im August den Kerry Way in Südirland entlang. So konnten wir auf der Grünen Insel nicht nur den eigensinnigen Wetterwechsel, die wunderschöne Landschaft und die netten Iren kennenlernen, sondern erlebten noch unzählige andere Eindrücke und Abenteuer.

Am Montag ging es los. Früh morgens versammelten sich 13 müde Pfadfinder in Traunstein am Bahnhof, und ehe man sich's versah, verließen wir auch schon das Flugzeug in Dublin. Mit dem Bus ging es weiter bis nach Killarney, wo wir uns in der Dunkelheit einen Schlafplatz suchten und bei einem Kiosk im Park fündig wurden. Dort legten wir uns unter das Vordach und holten den vermissten Schlaf auf.

Dann begann auch schon unsere Wanderung. Erst gingen wir vollbepackt einkaufen, dann verließen wir Killarney und machten uns auf den Weg durch den Nationalpark. Dort entdeckten wir auch bald einen Lagerplatz im Feenwald, gemeinsam wurden die Kothen aufgebaut, das feuchte Holz zum Brennen gebracht und Essen gekocht. Spät nachts erst verschwanden alle müde in den warmen Schlafsäcken und dann brach auch schon bald der nächste aufregende Tag an. Im Laufe der ersten Woche folgten wir den Wegweisern über Bäche, Berge und Kuhwiesen hinweg, viele lernten schnell auf der Fahrten-Ukulele zu spielen, wir wurden spielsüchtig (von Schafkopf, Werwolf bis Wörterrätsel war alles dabei) und machten unsere ersten Bekanntschaften mit Zecken und Kriebelmücken. Die Regenponchos waren meistens in Griffweite, doch wir wurden erstaunlich oft mit gutem Wetter belohnt (von ein paar nassen Ausnahmen mal abgesehen).

Während dem gemütlichen Wandern hatten wir eine wunderschöne Aussicht auf grüne Wiesen, Wasserfälle, Seen, wilde Wälder zwischen den einzelnen Hügeln verteilt, und unzählige Kühe und bunt markierte Schafe um die seltenen Häuser verstreut. Pünktlich zur Mitte der Fahrt entdeckten wir, umgeben von einsamer Wildnis, ein verlassenes Haus. Trotz der halb eingestürzten Decke war das der perfekte Platz für unseren Ruhetag, an dem auch gleich ein Geburtstag gefeiert wurde. Nach diesem Tag Nichtstun waren wir wieder bereit und hochmotiviert für den Rest der Strecke. Weil wir aber die letzten Tage etwas zu entspannt gegangen waren, mussten wir trampen, um den Kerry Way zu schaffen. Das Trampen war auch bei dieser Großfahrt eine aufregende Erfahrung, bei der wir viele interessante Leute kennenlernten und nebenbei auch noch unsere Englischkenntnisse einsetzten konnten. Die letzten Tage verbrachten wir dann an einem wunderschönen See mit Singen, Spielen und Baden und hatten dort dann unseren Abschlussabend samt Andachten, 3-Gänge-Menü, Tschai und Singen bis spät in die Nacht.

Am nächsten Tag brachten wir noch die letzten Kilometer bis nach Killarney hinter uns, kosteten dort noch Fish'n'Chips und dann ging es auch schon in Richtung Heimat. Mit dem Gepäck voll übriggebliebenen Süßigkeiten, vollgeschriebenen Tagebüchern, unzähligen Fotos und einmaligen Erinnerungen wurden wir in Deutschland von unseren Eltern in Empfang genommen. Und sofort wurden die aufregendsten Geschichten erzählt von Nächten in Umkleidekabinen, gruseligen Schafstallbesitzern, nächtlichem Zelteaufbauen, bezwungenen Bergen und geplatzten Busreifen.

Lucia

Fremde Welten und neue Freundschaften

AUTONOME MÄNNERSCHAFT „BURUNDI“

Foto: xxxx

Eine Vorbemerkung

Früher, das heißt vor fast 60 Jahren, bestimmten die Großfahrten den Rhythmus unseres jugendbewegten Jahresablaufs. Was blieb von der Gemeinschaft, Kohte, Feuerkreis, Singerunden, Abenteuern, Suche nach dem Fremden und Sichselbst, dem „Selbsterringen"? Aus Bündischen, Pfadfindern entwickelte sich für uns die Autonome Männerschaft „Burundi" (bald schon die Bündischen Veteranen!). Noch immer gehen wir in wechselnden Zusammensetzungen – meistens zu viert – auf „Kleinfahrt". Seit über dreißig Jahren zuckeln wir um die Osterzeit los, zunächst noch mit Zelt, per Tramp, heute mit dem Zug, Bus, Taxi oder dem Flieger. Die Zeiten mit nur 50 DM sechs Wochen auf Schwarzwald-Bodenseefahrt (1958) sind für uns heute eine schöne Erinnerung. Neue fremde Welten, unbekannte Landschaften, Begegnungen mit fremden Kulturen, neue Freundschaften und das Gemeinschaftserleben unserer Gruppe sind die treibenden Kräfte damals wie heute.

Hajk zum OHRIDSEE

Von Hamburg 6. April 2017 Flug über Wien nach Tirana. Übernachtung im 4 Bett Zimmer im Hotel Oresti. Am nächsten Tag mit Bus oder Taxi nach Mazedonien: Ohrid. 5 Nächte im Hotel de Lago. Altstadterkundung, Exkursionen rund um den Ohridsee (Knochenbucht, Felsenkirche, Kloster St. Naun, Struga) Wanderungen im Galicia-Nationalpark und zum Prespasee (Krauskopfpelikane). Rücktransport nach Tirana Hotel Oresti. Flug Tirana via Frankfurt nach Hamburg 14. April. So in etwa lautete unser Fahrtenplan. Frage war noch, was in den Rucksack sollte – mit welchen Temperaturen konnten wir rechnen? Auch Währungs-Umrechnungstabellen (Leke/Albanien, Denars/Mazedonien) beschäftigten uns im Vorfeld.

Das letzte Planungstreffen

Dieses Jahr sollte unsere Unternehmung an den Ohridsee gehen. So war es beschlossen. Der Flug von Hamburg nach Tirana über Wien würde uns zum ersten Etappenziel bringen. Kostengünstige Hotels in Albanien und Ohrid wurden von Horstel und Burkhard gebucht. So weit war alles problemlos.

Wie aber würden wir von Tirana nach Ohrid gelangen? Eine Bahnverbindung gab es lediglich nach Skopje in den Nordosten. Horstel sondierte auf der ihm vorliegenden Landkarte eine Linienbusstrecke. Dieter hatte dazu Einwände und Burkhard trug eine abenteuerliche Reisebeschreibung eines „Backpackers" vor, der nachts von Skopje mit einem Bus nach Tirana aufgebrochen was und dessen Fahrzeug fast in die Tiefen der Balkanschluchten abgestürzt wäre. Der Berichtende riet in seinem Internet-Bericht von solchen Reisen ab. Auch unser bosnischer Gastwirt Zvonko in Rendsburg, bei dem wir zusammensaßen, meinte, eine Busreise wäre durch die vielen Haltestellen in den Bergdörfern und zusätzlich durch möglicherweise strenge und gründliche Grenzkontrollen zeitraubend und nicht zu empfehlen.

Einen Leihwagen? Die Straßenverhältnisse durch die uns unbekannten Straßenverhältnisse in den Bergwelten sprachen nicht dafür.

Unser Hotel in Mazedonien bot uns dagegen ein Taxi von Tirana nach Ohrid für 200 € an. Wir hatten an dem Vorbereitungstreffen abends keinen Preisvergleich, aber mit dem Taxi durch die Schluchten des Balkans? Das hörte sich unwirklich, sehr schräge, aber realistisch an. Dieters Kommentar dazu: „Das wird ja wieder ein abenteuerliches Unternehmen!"

Auch ich stimmte gedanklich der Transportmöglichkeit zu, spürte ein freudiges Kribbeln, aber auch leichte Unruhe. Nach dem Treffen zuhause bei Wein und Kerzenschein, dachte an Karl Mays Balkanschluchten, die Gestalt und das Treiben des Schut in der abenteuerlichen Jugendliteratur aus dem entsprechenden Orientzyklus und packte im Stillen nachts den Rucksack. Im Halbschlaf klärte ich die „Klamottenfrage".

Auf was lassen wir uns da nun wieder ein? Der Balkan ließ grüßen.

Politische Unruhen

Aktuelle Medienberichte aus Mazedonien sprachen kurz vor unserer Abreise von Unruhen im Norden des Landes und Tage später wurde von Schlägertrupps (*„politischer Mob" des noch amtierenden, aber abgewählten Staatspräsidenten*) das Parlamentsgebäude in Skopje gestürmt. Der

Präsident wollte sein Amt nicht aufgeben und es entstanden politische Turbulenzen in der nördlich gelegenen Hauptstadt (*„Unruhen in Europas nächstem Krisenstaat"*).

So die Presseberichte. Hinweise und Warnungen des deutschen Außenministeriums, keine Kontakte zu Migranten aufzunehmen, größere Menschenansammlungen möglichst zu meiden und besonders an der Südgrenze des Landes Vorsicht walten zu lassen, signalisierte, sich u.a. mit den geografischen Verhältnissen genauer vertraut zu machen. Ich benötigte dringend Karten – und Informationsmaterial. Dieter, Burkhard und Horstel hatten sich schon entsprechend damit eingedeckt.

Hatte ich mich mit derlei Gedanken auch auf unseren anderen Reisen (Kroatien, Ägypten, Kuba usw.) vorher intensiver beschäftigt? Natürlich latent immer, aber hier im Süden des Balkans berührte die Situation besonders. Vielleicht hing es mit den furchtbaren und grausamen Berichten aus dem vergangenen „Jugoslawienkrieg" zusammen. Auch Konstrukte gleich Verschwörungstheorien religiöser Machtbestrebungen (*Angebliche Unterwanderung christlicher Gebiete durch moslemisches Wirken?*) und ethnische Konflikte in diesen Regionen wurden vertraulich thematisiert. Letztlich stimmte auch der aktuelle Begriff der „Balkanroute" nachdenklich, vermischte sich zu einem Sammelsurium spannungsgeladener Assoziationen zu unseren „Schluchten des Balkans". Wir im Land der Skipetaren. Meine Gedanken verdichteten sich. Diese Voreingenommenheiten wollten geprüft sein.

Natürlich kam alles ganz anders

Das Chaos auf dem Flughafen in Hamburg, wohl zurückzuführen auf den Passagierandrang (Osterferien) und ein Kurzaufenthalt in Wien liegen hinter uns. Vor uns nun der Flughafen „Mutter Theresa" in Tirana im Sonnenlicht. Ich bin gespannt, wie es nun verläuft. Wir suchen ein Taxi in die Innenstadt zu dem gebuchten Hotel „Oresti" und haben mit Mucka, unserem ersten albanischen Kontaktmann, Glück und wie es sich bald herausstellt - sehr großes Glück. Er spricht ein wenig Deutsch, besser Englisch. Wir können uns also gut verständigen.

Nachdem eine gewisse Vertrautheit zu ihm aufgebaut ist, tragen wir ihm während der Fahrt ins Stadtzentrum unseren „Balkan-Taxiplan" vor. Er scheint nicht abgeneigt, für uns die Reise zu organisieren. Mucka spricht von einem Freund, der vielleicht fahren könnte, eine Möglichkeit, seinen Dienst zu tauschen, Reise bis zur mazedonischen Grenze, dann mit einem anderen Kollegen vielleicht nach Ohrid. Der Preis wird ausgehandelt und beläuft sich auf 120 €. Eine Uhrzeit für den morgigen Start wird festgelegt. Glücklich und zufrieden laden wir vor dem Hotel in einer Seitenstraße unsere Rucksäcke aus dem Auto.

Als nächste positive Überraschung stellt sich unser gebuchtes Vierbettzimmer als eine saubere Wohnung in einem benachbarten Wohnblock in der ersten Etage dar. Zwei Zimmer mit zwei Doppelbetten, Flur und sauberem Bad, Preis 60 € inklusiv einem Frühstück! Hotel Oresti ist sehr zu empfehlen! Nach einer kurzen Pause geht's downtown.

Nachts – nach dem Besuch eines leckeren Fischrestaurants – verarbeite ich das Erlebte. Besser konnten wir es nicht haben. Meine Sorgen um die

Transportfrage hatten sich scheinbar aufgelöst. Gut, ich war mir noch nicht ganz sicher, ob es mit dem Kontakt zu Mucka funktionieren würde, aber warum sollten wir nicht wieder Glück im Zufall haben?

Zufall – mir fiel „Schekelman“ aus Dahab ein, der uns einsame Wanderer in der Abenddämmerung mit seinem Jeep im Wadi „Connexion“ begegnete und uns vor der Kälte der Wüstennacht und möglichen anderen Scherereien bewahrte. Einige Tage wurde er mit seinem Fahrer Ismail unser Begleiter. „Schekelman“ hatte mit unserer Begegnung Glück und Vorteile, was auf Gegenseitigkeit beruhte. Nicht alle Helfer wollen unser Bestes, sondern ihre Vorteile, die Geldwechsler mit ihrem Falschgeld, Ortskundige nach dem Motto: „Suchst Frau?“, Gelangweilte, Neugierige, Arbeitslose, Geschäfte aller Art gegen Dollars suchend, anbietend oder vermittelnd. Bei den Angebotseinladungen und Kontakten ist im offenen Umfeld und Verhandeln mit Reaktionen Vorsicht geboten, - immer eine Balance zwischen ruhiger Gelassenheit und Anspannung, denn auch manch Verwirrter oder „Irrer“ sucht Kontakt in uns unverständlicher Sprache. Auf Reisen in fremde Regionen benötigen Individualreisende zuverlässige Informationen aller Art. Damals war z.B. die Reiseskizze zum Roten Meer mangelhaft und unsere „Wanderkarte“ verfügte über einen zu großen Maßstab. Sofort dachte ich an die Kretawanderung mit der Autokarte und dem Zufall, als Burkhard hinter einem Olivenbaum ein Hinweisschild zu unserem Zielort fand.

Im Halbschlaf erschienen mir auch Ali aus Marrakesch, welcher uns durch das Labyrinth der Souks schleppte oder der Stumme auf seinem Esel am Dorfrand eines marokkanischen Dorfes – benebelt vom Khat oder einer anderen Droge.

Wohl beruhigt über unsere Bekanntschaft mit Mucka schlafe ich ruhig ein. Wir haben da eine spontane, flexible und richtige Entscheidung gefällt.

Stunden später, nach beeindruckender Autofahrt durch die Bergwelten des Balkans liegt vor uns der Ohridsee mit der Stadt Ohrid, unserem Ausganspunkt zur zweiten Etappe, weit entfernt vom politisch unruhigen Norden. Mucka war pünktlich mit seinem Privatauto erschienen und hatte uns sicher durch die Dörfer und zerklüftete Landschaft gekurvt. An der Grenze zu Mazedonien wurde das Fahrzeug gewechselt. Mucka regelte in seiner Skipetarensprache unsere Weiterreise zum Hotel „Villa de Lago“ und gleichzeitig unsere Rückfahrt. Er wurde nach meinen Schlafszenarien mein zweiter „Schekelman“.

Fahrt nach Ohrid

Mit Mucha geht es ca. 100 km ostwärts über kurvenreiche Straßen und Autobahnabschnitte zur albanisch-mazedonischen Grenze. Wir werfen den ersten Blick auf den Ohridsee. Kurzer Fahrerwechsel an der unspektakulären Grenze, dann fahren wir über Struga zur Villa de Lagos in Ohrid!

Ohrid: Die Altstadt

Die Stadt Ohrid und der Ohridsee wurden von der Unesco 1980 zum Weltkulturerbe erklärt. Der See wegen seiner Entstehungsgeschichte und

des Vorkommens von Tierformen, die anderswo nur noch als Fossilien auftreten, und der malerische Ort wegen seiner vielen Kulturstätten. Albanien und Mazedonien teilen sich den von sanften Hügeln umgebenen See. Im April liegt noch teilweise Schnee auf den Berghöhen, während im gleichnamigen Ort für uns überraschend Tagestemperaturen um 18° C herrschen. Da sich unser Hotel nur 50 m von den Hafenanlagen entfernt befindet, können wir das rege Treiben der Wochenendtouristen vom Balkon aus verfolgen. Doch da hält es uns nicht lange, die erste Stadterkundung steht an. Durch enge Gassen an erdbebengesicherten Häusern entlang an der alten Stadtmauer (in der sich übrigens unser dunkler kalter Frühstücksraum befindet) erreichen wir bald die große Kirche im Zentrum der Altstadt, die Sv. Sofija. Hier fällt besonders die doppelstöckige arkadenartige Vorhalle auf. Als die Osmanen Ohrid eroberten, verwandelten sie die Kirche in eine Moschee und übertünchten die zahlreichen Fresken, die nach der Fremdherrschaft wieder freigelegt wurden. Bei dieser Kirche trennen wir uns unbeabsichtigt. Dieter und Peter gehen auf einem Holzsteg entlang des Seeufers zur Kirche Sv. Jovan Kaneo, dem nicht umsonst meist fotografierten Postkartenmotiv Mazedoniens , während Burkhard und ich lange auf sie warten, bis wir in einer kleinen griechisch-orthodoxen Kirche Einkehr halten. Freundliche Menschen öffnen uns die Kapelle mit einer umfangreichen herrlichen Ikonengalerie.

Wie immer ist der Kai unser Treffpunkt, wo Christoph alias Elvis alias Schnackmichtot Leute für eine Bootsfahrt anheuern will. Er ist nicht der einzige, so lernen wir auch Nikola und später Dimitri kennen, die uns den Ohridsee erkunden lassen.

Den Abend beschließen wir im Restaurant Thun, unserem „Stammlokal".

Am nächsten Tag führt es mich zur Plaosnik, wo die von den Osmanen zerstörte Sv. Pantelejmonals Sv. Kliment wieder aufgebaut wurde. Große Ausgrabungsstätten und Seminarneubauten füllen den Platz aus. Der Weg von hier führt steil bergan zur Festung Samulis. Stolz weht die Flagge Mazedoniens auf den Zinnen. Sie hat jedoch ein großes Loch – symbolisch für die politische Situation des Landes? Am Amphitheater vorbei gelange ich wieder in die Unterstadt, finde den Holzsteg am Seeufer und bin alsbald an der Sv. Jovan Kaneo, dem Ziel auch vieler Touristenströme. Von einer Anhöhe mit Blick auf Kirche und See verweile ich einige Zeit, welch Anblick!

Am Abend eine Spontanaktion, ein Ausflugsboot will gerade ablegen. Für einen geringen Geldbetrag springen wir an Bord. Eine Gruppe Türken wird zu ihrem Hotel zurückgebracht. Im Nu kommt tanzfreudige Stimmung auf, als die

ersten Musiktakte am Oberdeck erklingen und der erste Reihentanz beginnt. Heißer Tschai wird in kleinen Gläsern gereicht.

Der Vollmond rollt sich den Berghang hinauf und betrachtet das Treiben wohlwollend.

Bay of the Bones

Vor nahezu 60 Jahren trampte ich zum Schwarzwald und an den Bodensee, die erste Großfahrt unserer Sippe Biber im Bund Deutscher Pfadfinder. Ein Ziel unserer Wanderung waren u. a. die Pfahlbauten in Unteruhldingen und der Plan, dort heimlich zu übernachten. Andere Pfadfinder aus Rendsburg hatten es geschafft, so war jedenfalls die damalige Rede, im Schleswiger Schloss Gottorf während einer Samen-Ausstellung in einer Kohte zu übernachten. Eine Kohte – Lappland, tusk, der legendäre Gründer der autonomen Jungenschaft, der dj 1. 11, davon träumten wir damals in unseren US-Zweiplanen-Zelten! Nun sollten unsere Zelte wenigstens für eine Nacht mit den Bohlen des archäologischen Freilichtmuseums getauscht werden. Jedoch, das Museum hatte bereits geschlossen, unser kühner Plan versank in den Tiefen des Bodensees.

Heute nun schippert uns Nikolas mit seinem Boot über den Ohridsee zunächst zum Freilichtmuseum in der Knochenbucht, die als „Bay of the Bones" auf Englisch angekündigt wird. Es handelt sich um eine Pfahlbausiedlung, die auf dem Wasser nachgebaut ist. So (oder so ähnlich) soll sie vor 3000 Jahren von der späten Bronzezeit bis in die Eisenzeit hier gestanden haben. Die archäologischen Spuren, u. a. Knochenfunde, die hier im flachen Seewasser gefunden wurden, gaben der Bucht ihren Namen. „Knochenbucht".

In den Museumsräumen kann man Exponate der prähistorischen Müllhalde betrachten. Sinnigerweise liegt eine Tauchschule gleich nebenan! Das alles klingt nach Abenteuer und mir fällt meine Wanderung nach Unteruhldingen wieder ein. Sollte sich nach so vielen Jahren jetzt die Chance bieten, den damals nicht verwirklichten Plan durchzuführen? Eine Nacht in einer der aus Lehm, Astgeflecht und Schilf gebauten Häuser auf dem Wasser heimlich übernachten? Sie sind so eingerichtet, wie ich es aus Haithabu kenne und dort habe ich bereits einmal übernachtet. Meine Gefährten schmunzeln, als unser Boot wieder ablegt… mit mir! Zuvor haben wir noch die Überreste eines römischen Kastells erkundet, viel davon zu sehen gibt es nicht, aber der Blick über den Ohridsee ist dafür umso berauschender.

Das Wasser im See soll Trinkwasserqualität haben, tatsächlich geht der Blick von den weißen Kieseln am Ufer ungetrübt in den blauen See über. Wir passierten auf einer Halbinsel versteckt liegend General Titos Sommerresidenz sowie weitere heutige Minister-Villen aber auch kleine Fischersiedlungen. Bei der Kirche von St. Zaum machen wir kurzen Halt, nehmen dann Kurs auf das Kloster SV. Naun, dem Ziel der Bootstour. Die Klosteranlagen, um 900 erbaut von dem Wunderheiler Naum, werden heutzutage von Pfauen bewacht.

Krauskopfpelikane am Prespa-See

Der Prespa-See ist der kleine Bruder vom Ohrid-See. Kleiner eben, jünger (wenn auch schon so eine Million[!] Jahre alt), weniger bekannt und weniger besucht.

Warum wir gerade dort hinfahren? Unsere Neugier gilt den seltenen Krauskopfpelikanen, die Abgeschiedenheit, Ruhe und den Fischreichtum des Sees schätzen. Vor der im südlichen Teil des Sees gelegenen kleinen Insel Golem Grad soll das größte europäische Brutvorkommen zu sehen sein.

Dimitrij, ein älterer Mann von guter Laune und in sich ruhender Freundlichkeit, fährt uns mit seinem alten Mercedes hin. 10 frühe Arbeitsjahre in Frankfurt lassen ihn in gutem Deutsch von Motoren schwärmen. Als wir ihm unser Wunschziel nannten, war er gleich einverstanden und wusste Bescheid: „Der Ohridsee ist überfischt. Nur einmal habe ich auf dem Ohridsee einen Pelikan gesehen. Auf dem Prespa fühlen sie sich zuhause."

Vorbei an endlosen Apfelbaumspalieren fahren wir mit dem plaudernden Dimitrij zum verschwiegenen See.

Von den Krausköpfen ist aber erst mal nichts zu sehen. Stattdessen ein verfallener Hotelklotz der sechziger oder siebziger Jahre, als Mazedonien noch Teil von Jugoslawien war. Die Terrasse immerhin gibt einen herrlichen Blick auf den See frei, dahinter die hohen Bergketten Griechenlands. Der See liegt still in leuchtendem Blau. Ein Silberreiher schreitet am Ufer entlang und verschwindet hinter Schilf.

Ich bin froh, als Dimitrij zur Weiterfahrt ruft, der Weg zu den Pelikanen ist noch weit. Sie bevorzugen den südlichen Teil des Sees und haben es geschafft, dass die See-Anrainer Mazedonien, Albanien und Griechenland sie gemeinsam schützen, obwohl diese Länder sich sonst nicht besonders grün sind.

Durch sengende Hitze und steilen Fels

JÜNGEREN-KLETTERFAHRT NACH SÜDTIROL

Schon während dem letzten Teil der Hinfahrt gibt uns die schöne Aussicht auf die Berge eine erste Kostprobe auf das, was uns die nächsten Tage erwarten wird. Es ist ein verlängertes Wochenende im Frühsommer und unsere Horte will sich einmal am Klettersteigen ausprobieren. Diesmal ist es im Gegensatz zu vorigen Klettertouren eine Jüngerenfahrt mit mehreren 13- und 14jährigen die alle absolute Anfänger sind.

Am Abend kommen wir am Grödnerjoch an, essen noch etwas und legen uns neben einer kleinen Hütte mit Quelle unter dem Sternenzelt schlafen, gespannt auf das, was uns morgen erwarten wird.

Morgens werden wir von der warmen Sonne geweckt die schon kräftig scheint und uns zusammen mit dem klaren Himmel eine wunderschöne Aussicht auf das Tal beschert.

Unser erstes Ziel ist die Pisciadùhütte, hoch oben in einem kleinen Talkessel zwischen den Gipfeln.

Für uns alle bis auf Frederic und Andreas, ist es die erste Kletterfahrt überhaupt, weshalb wir etwas aufgeregt und angespannt sind, es aber auch kaum abwarten können endlich loszulegen um herauszufinden was auf uns zukommt.

Als wir nach einer halbe Stunde auf einem normalen Wanderweg am Klettersteig ankommen, weist uns Andreas nochmal auf die wichtigsten Sicherheitsregeln hin. Einer der beiden Karabiner muß immer im Sicherungsseil eingehakt sein, denn sie sollen uns ja im Falle eines Sturzes oder Abrutschens auffangen. Außerdem sollen wir genügend Abstand halten und keinesfalls Steine lostreten, und wenn es doch passiert, sofort die anderen warnen. In den Gruppenstunden hatten wir all das ja schon ausgiebig besprochen und auch alle notwendigen Knoten intensivst geübt. Jetzt noch Helme aufsetzen und los geht's.

Auf einer in die Wand eingebohrten Mettalleiter geht es auch schon sofort mehrere Meter nach oben. Der Fels ist von der Nacht und von oben tropfendem Wasser zum Teil nass und etwas rutschig, weshalb wir schon am Anfang mit etwas größerem Abstand und erhöhter Vorsicht klettern müssen.

Immer weiter hoch geht es, bis wir nach einer guten Dreiviertelstunde an einer Stelle ankommen, an der ein kleiner Wasserfall aus einem Schneefeld herauskommt und ins Tal stürzt. Da wir schon gut vorangekommen sind legen wir eine kurze Pause ein, trinken etwas am Wasserfall, krabbeln ein Stück in die Schneehöhle aus der das Wasser kommt und lassen ansonsten die wunderbare Kulisse der Berge rund ums Grödnerjoch auf uns wirken. Von hier oben hat man eine **wunderschöne Aussicht auf das ganze Tal und die Berge die es umgeben und sich wie Riesen aus dem Boden emporstemmen. Dazwischen ganz klein wirkende Straßen, die sich in Bögen die Hänge hinaufwinden mit winzigen Fahrzeugen. Alles sieht aus wie im Bilderbuch**.

Nach der Pause sollen uns die schwierigsten Stellen erwarten und das stimmt auch. An einer fast senkrechten Wand geht es seitlich entlang, jeder Griff und jeder Tritt muss jetzt wohl überlegt sein. Nur wenig später fällt der Fels unter uns hunderte Meter fast senkrecht hinab. Weiter, immer weiter geht es, doch für die drei Jüngeren ist der Blick nach unten kaum aushaltbar. Gut, es ist ja auch das erste Mal und echte Berge sind schon etwas komplett anderes als die Kletterhalle in Frankfurt.

Die Herausforderung ist, sich nicht am Sicherungsstahlseil festzuhalten, sondern zum Greifen nur Ritze und Felsvorsprünge zu benutzen. Bei den meisten klappt das auch ganz gut. Wir haben ja auch Zeit, müssen nicht hetzen und nutzen unseren ersten Klettersteig auch zum üben.

Nach einer Weile seitlichem und schrägem Vorwärtsgehen kommen wieder zu einer senkrechten Wand. Diesmal geht es an ihr auch senkrecht nach oben. Ab und zu gibt es Tritthaken aus Stahl die in die Felswand gebohrt sind. Dann kommt ein kleines Stück mit Pfad und Grasflächen wo wir eine kurze Erholungspause machen und etwas essen können. Die großen Krähen sind lustig, sie kommen immer weiter heran und fressen im Flug am Ende aus unseren Händen.

Nun liegt wieder eine senkrechte Wand vor uns. Auch hier gibt es später noch eine lange Eisenleiter, dann haben wir es geschafft. Einer nach den Anderen kommen wir oben erleichtert an, sogar Erik der offenbar etwas Probleme mit seinem Knie und außerdem ein wenig Höhenangst hat, strahlt jetzt pure Freude aus. Jetzt müssen wir noch über eine Hängebrücke die über einen Spalt führt der ein paar hundert Meter nach unten geht. Wir überlegen uns, uns mit den Karabinern für ein paar beeindruckende Fotos an ihr runterhängen zu lassen, was Andreas jedoch für zu gefährlich hält.

Nun ist auch schon die Pisciadùhütte in Sicht, das Ziel also nicht mehr weit.

Bald nach der Brücke endet auch der Klettersteig, deshalb legen wir uns zwischen den Schneefeldern ersteinmal in der warmen Sonne zum Teil schon ohne Hemd ins Gras und machen eine kleine Pause.

Oben angekommen haben wir eine tolle Aussicht auf einen weiten Talkessel und umgebenden Gipfel. Es ist eine bizarre Felsenlandschaft, alles ist weiss und grau. Die Berge, die nun noch immer viele hunderte Meter über uns hinausragen, sind mit tiefem Schnee bedeckt. Die Hütte hat leider noch nicht geöffnet, aber es stehen Tische und Bänke auf der Veranda, die wir in die Sonne rücken. Doch zuersteinmal ziehen wir unsere Klettergurte ab und gehen hinunter zum Pisciadù-See. Das Wasser ist kristallklar und schimmert bläulich, es ist Gletscherwasser und eisekalt, Aurén und Freddy springen dennoch, aber auch als einzige rein.

Nach einer stärkenden Essenspause auf der Veranda der verlassenen Hütte machen wir uns auch schon bald auf dem Weg nach unten. Zuerst müssen wir den richtigen Einstieg finden, aber "richtiges" klettern ist jetzt nicht mehr notwendig da es eher ein, allerdings sehr steiler, Wanderpfad ist. Da es auch noch einzelne große Schneefelder gibt, kommen wir auf die Idee die als Rutschbahn zu verwenden. Da das nicht ungefährlich ist geht es nur dort, wo man alles bis zum Ende überblicken kann. Gesagt, getan, wir setzten uns hin und rutschen. Der erste bekommt am meisten ab, denn er muss die Spur ziehen, aber die Folgenden rutschen dann wie in einer Bobbahn und man nimmt auch sofort so richtig Fahrt auf. Unten angekommen sind unsere Hosen jedoch total nass und Schnee ist überall, auch unter der Jacke und den Pullovern, aber Spaß haben wir auf jeden Fall gehabt.

Es war ein beeindruckender erster Tag, an dem wir gute Klettererfahrungen sammeln konnten. Wir übernachten in einer kleinen verlassenen Feldscheune, in der sogar noch etwas Heu liegt, und kochen am Wildbach direkt nebenan am Feuer.

Der zweite „Eisenweg"

Am zweiten Klettertag wollen wir eine weitere „Via Ferrata", einen anderen „Eisenweg" bezwingen. Laut Klettersteigbuch soll die heutige Tour nicht so anspruchsvoll sein wie die gestrige. Dazu der Bericht von Aydin, einer der Jüngeren:

Statt wie gestern gleich losklettern zu können, erwartet uns erst einmal ein steiler Aufstieg. Der Weg geht anfangs steil und lang durch den Wald. Schnell machen sich nun ein wenig Ärger und schlechte Laune breit, denn vorallem der Jüngste von uns, Erik, hatte sich durchs Handballspielen Probleme mit den Knien zugezogen und nun scheint es wieder weh zu tun. Außerdem sind wir Jüngeren Luis, Erik und ich, das viele Laufen an steilen Hängen nicht gewohnt, da wir aus der Großstadt Frankfurt am Main kommen. Dort muss man eigentlich überhaupt nicht viel zu Fuß gehen.

Nach etwa einer halben Stunde kommen wir aus dem Wald. Nun scheint uns die pralle Sonne ins Gesicht. Luis, Erik und ich hoffen, dass der Großteil geschafft sei, dass es jetzt ans Klettern gehen würde, doch da haben wir uns gewaltig girrt. Andreas der schon vorgelaufen ist, weil er dachte, dass wir ihn überholen würden, weil wir jung und sportlich seien, wartet auf einem Felsen sitzend auf uns und meint, dass wir nun schon 1/3 des Weges vom

Anstieg geschafft haben. „Ach…! Echt, erst ein Drittel? Kann doch nicht sein…Warum bin ich eigentlich hier…?!" Für uns Jüngere beginnt mit dem restlichen Weg fast die Hölle auf Erden.

Andreas, geht als Ältester mit Aurén wieder recht zügig vorneweg, während Freddy und Ramirez bei uns Jüngeren bleiben. Sie motivieren uns zwar und meinen, dass es nicht mehr weit wäre, doch wir müssen trotzdem gefühlt alle zwei Minuten im Schatten einzelner Büsche Pause machen. Erik flucht dauernd und meint, dass alles Scheiße sei, weil wir den Berg unter der prallen, fast Mittagssonne, ganz ohne Schatten hochlaufen. Sogar das gelbliche und hellgraue Geröll lässt die Sonnenstrahlen reflektieren und blendet, außerdem rutscht man darauf immer wieder zurück. Tja, wir hätten eben früher aufstehen und uns beim Frühstücken weniger Zeit lassen sollen. Jetzt hinterher wollte man es dann am liebsten anders machen.

Zur fortgeschrittenen Zeit kommt hinzu, dass der Hang genau in der Sonne liegt. Wir schwitzen und fluchen und alles fängt an zu nerven; die Sonne, der Geruch der Pflanzen und selbst die Eidechsen, einfach alles. Unser einziger Wunsch ist es endlich den Klettersteig zu erreichen.

Plötzlich gibt Luis wieder Gas und läuft nach vorne zu Andreas und Aurén, die schon direkt am Berg unter einem Felsvorsprung Schatten gesucht haben. Das ist auch für Erik und mich eine Motivation, ebenfalls schnell zu ihnen zu kommen. Am Ende ziehe ich mich mit meinen letzten Kräften zwei Meter auf einen Felsen zu Luis, Andreas und Aurén hoch und lege mich erst mal hin und denke: „Hier gehe ich nie wieder weg!!"

Etwa eine halbe Stunde machen wir Pause essen etwas Schokolade und Doppelkekse und trinken Wasser. Während ich so daliege und winzige Stückchen Schokolade esse, gehen mir einige Gedanken durch den Kopf: In Momenten wie diesen verändert sich der Blick auf Dinge wie Computer, Handys oder auch darauf, mit irgendwelchen fremden Menschen online CSGO oder Minecraft zu spielen und den ganzen Tag bequem im Zimmer zu sitzen. Solches wirkt jetzt auf einmal völlig albern und fast kindisch, denn man begreift plötzlich, was wirklich wichtig oder besonders ist, z.B. Freundschaft zu Leuten die einem auch helfen, nicht aufgeben, auch wenn es unbequem und anstrengend wird, kühles, einfaches Wasser oder eine winzig-kleine Süßigkeit.

Auch an die Technik, die wir so mögen und die wir täglich verwenden, muss ich aufeinmal denken. Sie ist zwar praktisch und ich würde auch ungern darauf verzichten, doch es gibt offenbar Momente, die all das plötzlich uninteressant und unwichtig erscheinen lassen.

Doch alles hat einmal ein Ende, so auch die so hart erkämpfte Pause. Auch meine Gedanken enden zunächst, denn es geht weiter. Aber schon sehr bald darauf wird mir plötzlich schwindelig. Vielleicht durch die Höhenluft, vielleicht durch die Hitze, vielleicht durch die Anstrengung… Ich weiß es nicht. Jedenfalls kann ich nun von einer auf die andere Minute kaum noch geradeaus laufen. Also machen wir wieder eine Pause und Andreas schlägt mir vor, mit mir wieder runterzugehen. Doch wir sind schon so hoch, dass Häuser, Autos und alles was sonst noch eigentlich ziemlich groß ist, nun von hier oben klitzeklein aussieht. Und wir sind ja auch endlich am eigentlichen Beginn des Klettersteigs angelangt. Bis hierher war es ja „nur" ein sehr steiler und anstrengender Weg. Deshalb reiße ich mich zusammen, denn den ganzen Weg bis hierher hatte ich ja geschafft und ich will nun auf keinen Fall wieder runter.

Nach einer Weile Pause, noch ein wenig Schokolade und Wasser geht es dann zum Glück wieder. Trotzdem bleibt es zunächst sehr anstrengend. Die Schweißtropfen fließen mir in die Augen, sogar über die Augenbrauen hinweg, soviel ist es. Aber jetzt beginnt wenigstens das Klettern. Und wie ein Wunder geht es mir schon nach recht kurzer Zeit wieder gut und ich bekomme sogar irgendwie neue Kraft und kletterte noch schneller. Vielleicht weil es nun anfängt richtig Spaß zu machen, im Gegensatz zum Laufen vorhin.

Wir steigen immer höher und höher, die kahle Felswand empor. Mal durch einen kleinen Kamin, mal durch eine sogenannte Rinne, mal an senkrechtem Fels. Dann kommt ein neuer Absatz. Wir müssen nun eine ganze Weile einem kleinen Trampelpfad auf dem Band folgen, einem schmalen Sims, der uns zum nächsten Stück der Route führen soll.

Bei dem Laufen über Geröll und Stein, über Wurzeln und kleine Büsche muss man sehr aufpassen. Außerdem war das Laufen wieder irgendwie viel anstrengende als das Klettern.

Dann endlich sehen wir die neue Felswand vor uns, bräunlich schimmernd und schwindelerregend hoch. Da ist auch schon wieder das Stahlseil. Wir sind am nächsten Stück des Klettersteiges angekommen. Jetzt machen wir ersteinmal eine Pause. Dazu gehen wir zu einem sehr schönen Felsvorsprung, der etwa 10 Meter weit wie eine Nase aus der Bergwand herausragt. Von hier aus haben wir eine atemberaubende Aussicht auf das Tal und die Straße. Die Autos sind jetzt winzig klein. Wir haben also schon wieder ein ganzes Stück Höhe gewonnen.

Als auch diese die Pause zu Ende ist geht es wieder ans Klettern. Weil ein Teil der Wand viel zu glatt ist um Halt zu finden, hat man dort eine lange Eisenleiter drangebaut, was die Sache etwas vereinfacht. Danach geht das normale Klettern weiter und man muss wieder selbst am Fels nach Griff- und Trittmöglichkeiten schauen.

Dann sind wir endlich oben, jedenfalls fast. Jetzt müssen wir nur noch ein Stück über ein Geröllfeld und eine Felsplatte, aber dabei auch noch mal einige Meter Höhe gewinnen. Doch hier oben ist der Wind so stark, dass wir kaum noch gerade gehen können. Es ist eigentlich ein richtiger Sturm. Mühsam, und manchmal nur gebückt gehend, erreichen wir schließlich den Gipfel. Die Aussicht ist beeindruckend, doch der Sturmwind eisigkalt. Wir setzten uns in eine Felskuhle die uns vor dem Wind schützt. Doch kalt ist es auch dort. Deshalb schlägt Andreas vor, ein Stück abzusteigen und uns dort einen schönen Platz zu suchen, wo wir dann etwas essen wollen. Glücklicherweise gibt es ab jetzt einen kleinen Wanderpfad bis ins Tal dem wir folgen können.

Auf der anderen Seite des Hanges ist es wie durch ein Wunder fast windstill. Auf einer Mooswiese machen wir dann länger Pause essen und Brot, Wurst und Käse.

Beim weiteren Abstieg sehen wir dann einige Schützengräben aus dem Gebirgskampf im Ersten Weltkrieg und einiges an Metallzeug das da noch herumliegt. Als wir dann auch noch den Eingang einer Höhle entdecken, klettern wir natürlich hinauf, um uns das mal genauer anzuschauen. Es ist ein Gangsystem aus dem Krieg, mit Ausgucklöchern und großen Kammern. Beim Rauskommen sehen wir sogar eine Gemse.

Ab da gibt es dann nichts mehr Aufregendes. Der Weg zieht sich ziemlich lang fast um den ganzen Berg herum. Unten gehen wir dann als Abkürzung durch einen alten ziemlich langen Tunnel einer ehemaligen Kleinbahn. Da ist es stockdunkel und innen sind einige große Pfützen und Löcher. „Aha, deshalb also ist der Durchgang gesperrt!" Irgendwann kommen wir dann doch am Auto an und übernachten am gleichen Platz wie gestern. Gerade als wir mit dem Kochen fertig sind, zieht ein richtiges Gewitter mit starkem Regen auf. Die Blitze zucken und der Donner grollt durch das kleine Seitental. Wir sind froh, für den Abend und die Nacht die kleine Scheune zu haben.

An unserem letzten Tag in Südtirol haben wir uns für die Ferrata delle Trincee bei Arraba entschieden. Dieser soll eine glatte, fast senkrechte Felswand als Einstieg haben, die als sehr anstrengend und schwierig beschrieben ist. Ob es für uns bezwingbar ist werden wir sehen, immerhin haben wir nun schon zwei Übungstage. Mit einer Gondel fahren wir hoch, dann ist es nicht mehr weit bis zum Einstieg. Unterwegs sehen wir viele Ziegen und auch eine die irgendwo runtergestürzt sein muss und nun zerschmettert auf den Felsen liegt. Ganz ungefährlich ist Klettern nicht, wir wissen es…

Da wir hier viel höher sind als auf den anderen beiden Bergen, ist es ziemlich kalt und wir ärgern uns, dass wir keine Handschuhe eingepackt haben. Am Fuße der Felswand begegnet uns ein Ehepaar die aufgegeben haben. Der sehr glatte Fels bietet tatsächlich nur sehr, sehr wenige Griffmöglichkeiten. Wir lassen uns jedoch nicht abschrecken und wollen unser Glück selbst versuchen und ziehen das Kletterzeug an. Dann geht es los. Obwohl es tatsächlich ziemlich schwierig ist, zieht sich aber dennoch einer nach dem anderen irgendwie nach oben. Alle haben inzwischen ja auch schon etwas Erfahrung gesammelt. Da die Sonne jedoch auf der anderen Bergseite steht bekommen wir von ihrer Wärme kaum etwas ab. Unsere Finger frieren und irgendwann schmerzt jeder Griff. Der Wind pfeift wie verrückt, doch wir arbeiten und quälen uns immer weiter die Felswand hoch. Es ist zwar kalt, aber die Aussicht ist phänomenal. Da man hier auch meistens bis nach ganz unten schauen kann, merkt man auch die Höhe so richtig. Aber auch die Jüngeren scheinen sich inzwischen daran gewöhnt zu haben. Gerade Erik, der ja am Anfang etwas Höhenangst hatte, ist jetzt mit Luis des öfteren ganz vorne.

Nach einer Weile ist die anstrengende Felswand bezwungen und wir kommen endlich auf den Grat und damit auch in die Sonne. Wir machen eine kurze Pause und reiben uns die Hände warm, damit wir sie wenigstens wieder ein bisschen spüren können. Nun ist der schwerste Teil auf diesem Klettersteig geschafft. Der Klettersteig geht erstmal über eine schwankende Hängebrücke und dann fast immer am Grat entlang, allerdings müssen wir öfters auch nach unten klettern, was durchaus anspruchsvoll ist. Wir schießen viele Fotos da wir praktisch die ganze Zeit direkt auf der Bergspitze entlangklettern, ein tolles Gefühl.

Gegen Ende kommen wir wieder an alten Weltkriegsstellungen vorbei, Andreas erzählt etwas zu der Geschichte und die Jungs krabbeln durch die alten Kriegsstollen. Was es für eine gewaltige Anstrengung gewesen sein muss, hier auf dieser Höhe solche Stellungen in den Fels zu bauen und dort zu (über-) leben.

Am Spätnachmittag kommen wir rechtzeitig vor der letzten Fahrt wieder an der Gondel an.

Wir genießen nochmal den schönen Ausblick und verabschieden uns von Südtirols Höhen bevor wir mit der Gondel nach unten fahren und somit auch dem Ende unserer Kletterfahrt näherkommen.

Ramirez

Vom Kasbek bis ans Schwarze Meer

Wenn man auf Pfadfinderfahrt von einem Autofahrer gefragt wird ob das die richtige Straße nach Teheran sei und man im Rücken den Kasbek hat, weiß man, dass man Zentraleuropa wohl verlassen hat.

Zu fünft stiegen wir also in freudiger Erwartung aus dem quietsch-pinken Flieger der Airline auf georgischen Boden in Kutaissi, Zentralgeorgien. Bepackt mit einem Seesack, mit Kohte und Kocher, und einem großen Gepäckbonbon - bestehend aus zwei ineinander gestülpten Laubsäcken (wir waren nicht die einzigen mit solchen Laubsäcken als Kofferersatz ☺) – voll mit unseren restlichen Habseligkeiten machten wir uns auf den Weg. Nach einer kurzen aber bequemen Nacht auf den Sitzgelegenheiten im Flughafen (auch hier waren wir mal wieder nicht die Einzigen, die es sich dort über Nacht gemütlich machten ☺) organisierten wir uns einen fahrbaren Untersatz, und fuhren los ins Abenteuer.

Dank der zum größten Teil recht schlechten Straßen kamen wir mit unserem Mietauto leider auch nur langsam voran, wenigstens blieb uns dabei mehr Zeit die Schönheit der Landschaft zu genießen. In einem so gläubigen Land wie Georgien gibt es natürlich noch – oder besser wieder – viele kleine orthodoxe Klöster. Ein besonders interessantes Exemplar konnten wir gleich zu Beginn unserer Reise besuchen. Es befindet sich auf einer 40 Meter hohen, natürlichen Basaltsäule, der sogenannten Katskhisäule. Eine imposante Anlage, vor allem wenn man bedenkt, dass sie nur über eine Leiter und eine kleine Materialseilbahn erreichbar ist. Weiter entlang der malerischen Straße kamen wir nach Tschiatura, eine von der Welt vergessene, fast gespenstisch anmutende alte Bergarbeiterstadt, die bedingt durch ihre Tallage dutzende Seilbahnen zum Transport von Material und Mensch nutzt. Die Seilbahnen dort haben, so wie die ganze Stadt, ihre besten Zeiten schon ein paar Jahrzehnte hinter sich, was uns aber nicht davon abhielt ein paar Touren mitzufahren. Alle Fahrten waren kostenlos und boten einen grandiosen Blick auf die Stadt wenngleich das ein oder andere Rostloch im Kabinenboden auch ein mulmiges Gefühl mit sich brachte. Gleich am ersten Abend durften wir die große Gastfreundlichkeit der Georgier kennenlernen. Die Einheimischen waren alle sehr erfreut über unseren Besuch und halfen uns gerne. Vorallem

unterhielten sie sich – meist auf gebrochenem Russisch – besonders interessiert mit uns. Schon zum Abendessen in der Kohte kamen uns zwei Männer aus dem Dorf besuchen und sagen gemeinsam mit uns unsere Fahrtenlieder. Das Ergebnis dieser deutsch-georgischen Singerunden war vielleicht nicht ganz Singewettstreittauglich – weil ein wenig durcheinander – ein großer Spass war es jedoch allemal. Auch dieser Abend endete – wie die aller meisten – in einer Wohnstube der Georgier, die uns dort noch mit allem was die Speisekammer hergab bewirteten.

Am nächsten Morgen ging es, nach einem gemeinsamen Frühstück mit den Männern des Dorfes, welche sich nach dem Auftrieb der Nutztiere auf die Weiden spontan zu uns gesellten, weiter in Richtung der Felsenstadt Uplisziche in der Nähe von Gori. Sie war einst ein Handelszentrum, gelegen an einem Nebenarm der Seidenstraße und vollständig aus den Felsen herausgeschlagen. Nur kurz gab es noch einen kleinen Snack am Straßenrand, ein paar Feigen und andere Früchte aus der Region, bevor wir uns schon wieder auf den Weg machten, denn wir hatten noch einen weiten Weg vor uns: Der Kasbek war das nächste Ziel. Dazu musste aber erst noch die Georgische Heerstraße bezwungen werden. Die Fahrt entlang dieser imposanten Straße ließ uns sehr schnell verstehen warum schon vor über 200 Jahren russische Dichter und Schriftsteller wie Puschkin, Tolstoi und Gorki von der Landschaft und der Stimmung entlang der Route fasziniert waren. Welche Strapazen der Ausbau dieser Route wirklich bedeutet haben musste, können wohl nur die Zwangsarbeiter und für den Bau verantwortlichen Ingenieure wiedergeben. Kurz bevor wir auf den Kreuzpass – dem mit 2379 m höchsten Punkt der Heerstraße – kamen, bot sich uns noch ein grandioser Ausblick auf die umgebene Landschaft. Ironischerweise von einer Aussichtsplattform die 1983 noch zum 200. Jahrestag des Traktats von Georgijewsk errichtet wurde und damit ein Zeichen der Einigkeit zwischen Russland und Georgien sein sollte. Heute steht sie in nicht einmal 10 Km Entfernung (Luftlinie) zu Südossetien, einem von zwei Regionen, die bis heute für den seit 1991 andauernden Konflikt zwischen Russland und Georgien stehen. Im Schatten des Kasbek, in der Ortschaft Stepansminda angekommen, beschlossen wir den Abend mit einem gemeinsamen Abendessen in einem der Gasthäuser, bevor wir unser Quartier für die Nacht bei einem Trupp Gastarbeiter in einem ansonsten leerstehenden Haus bezogen. Auch hier wurden wir wieder mit herzlicher Gastfreundschaft empfangen und sangen und aßen bis spät in den Abend mit den Georgiern. Dabei lernten wir auch einiges über die Tischmanieren in Georgien. (Von Trinksprüchen und dem „Tischherrn")

Nach einer erholsamen Nacht im Trockenen fuhren wir mit einem einheimischen Fahrer eine, mehr einem steilen Gebirgstrampelpfad ähnelnde, „Straße" zum Vorzimmer des Kasbeks herauf, wo das kleine Kloster Kazbeki malerisch auf einem Felsplateau im Schatten des Gipfels thronte. Von hier hatte man einen wunderbaren Blick auf die sonnenumflutete schneebedeckte Gipfelspitze. Zurück im Tal stärkten wir uns alle noch einmal bei Mittagessen und Tee bevor wir uns schon wieder auf den Rückweg entlang der malerischen Heerstraße machten. Bei einem kurzen Halt an der Festung Ananuri, gelegen am Ufer des Stausees von Shinwali, konnten wir uns bei der Besichtigung der Anlage alle noch einmal die Füße vertreten, bevor wir uns weiter in Richtung Tifilis ging. Mitten auf der Autobahn in Richtung Hauptstadt dann ein Schockmoment: Funken aus dem Motorraum. Der erste Gedanke: Wo ist der Feuerlöscher, aber nachdem sich die erste Aufregung legte, war klar: Die Batterie war nur verrutscht. Mit unserer pfadfinderischen Improvisationsgabe und einem vom Wegesrand abgesägten Stück Holz war die Batterie wieder fixiert, das Problem gelöst und wir völlig durchnässt vom Regen. In Tiflis angekommen führte uns der erste Weg direkt in eines der vielen Schwefelbäder, die uns alle Strapazen der letzten Tage gleich wieder vergessen ließen. Im Anschluss konnten wir für einen schmalen Taler im Gemeinschaftsraum eines Hostels, in der historischen Innenstadt übernachten. Eine Übernachtungsmöglichkeit in bester Lage also und mit unserem armenisch-französischen Gastgeber war auch noch für beste Unterhaltung gesorgt.

Am nächsten Morgen auf unserem Stadtrundgang wurde uns schnell klar: Tiflis hat nicht umsonst den Beinamen „Paris des Kaukasus", wenngleich man die Schönheit der Gebäude teilweise hinter viel Patina und Schmutz erst suchen musste. Durch die ganze Stadt zogen sich neben zerfallen und schön hergerichteten alten Villen, vor allen im Jugendstil, auch viele sehr moderne Bauten. Die Altstadt selbst war ein charmantes Gewirr aus Gassen, Häusern, Kirchen und kleinen Plätzen. Hier lernten wir auch, dass es überall in Georgien kleine Bäckereien gibt, in denen man laufend frisch gebackenes Fladenbrot aus dem Steinofen und auch viele andere Leckereien bekommt. (Dieses Wissen nutzen wir auch auf dem Rest unserer Fahrt ausgiebig! ☺) Nach einem ausgedehnten Stadtrundgang beschlossen wir den eindrucksvollen Tag mit einer Seilbahnfahrt über den Fluss Mtkwari mit wunderbarem Ausblick auf die Stadt, diesmal allerdings ohne zusätzlichen Blick durch Rostlöcher im Boden.

Die Nacht verbrachten wir schon wieder einige Stunden entfernt von der Hauptstadt, um am nächsten Morgen wieder ins Gebirge aufzubrechen, diesmal um in die sagenumwobene Stadt Mestia zu gelangen. Dort hoch führte nur eine einzige, schmale Gebirgsstraße, die sich viele Kilometer an einem reißenden Fluss entlang schlängelt. Dieser Ort liegt so weit abseits, dass er auf keiner unsere beiden Landkarten korrekt verzeichnet war. (Das sollte sich aber in naher Zukunft ändern, auf dem Hinweg kam uns ein Google-Street-Car entgegen ☺) Dort angekommen war der Ort wie aus der Zeit gefallen, alte Bauernkarren reihten sich an Wehrtürme zwischen engen unbefestigten Wegen. Hin und wieder spitze auch schon das eine oder andere neumodische Haus und der Beton von einer der vielen Baustellen heraus aber bis auf einen modernen Miniflughafen ein naturbelassener Ort.

Nach einem schönen Singeabend in der Kohte und einer kalten Nacht mit dem ersten Frost konnten wir den nächsten Tag mit einem grandiosen Ausblick auf den Kaukasus beginnen. Mit der Seilbahn machten wir uns dann auf zum Startpunkt einer Wanderung auf der wir mit einem wunderbaren Ausblick in die umliegenden Täler belohnt wurden. Alsbald mussten wir uns dann leider auch schon wieder auf den Rückweg machen. Etwa sieben Stunden Autofahrt und 3000 Höhenmeter später waren wir froh, dass wir bei einer netten georgischen Familie für die Nacht unterkamen.

Bevor wir uns von Georgien verabschieden mussten, konnten wir es uns dann nicht nehmen lassen beim Anblick des schneebedeckten Kaukasus in der Ferne eine Abkühlung im Schwarzen Meer zu genießen. Ein letztes Mal kauften wir uns danach dann noch frisches georgisches Brot für den Flug bevor wir uns auf die Heimreise machten.

Willkommen im Super Mary-Land – 650 Pfadfinderinnen treffen sich zum Bundeslager 2017

„Super Mary ist am Start und auch du und du und du!", tönt es über den Pfadfinder_innenzeltplatz in Immenhausen, als die Pfadfinderinnen der Pfadfinderinnenschaft St. Georg (PSG) von Super Mary und ihrer Freundin Luisa begrüßt werden. Ein großes Abenteuer gilt es zu bestreiten, denn der grüne Drachen Yoshi ist entführt worden. Auf der Bühne am Bach wird aber nicht nur begrüßt und der Lagersong präsentiert, den eine Pfadigruppe aus Bayern geschrieben hat, sondern im Laufe der zehn Tage werden sich hier alle zum Finale des Singewettstreits wieder treffen.

Alle Teilnehmerinnen und Leiterinnen haben für die gemeinsame Zeit Workshoppakete gewählt und lernen so in ihren Workshops Mädchen und Frauen aus den anderen Unterlagern kennen. Aus den Angeboten von Klettern, Kräuterküche, Wasserrad- und Poolbau bis zur kritischen Auseinandersetzung mit Coca-Cola-Produkten und Upcyclingideen konnten die Mädchen und Frauen jeweils ihren Lieblingsworkshop für die Welten Wasser, Wüste und Wald wählen.

In der Jurtenburg mit weißer Hochjurte finden sich das Lagercafé „Todays and Stars" und der Pop-Up-Store der PSG-Boutique. Am Donnerstagnachmittag tummeln sich vor allen Dingen die Wichtel und Pfadis in der Jurtenburg, denn es steht eine Premiere bevor: Eine Lesung aus dem neuen Pfadfinderinnencomic „Maxi O.". Das Crowdfundingprojekt der Stiftung Pfadfinderinnen überzeugt von jung bis alt und während die Autorin aus Maxi O. vorliest, zeichnet die Illustratorin live die Comicfiguren. Rund um die Jurtenburg ist am Freitagvormittag so einiges los, als gemeinsam mit unseren Besucherinnen vom rwandischen Pfadfinderinnenverband AGR die Produkte aus ihren Heimwerkerinnenprojekten bewundert und besprochen werden. Ein paar Meter weiter haben die jungen Frauen aus dem Demokratie-Workshop einen U18-Wahlstand und Wahlurnen aufgebaut. Eine lange Schlange hat sich gebildet, als über 300 Mädchen unter 18 Jahren ihre Stimmen abgeben wollen.

Abends leuchten in den Unterlagern die Lagerfeuer und die PSG-Lieblingslieder „On my honour" und „Ranger" sind zu hören. Das bewährte Lagerfeuerhopping hat schon am zweiten Abend die Möglichkeit geboten, von Lagerfeuer zu Lagerfeuer zu „hoppen" und die Bräuche und Ideen der anderen Stämme kennenzulernen.

Nach Yoshis Rettung auf dem See, einem Gottesdienst und gemeinsamen Singen des Super-Mary-Songs konnten wir das Bundeslager mit einer tollen Stimmung und einem großartigen Konzert noch mal richtig feiern!

Wir freuen uns und sind stolz, dass mit dem Super Mary-Land schon das zweite Bundeslager in Folge stattgefunden hat. Wir sind zuversichtlich, dass es auch in fünf Jahren wieder heißen wird: Willkommen im PSG-Bundeslager!

Alle Infos auf www.pfadfinderinnen.de
PSG-Bundesleitung
Carl-Mosterts-Platz 1
40477 Düsseldorf
info@pfadfinderinnen.de

Spacig in die Zukunft

BUNDESLAGER 2017 DES DEUTSCHEN PFADFINDERBUNDES IN HEMER

Das Bundeslager des Deutschen Pfadfinderbundes (DPB) findet alle zwei Jahre statt. Obgleich der DPB mit seiner Mitgliederzahl von um die 2500 nicht zu den größten Pfadfinderbünden gehört, ist die Beteiligungsquote am Bundeslager vergleichsweise hoch. Grob überschlagen dürften etwa 1400 Personen teilgenommen haben. Das Bundeslager fand auf dem Mesterscheid in Hemer statt. Dort ist es nicht jedes Mal, vielmehr wechseln die Orte ebenso, wie es die ausrichtenden Gruppen tun. Aber alle zehn Jahre etwa verschlägt es einen nach Hemer, da es ja auch nicht beliebig viele Gruppen gibt, welche sich die Ausrichtung eines solchen Großlagers zutrauen.

Die Spielidee war diesmal recht „spacig", es ging nämlich in die Zukunft. Nachdem leider der gesamte bisherige Planet Erde kräftig heruntergewirtschaftet worden war, begaben sich die Pfadfinder des DPB ins Weltall auf der Suche nach einem neuen Planeten und einer besseren Gesellschaft. „Neue Welten, neue Zeiten – unsere Welt, unsere Zeit!" Hierzu mussten die unterschiedlichen Gruppen im „Kampf der Titanen" zunächst genügend Tempo für die Strecke entwickeln (Wettlauf der Planetenwagen), Wurmlöcher durchqueren (Stofftunnel durchkriechen), mehrfach Asteroiden ausweichen (Völkerball bzw. Balancieren auf Balken, während die Gegner Bälle warfen). Dieser „Kampf der Titanen" fand am Samstag auf dem nahegelegenen Sportplatz statt, wo es neben viel Sonne glücklicherweise irgendwo auch noch Schatten gab. Sowie einen offensichtlichen Nicht-Pfadfinder als Kommentator, der zumindest zu Beginn wirklich rege bei der Sache war und erst später nachließ. Neben den falsch vorgelesenen Gruppennamen (ich sage nur: „Süben" statt „Su-eben") konnte er ja auch mit flotten Sprüchen aufwarten.

„JEDES MAL, WENN EIN KIND AUF SEIN HANDY SCHAUT, FÄLLT EIN ABENTEUER TOT VOM BAUM" (FLOTTER SPRUCH DES MODERATORS)

Obgleich der „Kampf der Titanen" anfangs etwas chaotisch schien, waren die Stationen dann doch nicht so kompliziert, dass nicht alle schließlich verstanden hätten, was sie zu tun hatten. Das, was ich am Ende nicht verstand, war allerdings, weshalb meine Gruppe nicht als Sieger aus der gan-

Eröffnungskreis

Fotos: Almi

Eröffnungskreis

zen Angelegenheit hervorging, wo wir doch zumindest optisch bestimmt am meisten hermachten. Außerdem gingen mir die Wartburger schwer auf die Nerven. Die hätten schon allein wegen ihrer Siegesgewissheit disqualifiziert gehört. Stattdessen kamen sie dann tatsächlich auf einen vorderen Platz. Ständig bejubelten die sich – völlig über Gebühr. Ich gehörte dann logischerweise zu der Gruppe, die das unerträgliche Eigenlob mit einem schnatternden „Quaack, Quaack, Quaack" konterte. Wir hören nächstes Bundeslager sicherlich wieder voneinander.

Der Sonntag stand dann ganz im Zeichen der erfolgreichen Besiedlung des neuen Planeten. Und da sollten dann alle Gruppen anhand ihrer vorab bekannten Aufgabenstellung etwas Besseres auf die Reihe kriegen als bisher. Und mein Hag hatte das Thema Zeit erwischt. Was soll man da schon anderes anbieten, als eine Auszeit (Hängematte), Happy Hour (Brause im Mund explodieren lassen), Zeitdruck (Massage) oder Steinzeit (Steine bemalen), wohingegen das Ministerium für Justiz über den Lagerplatz schlich und rosa Vorladungen wegen Belanglosigkeiten an alle verteilte, die nicht schnell genug wegrannten (so wie ich). Irgendwie reicht ja auch bei den Bundeslagern nie die Zeit, um sich wirklich alles anzusehen und überall mitzumachen. Ich fand auch vom Ministerium für Bodenschätze angebotene „Matschedelsteinsuche" und die Strafmandate des Ministeriums für Kultur für „Hemd-außer-der-Hose" sowie den Weihnachtsmann richtig witzig, obgleich Letzterer zwar meinen handgeschriebenen Wunschzettel entgegennahm, um ihn

Warnschild „Pfadfinder im Einsatz"

Der Weihnachtsmann und seine Rentiere waren auch dabei

Schnell durch das Wurmloch

Auf zum Wettkampf

Kultur muss sein

Raketen und ihr Antrieb

Hielt sich keiner dran

Regnet es etwa?

Das Lagertor war als Spaceshuttle gestaltet

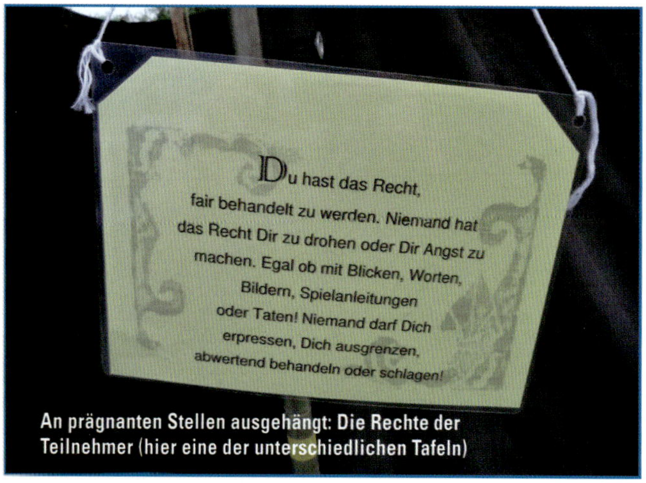

An prägnanten Stellen ausgehängt: Die Rechte der Teilnehmer (hier eine der unterschiedlichen Tafeln)

„Echte Fotos ... sind einfach besser!"

Man konnte sich mit dem Weihnachtsmann malen lassen

Erholungszone

Suche nach den Edelsteinen

Hier sind 80 Jahre Erfahrung am Werk. Immerhin glimmte es.

Hier spricht der Bundesgerichtshof (BGH) „Recht“

Auch eine Nasenreinigung ist inbegriffen, wenn man Brause mit Wasser in den Mund nimmt und dann kräftig den Kopf schüttelt!

Keine DPB-Lilie? Wenn das der Bundesgerichtshof sieht, gibt es bestimmt Ärger

Verurteilter Straftäter

Daneben ist auch vorbei, sagt der Daumen

Gemeinsames Abendessen „All you can eat" mit diversen Angeboten

Döner war beim gemeinsamen Abendessen am beliebtesten

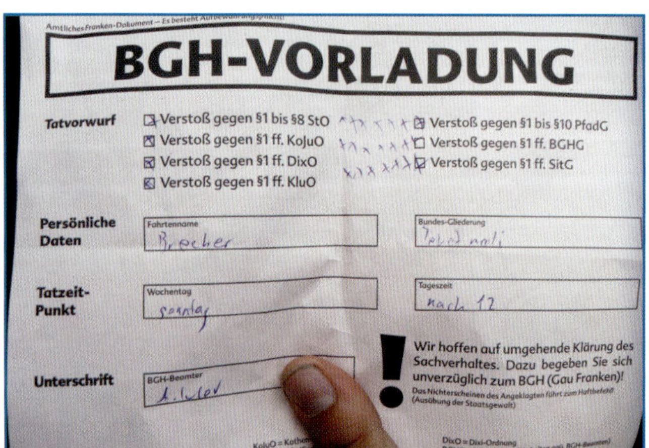

Vorladung zum Gericht

anschließend aber weder zu beantworten, noch zu erfüllen! So zerbrechen Kindheitsträume!

Anderer Gedanke: Eine Lagerspielidee mit Moral! Per se fragwürdig. Mal angenommen, man würde tatsächlich mit mehreren tausend Pfadfindern auf einem fremden Planeten landen. Die glauben doch nicht ernsthaft, dass dabei eine bessere Gesellschaft entstehen würde? Vermutlich würde es keine drei Tage dauern und schon wären die miteinander verkracht und es gäbe dann einen Südplaneten und einen Nordplaneten und damit wäre noch längst nicht das Ende der Auseinandersetzungen erreicht.

Aber was soll's. Spätestens, als ich am Sonntag gegen 19 Uhr im Spa-Bereich der Jungenschaft Volundr (das waren auch die mit dem selbstgemachten Met) nach einem ausgiebigen Saunabesuch in der Tauchtonne steckte und nur noch mein qualmender Kopf aus dem Wasser sah, war mir klar, dass die Spielidee ja letztlich nur ein Startzünder für so richtig mächtig gute Ideen der teilnehmenden Gruppen ist.

Aber: Offensichtlich lag der neue Planet wettertechnisch in Remscheid! Morgens um halb drei steckte ich Samstag auf Sonntag in der Bundesjurte fest (mit etwa fünf weiteren Personen) und kam aufgrund massiver Luftfeuchtigkeit nicht mehr weg, bis ich in einer Ecke zufällig eine Ikea-Tüte (die großen blauen) fand, welche mich halbwegs trocken auf die andere Seite des Lagerplatzes brachte. Der Regen hielt dann bis halb sechs Uhr völlig unverändert an, mehrere Zelte brachen unter der Belastung zusammen und erlaubten ihren Bewohnern auch nachts, sich zu beweisen. Tagsüber ging es aber im Großen und Ganzen, ich will also nicht meckern.

Es blieb auch das große gemeinsame Abendessen am Sonntag (mein absoluter Favorit war dieser Reistopf mit Joghurtsauce) glücklicherweise von Regen verschont. Da haben ja immer alle Angst, dass es nicht genug Essen gibt, dabei ist das ja rein mathematisch eine einfache Angelegenheit. Jeder kocht für so viele Personen, wie er sie selber zum Lager mitgebracht hat und am Ende bleibt dann der Linseneintopf übrig und vom Döner gibt es gefühlt nie genug.

Neu und fast schon revolutionär fand ich, dass die Präventionsbeauftragten des Bundes und der einzelnen Gruppen alle anhand eines besonderen Abzeichens auf dem Lager zu erkennen waren und die Rechte der Teilnehmer überall gut sichtbar ausgehängt wurden. Dafür, dass der DPB es mit Abzeichengebaumsel ja eher „so gar nicht hat", ist das ein klares Zeichen für veränderte Prioritäten. Ich fand es auch nicht schlimm, dass gerade die Jüngeren überhaupt nicht wussten, worum es da ging und dass dies dann Anlass für Gespräche in der Gruppe mit den Jüngeren zum Thema Rechte und Machtmissbrauch war. Hätte man sonst schließlich nicht thematisiert.

Ich habe eh den subjektiven Eindruck, dass der DPB in den letzten zehn Jahren fünfzehn Jahre jünger, will sagen: lockerer geworden ist. Nachlassende Selbstdisziplin war auch deutlich vor und bei den Kreisen wahrzunehmen. Ich „belauschte" den Bundesvogt dabei, wie er laut und deutlich äußerte: „Ich will jetzt erst mal vor dem Morgenkreis einen Kaffee trinken" und Atréju, der freundlicherweise den Gottesdienst am Sonntagmorgen gestaltete, verschob

Lageransicht

diesen einfach kurzerhand nach hinten, weil er „erstmal frühstücken" wollte. Wenn das jede/r so handhaben würde, käme man meinen Vorstellungen von einem entspannten Lager einige Schritte entgegen, nicht wahr.

Ganz besonders herzliche und persönliche Grüße in diesem Zusammenhang an Cedric, den Frühsportler. Lieber Cedric, ich habe nichts dagegen, anderen Leuten beim Frühsport zuzusehen. Ich habe aber sehr wohl ein Problem damit, wenn ich zu nachtschlafender Zeit morgens um acht Uhr völlig unnötig von dem Geräusch geweckt werde, welches entsteht, wenn man mit Metall gegen Metall schlägt und mir dabei über sicherlich zehn Minuten hinweg „Aufstehen – Frühsport – Aufstehen – Frühsport" gebrüllt anhören muss. Von deinem Theater sind nicht nur deine eigenen Pimpfe wach geworden, sondern alle Nachbarn ringsum direkt mit. Die möglicherweise aber erst spät in der Nacht angereist waren und für die es die einzige Möglichkeit gewesen wäre, vor dem offiziellen Lagerstart nochmal auszuschlafen. Es freut mich, dass mein diesbezügliches Schreiben, welches dir eine Überraschung ankündigte für den Fall, du würdest deine Aktion wiederholen, offensichtlich bei dir angekommen ist. Und dann bestand der von dir so lautstark angekündigte Frühsport nur aus einem lockeren Lauf im Kreis von 20 Metern Radius durchs eigene Unterlager. Welch ein Witz!

Das Bundesfeuer

Doch Wendung zurück und ganz im Ernst: Das Bundeslager war in meinen Augen in jeder Hinsicht gelungen. Ein herzliches Danke an die ausrichtenden Hemeraner Gruppen für erfolgreich investierten Schweiß und Nerven!

Das Kurzvideo zum Bundeslager 2017 ist übrigens hier hinterlegt: http://scouting.de/video-dpb-bundeslager-pfingsten-2017-in-hemer/ oder einfach folgenden Code einscannen:

Zwei Pfadfinderinnen der Gruppe Bundschuh aus Karlsruhe bauen ein Lagertor

Fotos: Vollmeyer/BdP

Estonteco – Bundeslager des BdP in Großzerlang

Alle vier Jahre trifft sich der Bund der Pfadfinderinnen und Pfadfinder (BdP) zum Bundeslager. Diesmal stand es unter dem Motto „Estonteco – Lebe den Kontinent". Das bunte Programm über zehn Tage aus Mitmachaktionen und Workshops widmete sich der europäischen Idee und der Gestaltung der Zukunft. Beim Lagerplatz handelte es sich um den Bundeszeltplatz des Verbandes Christlicher Pfadfinderinnen und Pfadfinder (VCP) in Großzerlang (Landkreis Ostprignitz-Ruppin). Dieser ist Teil des Naturparks Stechlin-Ruppiner Land und verbindet viele unterschiedliche Landschaften - Wälder und Wiesen, große und kleine Seen, Kanäle, Sandflächen und Auwälder.

Problem: Nur eine einzige schmale Stichstraße führt zum Lagerplatz. Das wurde insbesondere hinsichtlich der Aufbau-Logistik zu einer Herausforderung, mit der Teilnehmerzahl von rund 5000 Personen dürfte eine Grenze erreicht worden sein. Mehrere Dutzend ehrenamtliche Helfer hatten den Zeltplatz in Großzerlang vorbereitet für die Ankunft der Teilnehmer: Für den Aufbau der Kohten und Jurten hatten sie 6.000 Holzstangen sowie für die Lagerfeuer 200 Kubikmeter Feuerholz herangeschafft. Außerdem hatten sie 1.500 Meter Frischwasser-Leitungen, 1.000 Meter Starkstromkabel und 800 Meter Telefonkabel verlegt. Eine Markthalle versorgte die Teilnehmenden mit allem, was diese zum Leben brauchten – unter anderem 40.000 Brötchen, 10.000 Äpfel und 1.000 Gläser Nuss-Nougat-Creme.

Brötchen und Wölflingsglück, o.k., aber wozu die Äpfel? *„Bei uns in der Gruppe gibt es die Wölflingsregel, dass man nach jeder Portion Nutella mindestens einmal was anderes nehmen muss. Wir haben in der Markthalle dann ganz viel Remoulade gekauft. Da wurde dann die Wölflingsnutellaregel auch auf Remoulade ausgeweitet. Ich fands gut, dass auf allen Lebensmitteln „Gut und Günstig" drauf stand. Es gab in der Halle drei Abteilungen, eine für Getränke, eine für Essen und eine für Sonstiges. Nur die Küchenteams durften zu Essen und Trinken rein. In die Sonstiges-Abteilung dürfte aber jeder rein. Da gab es Aufnäher, Taschenmesser und noch viel mehr. Ein Kumpel hat mir erzählt, da gab es ein richtig großes Opinel zu kaufen, 21 Größe. Ich war auch einmal in der Markthalle drin, als ich dem Küchenteam geholfen habe. Das war schon beeindruckend."* (Pitri, 13 Jahre, Stamm Oberon Königswinter)

Zur Eröffnung am 27. Juli 2017 ließ sich die Sonne ab und zu blicken, der Dauerregen der vorangegangenen Tage war vergessen, der Wettergott meinte es gut mit den BdPlern und ihren etwa 600 Gästen aus 20 verschiedenen Ländern.

Pirti: *„Also, ich fand das Bundeslager schon schön, vor allem die Pfadfinderstämme aus anderen Ländern. Bei dem Stamm neben uns waren Polen zu Gast, das war schon lustig, denen dabei zuzusehen, wie die da jeden Morgen strammstanden und ihren Morgenappell gemacht habe. Es war auch schön, als wir selbst eine Gruppe aus Ecuador zu Gast hatten. Wir haben gemeinsam Spiele gespielt und gekocht und abends haben wir dann ein Improvisationstheater gemacht. Das war sehr witzig. Und dann haben wir gemeinsam gesungen."*

Der Spaß kam von Anfang an nicht zu kurz: Klein und Groß konnten sich etwa auf einer Seifenrutsche vergnügen, eine Endlos-Murmelbahn bauen oder eine Pizza grillen. Jeden Abend waren auf dem Zeltplatz viele originell eingerichtete Cafés der einzelnen Landesverbände geöffnet, in denen die Jugendlichen sich beim Speed-Dating, beim Kickerspielen oder beim Tanzen ausprobieren konnten. Doch auch politische Bildung war angesagt. Am Freitagabend diskutierten auf dem Bundeslager die Brandenburger Bundestagskandidatinnen und -kandidaten von CDU, SPD, FDP, Die Linke und Bündnis 90/Die Grünen mit den „Pfadis" vor der Wahl im September über Themen wie Bildung, Europa und Ernährung. Der BdP hielt auf dem Bundeslager eine U18-Wahl ab, bei der unter 18-Jährige ihre Stimme abgeben konnten, um sich in Demokratie zu üben.

Pitri: *„Die U18-Wahl! Ich hatte das völlig vergessen und kam fast zu spät, habe aber natürlich daran teilgenommen. Ich habe mir die Wahlprogramme durchgesehen und gemerkt, dass die Piraten mit einem Wahlrecht ab 14 Jahren werben und freiem WLAN überall. Am Ende hab ich dann aber eine andere Partei gewählt, die sich dem Umweltschutz verschrieben hat. Am Schluss hat die dann wohl auch gewonnen, hat mir einer verraten. Auf Platz zwei sollen die Piraten gekommen sein."*

Zehn Tage lang zelteten die Pfadfinderinnen und Pfadfinder in ihren Kohten und Jurten

Pfadfinderin des Stammes Graue Wölfe aus Friedrichsdorf mit ihrer Gruppe beim gemeinsamen Spiel

Am 29/30. Juli war dann wirklich Trubel angesagt. Mehrere hundert Besucher schlenderten am Besuchstag über den Lagerplatz, genossen in einem der vielen Zeltcafés Kaffee und Kuchen oder verfolgten einfach in der Sonne sitzend das Treiben. Der eine oder andere Regenschauer und Reste von Matsch schreckten die Besucherinnen und Besucher nicht. Zum Teil hatten diese mehrere hundert Kilometer Anreise auf sich genommen, um ihr Kind zu sehen. Sie waren begeistert vom Ideenreichtum und vom Engagement der Pfadfinder und dass diese den ganzen Tag draußen in der Natur sind und Smartphones abgemeldet sind.

Pitri: *„Welcher Besuchstag? Davon hab ich nichts mitbekommen. Aber trotzdem eine gute Idee."*

An den „Raus-Tagen" machten sich die Gruppen auf, um die Region kennenzulernen – zu Fuß, auf dem Rad oder mit dem Kanu. Einige unternahmen auch einen Ausflug nach Berlin.

Pitri: *„Also eine Mädchengruppe von uns wollte selbständig einen zweitägigen Ausflug machen. Sie konnten sich mit diesem Wunsch auch durchsetzen, waren allerdings am Abend schon wieder da. Die Jungen-*

Bei der Eröffnung des 11. BdP-Bundeslagers Estonteco feiern alle 5000 Pfadfinderinnen und Pfadfinder ihre Gemeinschaft im Bund

Conrady/BdP

*gruppe hatte genau die gleiche Idee, aber manche von denen hatten direkt keine Lust. Aber auch diejenigen, welche loszogen, waren am Abend wieder da. Wir haben sie am Feuer gefunden. Der Rest – abgesehen von wenigen – war für einen Ausflug nach Berlin, darunter auch ich. Wir wollten eigentlich mit dem Reisebus fahren, der war aber schon voll besetzt, so nahmen wir die öffentlichen Verkehrsmittel. Das dauerte ungefähr zwei Stunden. Als wir in Berlin ankamen, haben wir uns in zwei Gruppen aufgeteilt. Diejenigen, die noch nicht oder selten in Berlin waren, wollten eine Stadttour machen. Die anderen hingegen wollten ins Deutsche Technik Museum. Wir gingen mit einem blöden Fuß-Navi dahin, was natürlich der letzte Sch*** war. Ein „Hoch" auf Navis. Irgendwie kamen wir dann doch an. Dann haben wir uns wieder geteilt, denn die einen haben die ganze Zeit gehetzt, aber der Bieber und ich wollten alles ganz genau anschauen und nicht hetzen. Am besten gefallen hat mir die Technik- und Internetabteilung. Da gab es so eine Art Computer, wo man sich alte Computerspiele angucken konnte. Das fing mit so einer Art Tennis an. Wegen dem Ausflug waren wir auch nicht rechtzeitig zurück zur Funkübertragung zur Raumstation ISS. Nach dem, was mir erzählt wurde, soll es aber sehr spannend gewesen sein. Ich bin traurig, dass ich es verpasst habe."*

Gastgruppe beim internationalen Abend

Die Teilnehmenden des Bundeslagers Estonteco versammeln sich, um Funkkontakt zur ISS aufzunehmen

Conrady/BdP

Technisch spannend wurde es nämlich am Dienstagabend: Da hatten die Pfadfinder vom Bundeslager in Großzerlang aus eine Funkverbindung per Richtantenne zur Internationalen Raumstation ISS hergestellt. Der Überflug der ISS über Deutschland dauerte nur acht Minuten; in dieser Zeit konnten 13 Pfadfinderinnen und Pfadfinder dem Astronauten Paolo Nespoli 20 Fragen stellen, die das Funkteam zuvor über Facebook gesammelt hatte. Nach einigen erfolglosen Versuchen der Kontaktaufnahme war es um 20:21 Uhr dann so weit. „Here is Delta Papa 9 Sierra calling Oscar Romeo 4 India Sierra Sierra. Do you copy? Over.“: Der Astronaut Paolo Nespoli antwortete direkt aus dem All und im Publikum brach Jubel aus. Es wurde aber sofort wieder mucksmäuschenstill – schließlich wollten alle hören, was er von der ISS zu berichten hatte. Nespoli erzählte z.B., dass für Krankheitsfälle ein Space Craft zur Verfügung steht, mit dem die ISS-Besatzung in vier Stunden wieder zurück auf der Erde ist. Das Essen auf der ISS komme aus der Dose und sei in Ordnung, eine Möglichkeit im All zu duschen gebe es leider nicht. Weiterhin erklärte er, dass der Tag-Nacht-Rhythmus auf der ISS keine Rolle spielt, da ein Tag für die Besatzung 16 Tage und 16 Nächte sind, d.h. man sieht ständig das Sonnenlicht kommen und gehen. Brennend interessierte die BdPler natürlich auch die Gefahr durch Meteoriten. Nespoli entgegnete, dass kleine Meteoriten von einer Art Schutzschild gestoppt würden, aber ein größerer beim Aufprall ein Loch in der ISS verursachen würde. Für diesen Fall gebe es einen Notfallplan, aber der wurde bisher noch nie gebraucht. Auf die Frage, ob ein Aufenthalt im Weltall seine Perspektive auf die Welt verändert habe, schickte der Astronaut eine Warnung hinunter an die 5000 Zuhöhrerinnen und Zuhörer: „We need to be careful what we do to earth.“

Am Mittwochabend stand der große Singewettstreit an, bei dem die Pfadis ihr Können zum Besten gaben, traditionell ein besonderes Highlight bei jedem Bundeslager. Hierbei traten nach Vorentscheiden die besten aus 45 angemeldeten Gruppen in vier Kategorien auf der zentralen Bühne auf und gaben ihre Lieblingssongs zum Besten, untermalt von pfadfindertypischen Instrumenten, wie Gitarre, Geige, Bodhrán, Mandoline oder Kontrabass. Sieger in der Kategorie Sippe war die Sippe Feuerfalken vom Stamm Sigena aus Nürnberg mit ihrem selbst geschriebenen Song „Ich find die Kohte nicht mehr“ auf die Melodie des kritischen Songs „Ich hab Uran im Urin“.

Pitri: *„Ich hab diese kleinen Sipplinge mit ihrem Lied „Ich find die Kohte nicht mehr“ gehört, hätte aber nie gedacht, dass sie den ersten Platz belegen werden. Was die Sachsen anging (Gewinner der Offenen Kategorie), fand ich das Lied schon sehr ergreifend. Sie hatten kein eigenes Unterlager,*

In Vorbereitung auf den Singewettstreit wurde viel geprobt

Liebert/BdP

weil sie so wenige sind, nur ein Café. Die hatten ihren Preis redlich verdient!"

Die ersten Zelte auf dem Marktplatz, dem zentralen Platz auf dem Bundeslager, mussten schon frühzeitig weichen, denn hier wurde für Freitagabend das große Bundesfeuer aufgebaut. Mit einer langen, gemeinsamen Singerunde verabschiedeten sich die 5.000 Teilnehmenden dann aus dem Abenteuer Estonteco und auch aus Großzerlang. Abschieds- und Aufbruchsstimmung machte sich breit.

Am 5. August stiegen die vielen Pfadfinderinnen und Pfadfinder dann wieder in die knapp 50 Reisebusse, die sie zurück nach Hause in alle Ecken Deutschlands brachten – sicherlich mit einer großen Portion Müdigkeit, aber auch schönen Erinnerungen und neuen Freundschaften im Gepäck.

„Der BdP durfte ein weiteres sehr schönes Bundeslager erleben. Dafür möchten wir uns auch bei der Bevölkerung in Großzerlang und der Umgebung bedanken; wir haben uns gut aufgenommen gefühlt", so Maria Venus, Bundeslagerleitung und stellvertretende Bundesvorsitzende des BdP. Eine kleinere Verstimmung gab es dann erst im Nachhinein, als der Ortsvorsteher von Groß-

Begeistertes Publikum beim Singewettstreit

Der Landesverband Sachsen, Sieger in der offenen Kategorie, begeisterte mit einem selbst getexteten Lied

zerlang anmerkte, man hätte sich eine bessere Abstimmung zur Lagerleitung gewünscht. So sei die Stichstraße möglicherweise nicht für so viele schwere Fahrzeuge ausgelegt gewesen (sie erlitt allerdings keine Schäden) und in der Nacht zum 1. August hätten sich Anwohner über die Störung der Nachtruhe morgens um 3.40 Uhr bei der Polizei beschweren müssen. Die Pressesprecherin des BdP betonte, man habe im Vorfeld die Abstimmung mit den Anwohnern gesucht und die Stadt Rheinsberg informiert. Offenbar aber nicht den Ortsbeirat, welcher nun der Ansicht ist, 1000 Teilnehmer hätten reichen müssen.

Der 1976 gegründete Bund der Pfadfinderinnen und Pfadfinder e.V. ist einer der großen Pfadfinder-Verbände in Deutschland und erreicht mit seiner Arbeit rund 30.000 Kinder und Jugendliche.

Der VCP-Bundeszeltplatz Großzerlang ist Teil des Naturparks Stechlin-Ruppiner Land

Überbündisches Lager 2017 auf dem Allensbacher Hof

Eröffnungskreis

Das Logo des Lagers

Fotos Atmi

Programm für Jüngere

vor allem auch Wandergesellen, waren bereits vier Wochen zuvor angereist und hatten ein Lagertor, einen Fahnenmast und einen neun Meter hohen Lagerturm errichtet und auch sechs Kilometer Wasserleitungen installiert. So konnte das Lager vom Start weg in die Vollen gehen.

Entgegen allen Vorhersagen war das Wetter mit Ausnahme des Abreisetages überwiegend sonnig. Ja, mir ist der Spruch bekannt, es gäbe kein schlechtes Wetter, nur unangemessene Kleidung und natürlich ist niemand ein „Schönwetter-Pfadfinder" oder aus Zucker. Trotzdem habe ich schon wirklich miese Lager gerade bei schlechtem Wetter erlebt, wenn der Regen an allen Ösen und Ecken hereinläuft und weite Teile des Programmes im wahrsten Sinne des Wortes ins Wasser fallen. So aber lockten gerade die ersten Tage mit durchaus noch sommerlichen Temperaturen. Alle liebevoll vorbereiteten Aktivitäten im Freien – und das waren die meisten – konnten wie geplant stattfinden (abgesehen von einem ausgefallenen externen Referenten).

Das gebotene Programm war so vielfältig, dass sicherlich für jeden etwas dabei war. Von Gesprächskreisen über geistige Themen über prak-

Freunde aus den Süd-Bünden Pfadfinderschaft Süddeutschland, Pfadfinderschaft Grauer Reiter und Evangelische Jungenschaft HORTE hatten nach dem Meissnerlager beschlossen, dass sie nicht 25 Jahre bis zum nächsten Großereignis warten wollen und deshalb zum nächsten Großlager aufgerufen. Dieses Überbündische Treffen (kurz „ÜT") fand vom 28.09.-03.10.2017 beim Allensbacher Hof der evangelischen Jungenschaft Horte bei Böttingen auf dem großen Heuberg auf der schwäbischen Alb statt. Der Ort hat Tradition: Bereits vor vierzig Jahren hatte dort ein solches Überbündisches Treffen stattgefunden.

Natürlich hatten nicht alle die volle Zeit über teilnehmen können, so dass zur Eröffnung zunächst „erst" 1400 Personen anwesend waren. Die Zahl der Teilnehmer stieg dann aber zum Wochenende hin erheblich an auf insgesamt 2000 Personen aus mindestens 45 unterschiedlichen Bünden und Institutionen der Pfadfinder- und Jugendbewegung. Doch zahlreiche andere, darunter

Lautstarke Schmiedewerkstatt

tische Workshops zur Bildung waren insbesondere auch praktisch orientierte Dinge im Angebot und nicht nur mir dürfte es schwergefallen sein, sich für eines zu entscheiden (und dann etwas anderes nicht machen zu können). Und selbst wenn man glaubte, die perfekte Wahl getroffen zu haben, traf man wenig später garantiert auf jemanden, der woanders gewesen war und ebenso begeistert war, wie man selbst. So kann mein persönliches Erleben doch nur einen winzigen Eindruck von der Gesamtheit abbilden, denn hier schöpfte die Pfadfinder- und Jugendbewegung aus dem vollen Reichtum ihrer Kreativität und Vielfältigkeit.

Männer sind nicht nur am Grill richtig glücklich

Am meisten beeindruckt war ich das erste Mal direkt am Freitagabend, als ich zur Filmpräsentation von „Weit – Reise um die Welt" noch einen Sitzplatz ergattert hatte. Beamershow in Jurte. Muss ja nicht jedermanns Ding sein, aber der Film war – ach, schaut ihn euch einfach selbst an. Da zieht ein junges Pärchen los, kreuz und quer durch die Welt, einmal ringsum, mit allem Hab und Gut im Rucksack, drei Jahre lang, 96707 Kilometer weit. Dazu gibt es natürlich auch eine Internetseite: www.weitumdiewelt.de. Die filmische Dokumentation ihrer Reise und ihrer Erlebnisse ist schon jetzt die erfolgreichste des Jahres 2017 und dies vollkommen zu Recht. Guckt euch halt den Trailer an. Und nicht nur den. Denn die Welt ist bunt. Es blieb für mich jedoch nicht nur bei diesem einen besonders beeindruckenden Erlebnis.

Ich könnte nun viel davon erzählen, was ich bei der Kräuterwanderung lernte (Wiesenlabkraut ist extrem lecker), wie köstlich die Mittagsverpflegung für Einzelreisende vom Wandervogelhof Reinstorf war (der übrigens immer noch Spenden für die Umsetzung der Brandschutzvorschriften benötigt, um erhalten werden zu können! www.wandervogelhof.de) oder wie ich beim Workshop des Arbeitskreises Tabubruch zu Eskalationsstufen etwas lernte, was ich gleich die Woche drauf erfolgreich umsetzen konnte. Oder aber auch, wie es mir glücklicherweise gelang, durch intensives Betteln dafür zu sorgen, dass der ÜT-Schal-Näh-Workshop ein zweites Mal angeboten wurde, denn ich war schrecklich neidisch auf die schicken Tücher der anderen. Und wie es mir dank einer Zufallsbekanntschaft vom diesjährigen Bundesjugendhilfetag glückte, völlig überraschend doch noch an ein ausverkauftes Lagerabzeichen zu kommen. Wie lustig die Billigbier-Blindverkostung war (muss ich mich jetzt schämen dafür, dass mir Krombacher besser mundete als Burgkrone? Merke: Je besser das Bier riecht, desto lascher schmeckt es). Und die Nächte erst, deren Schlafmenge sich im überschaubaren Rahmen hielt. Bereits am ersten Abend um 23 Uhr war im Zentrum „Rausch & Genuss" das alkoholfreie Bier alle, morgens um 2 Uhr in der Nacht auf Sonntag brach dann kurzzeitig Panik im Zentrum des Zugvogels aus, weil deren Vorräte zu Ende gegangen waren und wenige Stunden später war dann gemäß der belauschten Funksprüche der Orgaleute nichts

In der Lederwerkstatt

Junioren im Einsatz: Billigbier-Blindverkostung

Moderne Technik im Einsatz

Morgenidylle

Gitarrenkurs

Morgenrot

Lageransicht

Seniorensport

Dieser junge Mann erläuterte Bau und Funktionsweise eines Holzvergasers

Lagergesamtansicht

Bei der Kräutersammlung unter fachkundiger Anleitung

Nach dem Singewettstreit: Warten auf das Ergebnis

mehr da – wurde aber nachbesorgt. Überhaupt die Organisation, die war top. Es war an alles gedacht und selbst wenn es irgendwo mal hakte, war schnell eine Lösung gefunden.

Kurze Nächte – frühe Morgen. Morgenkreise sind ja eher nicht so meins. Erfolgte morgens um acht zuverlässig das Wecken, wurde es von den anderen in der Jurte geflissentlich ignoriert. Ich hingegen stellte mir die Frage nach dem Sinn des Weckens bereits anderthalb Stunden vor dem Morgenkreis. Morgenkreise. Für mich eine Karikierung dessen, was wir wollen, wenn wir in der Jugendbewegung den eigenverantwortlichen und selbstbestimmten Menschen formen möchten. Nämlich ein täglicher Anschlag des Establishments auf den Biorhythmus und somit gegen ein Leben in Einklang mit der Natur. Und gegen die Selbstbestimmung. Und gegen die Eigenverantwortung. Ich hasse Morgenkreise. Ich halte sie für absolut überflüssig. Mein guter Kamerad Bene hingegen sagte mir, dass Lager dazu da seien, den Körper in möglichst kurzer Zeit vollständig zu zerstören. Den Morgenkreisen käme hier eine wichtige Funktion zu. Durch puren Zufall stolperte ich jedoch eines Morgens nach meinem vierten Kaffee (ich war ja schon um acht geweckt worden!) just gegen halb zehn aus der Jurtenburg des Zugvogels, als genau davor ausgerechnet mein Unterlager „Schwein" Morgenkreis hatte. Da bin ich dann halt hin, was will man machen. Der Morgenkreis war kurz und schmerzlos und es wurde ein sehr berührendes Gedicht von Alf Zschie-

Einhörner waren zahlreich vertreten

Ohne ihre Unterstützung hätte manches gehakt: Wandergesellen

Oleg & the Popovs heizten so richtig ein

Benutzungsanleitung der ÜTrine: So nicht benutzen

Lecker Flammkuchen

Benutzungsanleitung der ÜTrine: So benutzen

Siegergruppe des ÜT-Singewettstreites

sche vorgelesen, welches ich noch nicht kannte. Und mir auch nicht spontan merken konnte. Es fing an mit „Wir sind ein". Das hätte ich nun gern. Wer kann helfen?

Nun muss ich noch einige Worte anbringen zur sanitären Regulierung. Wer das Thema Sch* findet, kann diesen Absatz ja einfach überspringen. Man hatte sich für biologisch wertvolle Toiletten entschieden. Diese riechen nicht nach Chemie, sondern nach Sägespänen. Unten drunter stehen Fässer, diese enthalten ein Sieb, mit welchem die Feststoffe von der Flüssigkeit getrennt werden. Letztere kommt in die Kanalisation, erstere aber in die Kompostierungsanlage (zur Verwendung im Gartenbaubereich) oder in Biogasanlagen. Da diese Toiletten aber, wie Dixies auch, eine Zufahrtsmöglichkeit für Lastwagen zur Anlieferung benötigen, konnte man sie nicht überall auf dem Lagerplatz aufstellen. Das ist bei Pissoirs natürlich anders, da braucht man ja nur ein Rohr und das kann überall hin, wenn das Gefälle stimmt. Also gab es an verschiedenen Stellen des Lagers zusätzlich auch Pissoirs für die Herren und für die Damen ÜTrinen. Ja, richtig gelesen: ÜTrinen. Merkt euch den Namen. Die ÜTrinen wurden per Applaus zur besten Idee des Lagers gekürt und veränderten das Leben vieler Frauen. Baupläne können beim Orgateam angefordert werden. Bis auf wenige Ausreißer haben die Damen es auch verstanden, sie sachgemäß zu benutzen.

Am Sonntag war Besuchstag im Lager und wenn der Bürgermeister von Böttingen bei seiner Begrüßungsansprache ganz begeistert davon war, dass sich „seine" Bevölkerung für die Dauer des Lagers verdoppeln würde und er ja sonst nicht die Gelegenheit hätte, vor so vielen Menschen zu sprechen, so

FRANK BOCK – EIN LEBEN ALS VAGABUND (2005)

Zum Lied / Begleitworte des Liedermachers Frank Bock:
Mein Lied, „Ein Leben als Vagabund", ist eines meiner ersten geschriebenen Lieder aus dem Jahr 2005. Das Lied beschreibt Gedanken zu einem Leben abseits von gesellschaftlichen Normen, dafür selbstbestimmt und in Freiheit. Das Lied ist eine Absage an durch Werbung und Kapitalismus auferlegten Konsum und Statussymbole. Mit vollem Herzen soll das Lied meine Überzeugung zum Ausdruck bringen, dass Liebe und Miteinander die wahren Werte im Leben sind.

Intro: Hm / D / A / Hm

1.

Hm D A Hm
Vor langer Zeit war ich schon einmal hier, jetzt bin ich dabei und trinke ein Bier.
Hm D A Hm
Draußen vor der Tür, da geht der Wind, heute fühl ich mich mal wieder wie ein Kind.
Hm D A Hm
Ich lebe jetzt, was juckt mich Morgen, genieß den Augenblick und hab keine Sorgen.
Hm D A Hm
Ich lebe jeden Morgen in den Tag hinein, mit der Bitte um die Gabe glücklich zu sein.

Ref.

Hm D
Weil ich lebe ein Leben als Vagabund,
A Hm
wie so ein stinkender, streunender Straßenhund.
Hm D
Vor keinem Chef dieser Welt würde ich jemals knien,
A Hm
so werd ich bis zu meinem Ende durch die Straßen ziehn.

2.

Dass ich nicht in eure Gesellschaft passe,
das hab ich schon sehr früh kapiert.
Vielleicht liegt das daran, dass ich Ellbogen hasse
oder weil das Schlechte immer noch die Welt regiert.
Ich hab keine Arbeit und auch keine Frau,
aber eines, das hab ich, das weiß ich genau.
Ich lebe in Freiheit, von der so viele träumen
und niemals die Angst irgendwas zu versäumen.

3.

Ich kann nicht viel ändern, bin halt auch nur ein Wicht,
aber dafür weiß ich noch, was wichtig ist.
Nicht das große Geld oder 'n schicker Wagen,
was die Antwort ist, hör ich euch jetzt fragen.
Die Antwort ist simpel bei so viel Leid, das es gibt.
Vielleicht braucht nur jeder jemanden, der einen liebt.
Ich bin schon viel zu lange hier, die Welt ist groß,
Ciao, macht's gut, alles Liebe – ich muss los ...

Ref.1
+
Ref.2

Weil ich lebe ein Leben, so wie mir es grad passt,
ist mir scheißegal, ob ihr mich dafür hasst.
Eins ist mir klar: Mich werden nie alle lieben,
aber dafür bin ich mir treu geblieben.

dürfte er an diesem Tage, sofern er in Böttingen selbst gewesen sein dürfte, auf gänzlich abwesende Bevölkerung gestoßen sein, denn die waren augenscheinlich alle bei uns im Lager. Zu den Workshops, die weiterliefen, kamen zahlreiche Imbissstände hinzu. Mir kam der Gedanke, dies sei eine witzige Idee, so die Kosten des Lagers von den Bewohnern des Dorfes in Teilen wieder einzufahren. Moment mit echter Gänsehaut: In der Fotoausstellung der Kulturjurte entdeckte ich auf einem Foto meine Oma Friedel (Jahrgang 1903) als junge Laiendarstellerin bei einem Theaterstück ihres Kronacher Bundes. Ein völlig unverhofftes Wiedersehen (sie ist 1989 verstorben). Irgendwann werden auch wir als Teilnehmer des ÜT 2017 in irgendwelchen Ausstellungen rumhängen, wohl keiner wird unseren Namen noch wissen. Aber zumindest werden wir in Farbe sein. Und alle vollständig bekleidet. Zeit, was ist das schon? Zwischendurch fragte mich einer, ob ich ein Handy dabeihätte, dabei wollte er doch eigentlich nur die Uhrzeit wissen. Ja haben denn diese jungen Leute keine Uhren mehr? Gegen 14 Uhr startete dann auch der Singewettstreit. Die Bühne war wegen des unerwartet tollen Wetters spontan aus der Jurtenburg nach draußen und auf eine im Handumdrehen auf einen Anhänger gezimmerte Bühne verlegt worden, damit auch ganz Böttingen zusehen konnte.

Nach einigen Warm-Up-Teilnehmern in und außer Konkurrenz mit ihren jeweiligen Bundesliedern war wohl so ziemlich jedem klar, dass es einige gute Teilnehmergruppen gab, worunter natürlich der Laninger Wandervogel und auch die Waldjugend, aber vor allem der Beitrag der Christlichen Pfadfinderschaft Deutschlands, „Das Vagabundenlied" (vom Liedermacher Frank Bock), herausstachen. Nach gefühlt fünf Stunden Beratung kam dann auch die Jury zu diesem Ergebnis. Ich nehme an, sie konnten sich nicht einigen, wer den zweiten Platz erringen sollte. An diesem Abend gaben „Oleg und die Popovs" ein Konzert in einer nicht gänzlich regendichten Jurtenburg, der Nordpinte. (Hat halt

Das Lagertor

Außendeko des Zentrums „Rausch & Genuss"

Recycling oder Upcycling?

Eingang zur ÜTrine

Morgenkreis

Am Abreisemorgen wurden so manche Pimpfe zum Trocknen in die Zugvogeljurte gestellt

Dann doch noch Matsch: Der Abreisetag

Der beeindruckende Lagerturm

Lagerturm von unten

Glasarbeiten

Die perfekteste und nahezu absolut dichte Jurtenburg stellte (Tusch!): der Zugvogel

Wie nennt man eigentlich Lokalpatriotismus bezogen auf einen Bund? Bundespatriotismus?

Lagerabzeichen gießen (Zinn statt Blei)

Die Ecotoiletten (Sollten wir alle immer so machen)

Bei der Singerunde im Zentrum Rausch & Genuss

Feuerkunst am Abschlussabend

Am Ende des Abschlussabends war die Feuerkünstlerin als einzige immer noch im Einsatz

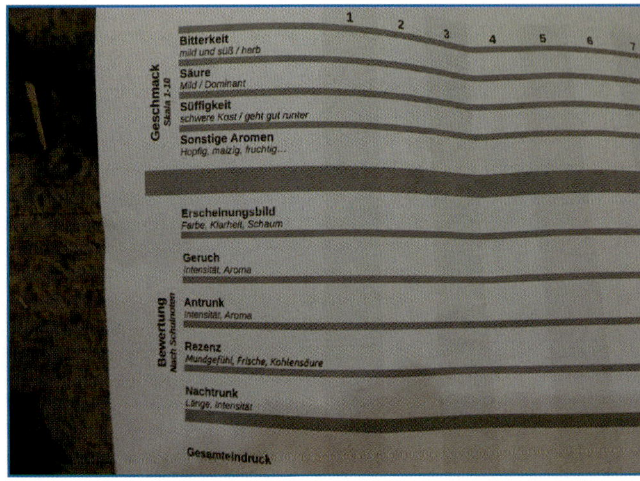

Bewertungsbogen bei der Billigbier-Blindverkostung

nicht jeder so nagelneues Zeltmaterial und ein so ausgetüfteltes Aufbau- und Abspannsystem wie der Zugvogel, der da inzwischen jedem Pfadfinderbund eine Nasenlänge voraus zu sein scheint). Aber beim Umherschwingen, denn bei dieser Band steht man nicht, störte die Abkühlung von oben kaum.

Wenn ich nun einen zeitlichen Sprung mache und direkt zum Abschlussabend übergehe, so liegt dies daran, dass ich den Montag vor allem mit Nähen und Gesprächen verbrachte, das war auch mal ganz schön. Der Abschlussabend war zwar nicht übermäßig gut beleuchtet, aber man hatte die anderen ja schon oft genug bei Tageslicht gesehen und zumindest die Feuerkünstlerin schob so manche Überstunde und war immer noch zugange, als alle übrigen Kreise sich schon längst wieder aufgelöst hatten, die – zusammengefasst – ein Best-Of des Lagers und seiner Workshops anboten, aber auch so manches andere.

Es gehört ja für manche zum guten Ton, immer nur die positiven Seiten einer Veranstaltung hervorzuheben. Mit solchen Gepflogenheiten hab ich mich noch nie abgegeben. Deshalb hier mein Urteil: Das war das tollste, beeindruckendste Lager, an dem ich jemals in meiner 36jährigen Pfadfinderzeit teilgenommen habe. Ich küsse den Veranstaltern und allen, die mit zum Gelingen beigetragen haben, offiziell und symbolisch die Füße. DANKE! Ich hab gehört, ihr macht das in zwei Jahren noch mal (kleiner Scherz am Rande). – Also gut, dann eben in vierzig Jahren. So Gott will, werde ich dann meinen Rollator beflaggen und erneut auflaufen. Mit Anhänger unter anderem für alle, die dann ihr drittes ÜT erleben.

QR-Code zum Video vom ÜT

Kein Grund für skeptische Blicke

Erstaunliche Begegnung: Auf einem Foto in der Ausstellung des Zentrums Kultur entdeckte die Artikelverfasserin ihre Großmutter

Lagertaxi

Der kleine Ofen für unterwegs

Unter sachkundiger Anleitung: Aus rund mach eckig

Pizzafabrikation

Pfadfinden out of the box

Statt „jeden Tag eine gute Tat" gibt es alle zwei Jahre einen Zeitraum, in dem Pfadfinder*innen und Jugendbewegte aus ganz Deutschland gleich mehrere gute Taten innerhalb weniger Stunden vollbringen. Diese Zeit nennt man: Deutscher Evangelischer Kirchentag

Der Sommer war überschwemmt vom Reformationsjubiläum, Lutherischen Glaubensbekenntnissen und Veranstaltungen rund um das 500-jährige Jubiläum zum Thesenanschlag von Wittenberg. Das war eine ganze Menge Stoff für den Durchschnittsgläubigen, aber doch auch ganz nett, so ein Thema aus den unterschiedlichsten Perspektiven mal näher zu betrachten. Und wie gelegen kommt es da, dass der Zwei-Jahres-Rhythmus im Jahr 2017 auch wieder einen Evangelischen Kirchentag aus dem Hut gezaubert hat. In Berlin und den Kirchentagen auf dem Weg in Mitteldeutschland setzten sich, und so schreibt es die Tradition vor, auch diesmal wieder über 5 000 Helferinnen und Helfer zu einem guten Gelingen der christlichen Großveranstaltung ein. Würde man hier die Zahl der Pfadfinderinnen, Jungenschafter und Wandervögel abziehen, blieben zwar noch einige helfende Hände übrig, aber das würde bei Weitem nicht reichen, den Kirchentag zu „wuppen".

Seit dem Jahr 1981 setzen sich Helfende Hände in Form von Pfadfinder*innen, Jugendbewegten, christlichen Jugendgruppen und Einzelhelfenden unterschiedlichster Art und Weise ein, um auf rein ehrenamtlicher Basis für ein paar Tage in einer deutschen Großstadt ein Mega-Event aufzubauen, durchzuführen und zu guter Letzt wieder abzubauen. Da wird das Pfadfinden

Platz
Überfüllt

Bitte warten
Verkehr kreuzt
Eröffnungsgottesdienst
kirchentag.de
Gepäckaufbewahrung
kirchentag.de

Fragen sie uns
Wir beißen nicht!

BauTec
FAHNEN
SEG

von Wald und Wiese in eine Großstadt geholt und Tradition in einer ganz anderen Perspektive gesehen und gelebt. Statt raus aus dem Alltag und raus aus dem Leben in der Stadt, geht es mitten rein in den Trubel und die Geschwindigkeit, die ein solcher Kirchentag mit sich bringt. Stress, wenig Schlaf, stickige Klassenzimmer als Unterkunft – das hält keinen auf! Wer sich einmal mit dem Virus „Helfen beim Kirchentag" angesteckt hat, wird so schnell nicht geheilt werden.

Aber was heißt es denn, auf so einem Kirchentag zu helfen? Das ist eine Frage, die nicht mit einer einfachen Aufzählung, geschweige denn mit einem kompakt gehaltenen Text zusammengefasst werden könnte. Helfen auf dem Kirchentag passiert auf den unterschiedlichsten Ebenen und in den unterschiedlichsten Aufgaben. Aber wir versuchen trotzdem mal, die gängigsten Stichwörter zum Helferdienst aufzuzählen: Einlasskontrolle, Schilda, Müllmafia, Helfertresen, Haka-Quartiermeister, Helferdepesche, Essensausgabe ... ok, wir geben auf. Da könnten wir jetzt wirklich noch seitenweise aufzählen, was Helfende und Pfadfinder*innen, Jungenschafter und Wandervögel auf so einem Kirchentag alles leisten.

Wenn ihr den letzten Absatz gelesen habt und euch bei manchen Begriffen nicht sofort die dazu passende Erklärung bzw. Übersetzung eingefallen ist, dann seid ihr definitiv noch nicht mit dem Virus Kirchentag infiziert. Nutzt also die Chance und seid im Jahr 2019 in Dortmund auch Teil der größten, innerdeutschen Zusammenkunft unterschiedlicher Pfadfinder- und Jugendgruppierungen. Und glaubt uns, wenn wir es euch hier schwarz auf weiß schreiben: Euer erster Kirchentag wird nicht der letzte sein!

Herzlichst Gut Pfad
Lukas Zintel & Patrick Franz (VCP)

Hinter diesen Abkürzungen und Eigenwortkreationen stehen viele – und komplexe – Aufgaben. Ich bin immer sehr beeindruckt von dieser Atmosphäre, die die Pfadfinder und Jugendbewegten in den Kirchentagsstädten schaffen. Sie prägen die Stadt auch optisch – Jugendbewegte in Kluft, die plötzlich der kompletten Stadt einen ganz besonderen Stempel aufdrücken – wodurch auch das Interesse an ihren sonstigen Tätigkeiten steigt. Die an der Verkehrsregelung beteiligt sind, die bei allen Großkonzerten mitmischen, mit Lastenrädern die Logistik dieser größten regelmäßigen Veranstaltung in Deutschland ermöglichen – oder die plötzlich in der Orgaleitung mit den Polizei- und Stadtoberen an einem Tisch sitzen und über Bildschirme und Funk die Veranstaltung insgesamt im Blick haben und mitbestimmen. Nicht zuletzt: Sie verändern die Atmosphäre der Kirchentagsstädte maßgeblich. Durch ihr Auftreten, ihren Einsatz, ihre Flexibilität, Fröhlichkeit und Freude an der gemeinsamen Aufgabe. Oft sind diese Kirchentagseinsätze zudem der erste Aufenthalt für die jungen Helfer „allein in einer Großstadt". Umso beeindruckender das Ergebnis und Erlebnis.

Stephan von Kolson, Abteilungsleiter Presse

Die Bundeshalle entsteht

CPD-GROSSPROJEKT AM BUNDESHOF IN BIRKENFELDE

Nachdem bereits mehrere Jahre geplant wurde, baut die Christliche Pfadfinderschaft Deutschlands seit diesem Jahr an der Bundeshalle auf ihrem Bundeshof im thüringischen Birkenfelde. Der denkmalgeschützte Vierseithof ist seit 1998 das Bundeszentrum der CPD und wächst seitdem stetig in Eigenleistung zu einem vollwertigen bündischen Veranstaltungszentrum und einem Heim für junge und alte Pfadfinderinnen und Pfadfinder. Mit dem Projekt Bundeshalle hat man sich nun dem letzten bisher noch nicht sanierten Gebäudeteil, der großen Scheune, angenommen. Diese soll zukünftig, nach einer denkmalgerechten Sanierung, im Erdgeschoss vor allem als überdachte Erweiterung des gemütlichen Innenhofes dienen. Hier können zukünftig auch bei Wind und Wetter Singerunden überdacht, aber im Freien am geplanten offenen Kamin stattfinden.

Im Obergeschoss soll durch Ausbau und Aufstockung des Dachstuhls ein großer Saal zur vielfältigen Nutzung entstehen. So erhält der Bundeshof endlich einen Raum für große Gruppen in dem Versammlungen und Schulungen stattfinden können, der aber auch als zusätzlicher Schlaf- und Aufenthaltsraum nutzbar ist. Mit dem Bauprojekt vollenden die CPerinnen und CPer auch die Renovierungsarbeiten am ursprünglichen Bestand des Gebäudeensemb-

BUNDESHOF DER CHRISTLICHEN PFADFINDERSCHAFT DEUTSCHLANDS (CPD) IN BIRKENFELDE

Die Christliche Pfadfinderschaft Deutschlands e.V. (CPD) ist ein evangelischer Jugend- und Lebensbund mit ca. 3.700 Mitgliedern jeden Alters in ganz Deutschland. Seit 1998 besitzt die CPD einen denkmalgeschützten Fachwerkhof aus dem 18. Jahrhundert im thüringischen Eichsfeld. Nachdem die alte Bundesmühle in Goarshausen verkauft werden musste, wurde das Gebäudeensemble, zu dem auch noch Zeltwiesen gehören, mit dem Ziel erworben dem Bund anderen Jugendbewegten einen Ort für gemeinsames Lernen und Werken, für Andacht und Austausch zu schaffen. Seit dem wird in mühevoller Eigenleistung daran gearbeitet, dass dieses Ziel erreicht wird. Der Bundeshof und auch die Bundeshalle werden nach den Grundsätzen des einfachen Lebens ausgebaut. Es werden ökologische Baustoffe verwendet und alte Handwerkstechniken angewandt. Hauptbaustoffe bisher sind Holz, Lehm und Sandstein, nur wo brandschutztechnisch und statisch erforderlich Mauerwerk und Stahlbeton.

Und obwohl noch nicht alle Renovierungsarbeiten abgeschlossen sind (und an so einem Gebäude immer etwas zu Arbeiten sein wird) lockt der Bundeshof seit nun bald 20 Jahren junge und alte Pfadfinderinnen und Pfadfinder der CPD in das kleine Dorf Birkenfelde. Neben Schulungen, Sitzungen der Bundesführerschaft und Things gehören zum jährlichen Programm unter anderem das Bundesgildenwochenende, die Hofakademie und das Bundesfeuer. Im Jahr 2016 kamen zum Bundesfeuer über 400 Teilnehmerinnen und Teilnehmer: Ein Besucherrekord. Zur Hofakademie kommen jedes Jahr Pfadfinderinnen und Pfadfinder, aber auch andere Interessierte von jung bis alt

Mit dem Eichsfeld liegt der Bundeshof Birkenfelde in einem wunderbaren Fahrten- und Ausflugsgebiet in der Mitte Deutschlands. Eine Tageswanderung entfernt liegt auch die Jugendburg Ludwigstein. Durch den Bau der Bundeshalle sollen die Renovierungsmaßnahmen so weit fertiggestellt ein, dass auch eine Nutzung durch Gruppen aus anderen Pfadfinder- und Jugendbünden möglich ist. Bisher verfügt der Bundeshof bereits nun über mehrere Gruppenräume, einen Schlafboden, eine Kapelle, eine Werkstatt, eine Wohn- und eine Großküche sowie ausreichend Sanitäranlagen.

Alle Informationen zum Bundeshof gibt es unter www.bundeshof.de.

BUNDESHALLE
Birkenfelde

EINE BAUWOCHE ZU OSTERN:

Am Osterwochenende trafen sich die ersten Teilnehmer der Bauwoche, um mit den Vorarbeiten für die neuen Fundamente zu beginnen. Geplant war neben dem Aushub mehrerer Fundamente auch der Abriss einer Sandsteinmauer und die Stabilisierung der Fachwerke, die stehen bleiben und in die neue Halle integriert werden sollen. Zwei Wochen zuvor hatte eine große Gruppe das alte, einsturzgefährdete Gebäude zurückgebaut, bis nur noch wenige Abschnitte übrig geblieben waren. Der Eindruck der sich bot, als wir den Hof betraten, war völlig neu: hell, offen, aber auch ungeschützt. Es war aber auch endlich sichtbar: „Wir machen das wirklich. Wir bauen die Bundeshalle."

Mit dem Abriss der Mauer haben wir angefangen, da diese Arbeit ruhiger war und auch während der Feiertage durchgeführt werden konnte. Da direkt neben der Mauer ein neues Fundament ausgehoben werden sollte, musste diese weichen, denn der Grund war feucht und wir fürchteten ein Absacken der Wand. Sie wird im weiteren Verlauf der Bauarbeiten durch eine neue Betonmauer ersetzt. Erstaunlich schnell ging der Abriss voran – wie so vieles auf unseren Baustelle fast ausschließlich in Handarbeit.

Nachdem die Sandsteine abtransportiert waren (ca. 70 Tonnen Sandstein wurden zur späteren Verwendung eingelagert), fing die Arbeit an den Fundamenten an. Sie gestaltete sich so mühsam wie erwartet, besteht der Boden doch zum Großteil aus Gestein. Trotzdem haben wir in einer Woche in wechselnder Besetzung einiges geschafft.

les, sodass nach Abschluss der Arbeiten auch eine Vermietung zur Nutzung durch bündische Gruppen angestrebt wird.

Nachdem im letzten Jahr viel Zeit in Bauplanung und Abstimmung mit Behörden gesteckt wurde, konnte es im Frühjahr 2017 endlich losegehen. Zunächst musste viel Arbeit in den Rückbau gesteckt werden. Nachdem das Dach abgedeckt war wurde das baufällige alte Fachwerk bis auf die Außenfassade komplett abgebaut. Für die Fundamente wurden insgesamt 20 Kubikmeter Erdreich und Geröll ausgehoben, wegen des steinigen Untergrunds überwiegend per Hand. Anfang Oktober konnten dann endlich die Fundamente gegossen werden, auch eine erste Betonmauer steht bereits. Insgesamt investierten junge und ältere Pfadfinderinnen und Pfadfinder 5.000 Arbeitsstunden in die Baustelle. Im nächsten Jahr soll dann durch Fachfirmen das neue Trägerwerk und das Dach errichtet werden, bevor die CPD wieder selbst Hand anlegen wird.

Die Finanzierung des Projekts ist aus Eigenmitteln der CPD, Unterstützung von Stiftungen und öffentlicher Hand sowie Spenden geplant. Bisher haben Freundinnen und Freunde des Hofes sowie Gruppen der CPD schon über 50.000 € gespendet. Um keine Kredite aufnehmen zu müssen, werden allerdings weiterhin Spenden benötigt. Auf www.bundeshalle.de gibt es alle Informationen und Spendenmöglichkeiten.

HOF
AKADEM

Themen, Theater und Entspannung

HOFAKADEMIE 2017 DER CPD

Eine Hofakademie mit Ausblick direkt aus dem Innenhof auf den Birkenfelder Kirchturm hat es noch nie gegeben: Dem Abriss des Bundeshof-Ostflügels ist zu verdanken, dass die 126 Teilnehmer Frühstück in der Morgensonne genießen konnten – nicht dem einzigen, aber dem ersten Höhepunkt der diesjährigen Hofakademie.

Unter den Teilnehmern am Fronleichnamswochenende 14. – 18. Juni 2017 waren 94 Erwachsene und 32 Kinder. Ganz bewusst soll die Hofakademie wieder etwas kleiner werden, damit die guten Gespräche und die spannenden Seminare mehr in Erinnerung bleiben als die Enge im Innenhof, in den Sanitäranlagen oder auf der Zeltwiese. So überraschte es wenig, dass die Akademie 2017 von großer Ruhe und Entspanntheit geprägt war.

Sicher trug dazu auch der Tagesablauf bei, da wir die Pausenzeiten verlängerten, damit man nicht mehr von einem Programmpunkt in den nächsten hetzen muss. Trotzdem zeigt die „Abstimmung mit dem Füßen": Am meisten lieben die Teilnehmer es, neue Leute kennenzulernen. Der am stärksten besuchte „Programmpunkt" ist stets der persönliche Austausch im Innenhof. So passte es nur zu gut, dass die Hofakademie anstelle einer Spende zur Bundeshalle kräftig in Sitzgelegenheiten investiert hat, die nun allen Bundeshof-Nutzern zur Verfügung stehen.

Am Donnerstag startete die Akademie mit einem kleinen, aber sehr ertragreichen Seminar, in dem Georg Kobiela, Elena Ball und orka leckeren veganen Brotaufstrich herstellten. Wiebke Lückert fragte nach pfadfinderi-

Fotos, soweit nicht anders angegeben, von arnd rüttger

Stefan Peters

schen Spuren im Lebenslauf und erreichte viele Teilnehmer damit tief in ihren Wünschen und Überzeugungen. Freitag stand ganz im Zeichen der vegetarischen Ernährung: Die Küche servierte Fleischfreies, im Hof konnten Leser sich an provokanten Thesen zum Vegetarismus reiben (und diese kommentieren). Bernd Pfau ließ den Bundeshof im Rhythmus des Groove versinken und irmel öffnete ihren Teilnehmern den Blick für die Welt der (Bundeshof-) Türen. Johannes Küchle diskutierte Bausteine für nachhaltiges Leben und Vero und Johanna Braig sowie flocke tauchten mit ihren Teilnehmern in die biologische Saatgutgewinnung ein. Am Samstag inszenierte Horst Schwirz eine packende Darstellung von Dürrenmatts Endzeit-Theaterstück „Der Tunnel". Die externen Referenten Till Wagner und Gregor Ernst zeigten, wie treuhänderisches Unternehmertum funktionieren kann und Bernhard Böhringer ordnete die gerade gestartete documenta 14 in den Kontext der Zeit- und Kunstgeschichte ein. Insgesamt 35 Seminare warben an den fünf Akademietagen um Teilnehmer.

Die Kinderakademie lief fast unbemerkt nebenher. Im achten Jahr mit Kindern sind die Kleinen ein reibungslos mitlaufendes Rädchen geworden. Treckerpicknick, Feuerwehrbesuch und Waldausflug mit pfäuen – für viele Kinder ist die Hofakademie genauso der Höhepunkt im Pfadfinderjahr wie für die volljährigen Teilnehmer.

Ich muss mich immer wieder zwicken, um zum bemerken, dass diese schönen Frühsommertage mit Teilnehmern zwischen 0 und 80 Jahren kein Traum sind, sondern Wirklichkeit. Jede Altersgruppe kann hier eine aufregende Zeit erleben. Rund zwei Drittel der Teilnehmer tragen zugleich als Helfer dazu bei, dass die Veranstaltung rund läuft. Das kann man schwer beschreiben, das muss man miterleben: Die nächste Hofakademie findet über Himmelfahrt 2018 statt.

Stefan Peters

Stefan Peters

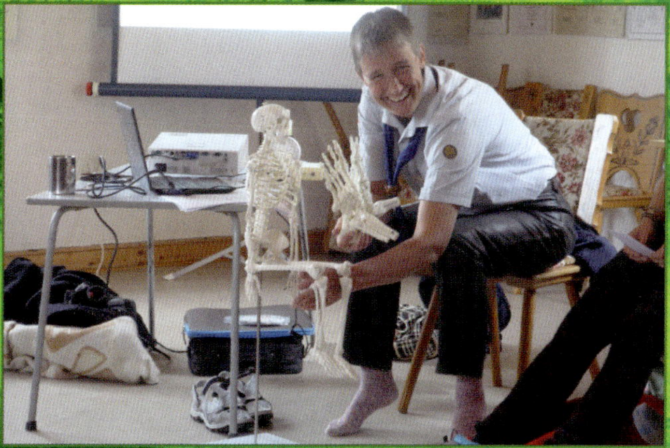

HOF

Jomsburg – Freier Pfadfinderbund e.V.

JAHRESBERICHT 2017

Februar: Bundesheimabend

Endlich war es wieder so weit, der ganze Bund kam zum monatlichen Treffen auf die Jomsburg, diesmal mit Postenlauf, bei dem auf die unterschiedlichsten Arten die Gruppen auf ihre Teamfähigkeit, Kreativität und vieles mehr getestet wurden. Zum Beispiel beim Waldparcours, dem Singewettstreit am Strand oder bei den Teamspielen. Ein Großvater einer Pfadfinderin unseres Bundes brachte uns bei, wie man selber Seile drehte. Andrej (Stamm Goten)

März: Bundesrundenfahrt

Wie jedes Frühjahr gingen alle Führungsämter des Bundes auf Bundesrundenfahrt, diesmal ins Heim der Waldjugend in Hütten. Dort besprachen wir die Planung für weitere Bundesaktivitäten und wanderten zur Globetrotterlodge, auf dem Turm spielte Nele noch ein Lied. Lasse (Stamm Styrbjørn)

April: Arbeitseinsatz auf der Mytilus ...

Wir halfen, das Segelschiff Mytilus für die Segelsaison startklar zu machen. Dazu räumten wir Werkzeug und Krempel heraus und verlegten den Boden, der neu gemacht worden war, wieder passend ins Schiff. Die Kojen wurden mit Matratzen ausgestattet, die Küche eingeräumt, und am Ende des Tages konnten wir zufrieden nach einer kleinen Singerunde auf dem Schiff schlafen. Am nächsten Tag strichen wir die Innenräume der Schapps mit einem Mittel gegen Pilze und schleiften die Scheuerleisten ab. Fiona (Stamm Goten)

... und der Jomsburg

In der Woche vor Ostern wurde auf unserer Jomsburg fleißig gewerkelt: Türen gestrichen, Holz zersägt und einsortiert, Küchenschränke aufgehängt, das Gerümpel aus dem Remter zu einem Haufen zusammengetragen und dem Badezimmer der Mädels der letzte Schliff verliehen. Samstag konnten Besucher in unserer Jurte Stockbrot und Marshmallows grillen, sie war gut besucht und auch unser Osterfeuer brannte gut. Am Ende saßen wir noch lange zusammen am Feuer. Aisha (Stamm Goten)

Mai: Tag der offenen Burg

Der monatliche Bundesheimabend fand im Mai ein wenig anders statt als gewohnt – nämlich in Verbindung mit unserer Werbeaktion „Tag der offenen Burg" und mit Übernachtung für alle Jomsburger im Anschluss. Weil das Wetter schön war, konnten wir das erste Mal in diesem Jahr draußen schlafen und die neuen Meuten-Kohten, eine Spende eines Ordensmitglieds, wurden eingeweiht. Es war ein bunter Tag mit Basteln, Feuermachen, Rallye, Spielen, Schlemmen und Kohtenkonstruktionen. Im Morgenkreis wurde

unser Geburtstags-Meutling Jelle von den starken Pfadfinderjungs hoch in den blauen Himmel gehoben ☺ Ulli (Stamm Vaganten)

Juni: Pfingstlager der Nordbünde

Freitag wanderten wir in Surendorf los, an der Steilküste entlang. Unsere Gäste waren schon da. Als wir ankamen, war ich sehr erstaunt, denn es stand eine Jurtenburg. Am nächsten Tag sind wir in die Ostsee gegangen, um uns zu waschen. Sonntag war der Singewettstreit, wir wurden 3. Niels (Stamm Vaganten)

Samstag war Flaggenparade und es wurden AGs vorgestellt wie Bogenschießen, Katapult bauen, und ich habe mich fürs Filzen entschieden. Am nächsten Morgen haben wir ein Geländespiel gespielt. Runa (Stamm Vaganten)

Auf dem diesjährigen Pfingstlager wurden die älteren Mädchen der Styrbjørn-Meute zur Pfadfindersippe ernannt. Als wir beim Stammesthing unsere Halstücher verliehen bekommen haben, waren wir so aufgeregt, dass wir das Pfadfinderversprechen kaum verständlich aufsagen konnten. Als wir beim Bundesthing endlich aufgerufen wurden, liefen wir mit zitternden Knien nach vorne. Wir wurden zur Sippe „TORTUGA" ernannt. Als wir die Geschichte der Sippe hörten, waren wir überzeugt davon, dass sie gut zu uns passen würde, da wir alle ziemliche Piratenfans sind. Chaya (Stamm Styrbjørn)

Juni: Knappenkurs

Um die Stammes- und Truppführer zu entlasten, beschlossen Kirche und ich vom Orden, die Knappenausbildung von 23 Jungpfadfindern zu übernehmen. So ein Feuer im Regen anzumachen ist gar nicht so einfach! Die Karte-/Kompass-Ausbildung überließ ich Kirche – ich als Ur-Albatros bin da etwas vorbelastet, getreu unserem Sippenmotto: „Andere lesen Karten, wir lesen Busfahrpläne!" Abends am Lagerfeuer sprachen wir über die Geschichte der

Pfadfinderei, hörten das eine oder andere ganz alte Fahrtenlied aus unserer Zeit, belebten sogar eins wieder. Wir arbeiteten an Pfadfinderbüchern, erzählten uns die Geschichten unserer Stämme und das Wieso-Weshalb-Warum unserer Sippensymbole.

In Pflanzenkunde konnte Pascal glänzen; er zeigte und erklärte viele essbare und giftige Pflanzen, Blätter und Früchte, die Knappen schrieben und zeichneten eifrig mit; am Ende hatten alle die Probe erfolgreich abgelegt. Sportlich wurde es beim Kohtenaufbau auf Zeit. Als besonderes Extra hatten wir Starkregen bestellt! Aber Bünde und Knoten saßen bei fast allen perfekt. ratz (Orden der Vaganten)

Die Spendengelder, die die Knappenanwärter auf dem Infotag im Kieler CITTI-Park gesammelt hatten, ermöglichten ihnen ein kostenloses Teamtraining im Kletterwald und einen DLRG-Rettungsschwimmkurs.

Juli und August: Großfahrt nach Tschechien

Dieses Jahr führte uns die Großfahrt nach Tschechien. Wir suchten in einem kleinen Dorf bei strömendem Regen einen Schlafplatz, als ein Mann, ehemaliger Pfadfinder, uns einen Platz im Trockenen anbot. Am nächsten Abend fiel uns auf, dass wir Aishas Deckelheber vergessen hatten. Ein paar Tage später waren wir in Pilsen in der Nähe des Bahnhofs unterwegs. Auf einmal sahen wir unseren Gastgeber vorne im Lokführerhäuschen stehen und er überreichte uns den Deckelheber. Dieses Ereignis hat mir gezeigt, wie viel Freundlichkeit in manchen Menschen steckt. Fiona (Stamm Goten)

September: Das ÜT – ein besonderes Event mit großer Planung

Nach einer laaangen Zugfahrt und einer kurzen Wanderung kamen wir auf dem Allenspacher Hof an. Dann wollten wir aufbauen… doch in der Kiste mit dem geliehenen Jurtenmaterial lagen Bauteile für alles Mögliche, nicht aber für eine Jurte. Wie gut, dass einige von uns „aus Versehen" eine Kohtenbahn mitgebracht hatten! Hannes nahm es in die Hand und wir bauten ein Kamel. Das war zwar ziemlich eng, aber erfüllte den Zweck. Im weiteren Verlauf der Woche bekamen wir noch einige Kohtenbahnen geliehen, so dass wir drei Kohten aufbauen konnten. In den kommenden Tagen konnten wir erkunden, wie riesig das ÜT tatsächlich war. Es gab etliche coole Workshops: Schmiedekunst, Glasperlen drehen, Brot backen, T-Shirts und Taschen gestalten, Bücher binden … Wenn es dann Abend wurde, gab es in mehreren Jurtenburgen Singerunden. Ein besonderer Höhepunkt war am Donnerstagabend der Auftritt der Band „Oleg and the Popovs". Ronja (Stamm Styrbjørn)

Oktober: Segeltörn auf der Mytilus

Am ersten Tag schafften wir es noch von Flensburg zu den Ochseninseln, wo wir ankerten. Sonntag brauchten wir durch das viele Kreuzen so lange, dass wir erst um ca. 0:30 Uhr am Sønderburger Hafen anlegten. Nach einem leckeren Eis kamen wir Montag zunächst ganz gut los, doch dann hatten wir Flaute, weshalb wir auch diesen Tag den kleinen Hafen von Mommark erst gegen Abend anliefen. Dienstag segelten wir mit gutem Wind Richtung Korshavn, dort war sogar noch Zeit für eine kleine Inselbesichtigung. Gianluca (Stamm Styrbjørn)

Mittwoch war ein vom Wellengang ruhiger, aber vom Navigieren her sehr anspruchsvoller Tag. An diesem Tag haben wir um die dreißig Tonnen passiert. Nur durch eine gute Teamarbeit ist es uns gelungen, nach Marstal zu gelangen. Donnerstag: Vier Stunden über die Ostsee bei einer Windstärke von 4-5. Ein Meter fünfzig hohe Wellen und eine Geschwindigkeit von 7 Knoten – das beansprucht die Mägen ganz schön! Freitag passierten wir die Schleuse und kamen gegen 16:00 Uhr in Rendsburg an. Wir waren schon ein bisschen traurig, dass unsere Reise mit der Mytilus ein Ende nehmen sollte. Es war ein abenteuerlicher, schöner und empfehlenswerter Segeltörn, der sehr an eine Großfahrt erinnerte. Zum Glück haben die Jomsburger diese Chance wahrgenommen und werden es im nächsten Jahr wiederholen können! Hannes (Stamm Goten)

DLRG
Rendsburg e.V.

Zu den Ufern des Loch Lomond 2017

Auch diesen Sommer ging es für den Stamm Baunach wieder auf Großfahrt. Unser Weg führte uns seit Längcrem mal wieder in den Norden, genauer gesagt nach England und Schottland, wo wir zwei aufregende Wochen verbrachten. Wir erkundeten auf unserer Rundreise auf der Insel historische Orte, lernten interessante Menschen kennen und erklommen so manchen Gipfel, auch wenn das uns fast an unsere Grenzen brachte.

Die Anfahrt gestaltete sich sehr angenehm und ohne Probleme und so fanden wir uns am Sonntagabend nach einer Tagesreise im Kleinbus und einer anschließenden etwa eineinhalbstündigen Fährfahrt von Calais nach Dover nicht nur auf der anderen Seite des Ärmelkanals, sondern auch auf der

anderen Seite der Straße wieder, woran sich nicht nur die Fahrer erst einmal gewöhnen mussten.

In den folgenden zwei Tagen ging es über den Sherwood Forest, der legendären Heimat Robin Hoods, weiter zum Hadrianwall, der die Römer einst vor den angriffslustigen Schotten beschützte. Dort bot uns eine ältere Dame, die alleine auf einem großen Grundstück lebte, eine saftig grüne Wiese für unsere erste Nacht. Bei ihr kamen wir das erste Mal so richtig in Kontakt mit der ländlichen Bevölkerung (noch) Englands (obwohl wir ihr rückblickend eher einen lebendigen, schottischen Charakter zuschreiben würden) und lernten bei dieser Gelegenheit gleich ein paar neue, einheimische Vokabeln – es war wirklich jolly good! Das Wetter war bis hier hin zwar deutlich feuchter als in unseren bisherigen Fahrtenländern, jedoch noch nicht so nass, wie wir uns es ausgemalt hatten. Unser nächstes Ziel, bereits in Südschottland, war New Lanark, eine stillgelegte Textilfabrik aus der Zeit der Industrialisierung, die wir einen ganzen Nachmittag lang besichtigten.

Nachdem wir nun drei Tage lang sehr viel Strecke im Auto zurückgelegt hatten, erreichten wir am Mittwoch Loch Lomond, das den nördlichsten Punkt unserer Reise darstellte.

Von dort aus sah die Planung vor, zunächst den Ben Lomond, einen etwa 1000 m hohen Berg direkt am See, mit Tagesgepäck zu besteigen und danach noch zwei weitere Tage mit vollem Gepäck auf dem West Highland Way zu verbringen. Letzteres blieb uns jedoch leider verwehrt.

Als wir den Ben Lomond bestiegen, spielte das Wetter zunächst gut mit. Es regnete zwar hier und da mal leicht, aber dafür waren wir ausgerüstet. Kurz vor dem Erreichen des Gipfels fing es allerdings viel heftiger an zu regnen, während der starke Wind in der Höhe das Ganze noch weiter verstärkte.

Das Wasser peitschte uns regelrecht ins Gesicht und der Sturm machte das weitere Laufen zu einem Balanceakt. Aufgeben war für uns aber natürlich keine Option, deshalb stiegen wir trotz der schlechten Bedingungen immer weiter auf. Das Ziel war schließlich schon in greifbarer Nähe. Mit Mühe erreichten wir nach einem letzten, sehr steilen Stück den Gipfel und konnten uns sogar noch überwinden dort ein Foto zu machen, ehe wir so schnell wie möglich wieder herunterstiegen. Alle waren bereits so durchnässt, als wären wir einfach in voller Montur baden gegangen und auch die Regenjacken halfen in dieser Situation nichts mehr, da der Wind die Tropfen in auch jede noch so kleine Lücke trieb. Die nächsten zwei Stunden brachten uns an unsere Grenzen und umso geschockter waren wir, als wir beim Abstieg mehreren

Schotten in T-Shirt und kurzer Hose entgegenkamen, die das Wetter kein bisschen zu stören schien. Als wir dann endlich unten angekommen waren, mussten wir so schnell wie möglich eine Gelegenheit finden unsere Kleidung zu trocknen und uns umzuziehen. Die örtliche Jugendherberge war zu unserem Pech schon ausgebucht, deshalb waren wir gezwungen, noch weiter mit dem Bus nach einer Unterkunft zu suchen. Wir bedeckten die Sitzflächen mit Plastikplanen, drehten die Heizung voll auf und fuhren los. Es dauerte sicher noch einmal drei Stunden, bis wir einen Platz für die Nacht gefunden hatten, aber umso größer war die Freude, nach einer Dusche in trockenen Klamotten beim Abendessen zu sitzen.

Die Tage, die eigentlich auf dem West Highland Way verbracht werden sollten, füllten wir spontan mit einem Besuch in einer Whisky-Destillerie und der Besichtigung eines Schiffaufzugs. Da unsere Schuhe sehr lange für das Trocknen im Fußraum des Beifahrersitzes brauchten, musste das Wandern leider ausfallen. Unser letztes Ziel in Schottland war die Stadt Edinburgh,

wo wir als Erstes den Arthur's Seat erklommen und den Rest der Stadt anschließend zu Fuß besichtigten. Am nächsten Morgen hatten außerdem alle noch einmal die Möglichkeit, die Stadt in Kleingruppen auf eigene Faust zu erkunden, bevor wir unsere Reise fortsetzten. Bis zum jetzigen Zeitpunkt, das heißt in der ersten Woche, waren wir nur zu siebt unterwegs gewesen. Dann stieß jedoch Flo noch zu uns, der wegen Problemen mit der Urlaubsplanung nachgeflogen war, und so trafen wir uns in York am Bahnhof, um ihn in unseren von der Trocknung der Wanderschuhe aromatisierten Bus aufzunehmen. Den nächsten Tag verbrachten wir dann in York, wo wir am Morgen den Gottesdienst besuchten und so nicht nur einen anglikanischen Gottesdienst miterleben konnten, sondern auch noch den Eintritt für das York Minster spar-

ten. Das war eine sehr interessante Erfahrung! Am gleichen Tag ging es im Anschluss auch noch weiter in das Black Country Museum. Dort durften wir von Zeitzeugen bzw. deren Kindern spannende Geschichten über den Alltag im England der Industrialisierung hören, die diese in original eingerichteten Häusern aus der Zeit erzählten.

Als Pfadfinder wollten wir natürlich nicht einfach ausgetretenen Pfaden in die großen Touristen-Hochburgen folgen und daher besuchten wir anstatt des berühmten Stonehenge eine andere neolithische Steinformation, in diesem Fall in Avebury. Die Steinkreise in Avebury wirkten mindestens genauso sonderbar und mysteriös wie die bekanntere Steinformation und wir konnten uns dort nicht nur ganz und gar frei auf dem Gelände bewegen, sondern sogar bis an alle Steine herantreten! Die zweite Hälfte des Tages verbrachten wir dann in Bath, der Heimat von Jane Austen. Der westlichste Punkt unserer Reise war das Eden Project, welches wir am folgenden Tag besuchten, einen botanischen Garten, in dem tausende Arten von Pflanzen beheimatet waren. Mehr als ein Blick von außen war für uns aber nicht möglich – der Eintritt sprengte leider unseren engen Preisrahmen zu sehr. Interessant war aber auch schon die futuristische Gebäudekonstruktion, die mit Hilfe aus Würzburg entstand. Am Nachmittag befanden wir uns dann auf den Spuren der ersten Pilger nach Amerika, als wir Plymouth inklusive historischem Hafen besichtigten, von welchem die Mayflower einst ablegte.

Um die Ursprünge der Pfadfinderbewegung im Land ihrer Entstehung zu erkunden, setzten wir am nächsten Tag mit einem kleinen gelben Boot auf Brownsea Island über, wo das erste Pfadfinderlager der Welt stattgefunden hatte. Hier erkundeten wir die für den Rest Englands sehr untypische Landschaft mit exotisch wirkenden Vögeln und Pflanzen und trafen natürlich auf viele Pfadfinder aus aller Welt. Die Gelegenheit direkt an der Küste zu sein, nutzte die Hälfte von uns später auch gleich einmal, um im Ärmelkanal zu baden. Sagen wir, es war erfrischend.

Am vorletzten Tag ging es dann nach London. Nach einer sehr langen Anreise durch die Vororte besorgten wir uns zuerst Tickets für die Tube, um uns schnell durch die Stadt bewegen zu können. Die ersten zwei Drittel des Tages verbrachten wir damit, uns die „must see" Sehenswürdigkeiten anzuschauen. Die Tower Bridge, der Big Ben, die Westminster Abbey und der Buckingham Palace - wir waren überall. Danach konnten wir während ein paar freien Stunden die Stadt noch auf eigene Faust erkunden. In London hatten wir zudem noch großes Glück mit dem Wetter. Wir waren sogar fast zu warm angezogen, da wir nicht mit so viel Sonnenschein gerechnet hatten.

Unsere letzte Nacht war zugleich noch unsere erste, zumindest ohne Zelt. Diese verbrachten wir

direkt an der Küste. Am Morgen wanderten wir dann zum Abschluss unserer Fahrt noch an den berühmten steilen weißen Klippen Dovers entlang, bevor wir am Mittag die Heimreise antraten.

Wir freuen uns schon auf die nächsten Abenteuer!

Gut Pfad, Maxi

Woodbadge-Kurs im windigen Norden

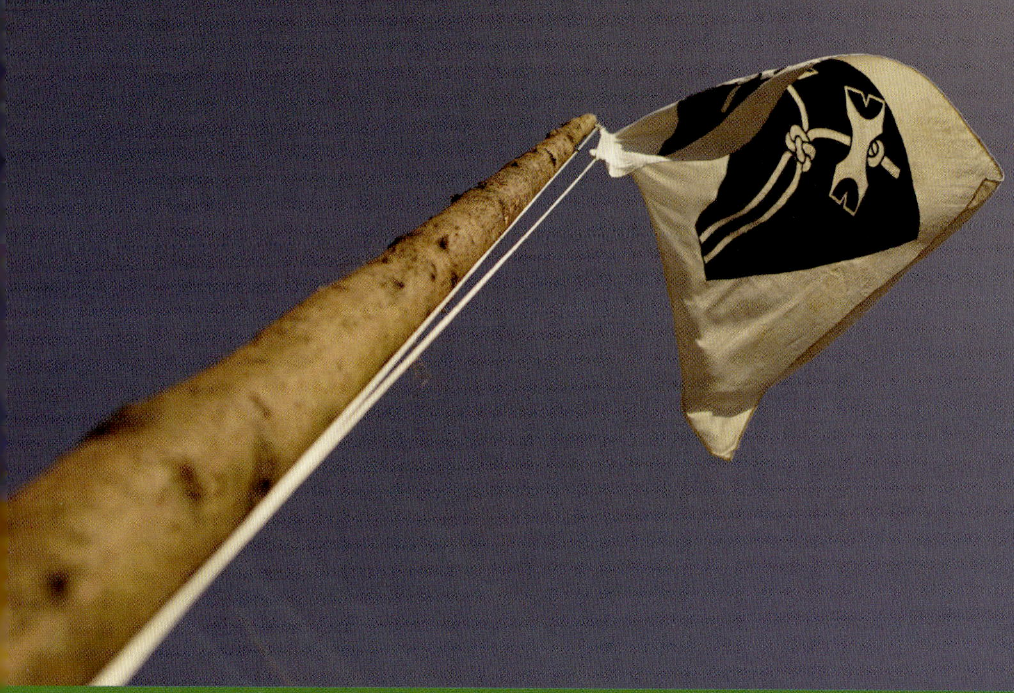

Meine Eindrücke - Robin

Im Abschlusskreis des Kurses brachte wolf es gut auf den Punkt. Panama – Gesang und Musik, wie man es selten auf einem Kurs erlebt, beförderten uns mitten in die Karibik. Wind und Wetter erinnerten uns, dass wir doch „nur" im kalten Holstein waren. Diese beiden Aspekte bleiben unvergesslich, zusammen mit meinen drei bleibenden und positivsten Eindrücken...

... back to the roots. Plötzlich fand ich mich mit vier anderen schwarzen Singvögeln versammelt, mit denen ich vor dem Kurs wenig bis nichts zu tun hatte: Die Raben, wohl eher die ruhige Sippe auf dem Kurs, ganz anders als man es vom krächzenden Pendant erwartet. Und in dieser Gruppe machten wir uns auf uns als Sippe zu finden, unseren Lagerplatz einzurichten und ein Sippenlager zu durchleben. Gemeinsam kochen, essen, bauen, hajken und diskutieren. Ein besonderer Höhepunkt war für mich daher der Hajk, bei dem wir die Möglichkeit hatten dem ansonsten strikt geregelten Kursablauf für 24 Stunden entfliehen und uns mit unserer Sippe die Gegend anzuschauen und klassische Sippenaufgaben zu erfüllen.

... Menschen kennen und begreifen lernen. Mit sehr unterschiedlichen Leuten aus verschiedenen Bünden und Ecken Deutschlands mit interessanten Ansichten und Prägungen gab es die Möglichkeit sich auszutauschen, über den Tellerrand zu blicken und alltägliche Themen aus einem anderen Blickwinkel zu betrachten, aber auch Inhalte, mit denen man sich sonst nie konfrontiert sieht zu überdenken und für sich mitzunehmen.

... Entschleunigung, den Alltag hinter sich lassen. Besonders in den praktischen Einheiten, wie Drechseln oder Glasmosaik, aber auch beim Kochen, gab es trotz engem Zeitplan die Möglichkeit den Kopf mal wieder frei zu bekommen. Etwas zu kreieren und produktiv zu sein, sich nebenbei aber zu entspannen, das ist etwas, was ich bei diesem Kurs wieder intensiv erleben konnte. *Robin Walz*

Meine Eindrücke – Johannes

Faszinierend am Woodbadge-Kurs war für mich in erster Linie die Dynamik, die in der eigenen Kurssippe zustande gekommen ist. Eine Gruppe, die mehr als perfekt funktioniert hat, Hand in Hand. Und dadurch entwickelten sich Diskussionen und Gespräche, auf einer Augenhöhe, inspirierend, die mir persönlich einige (Um-)Denkanstöße gegeben haben. Auch unter anderem deshalb, weil wir fünf aus vier verschiedenen Bünden kamen.

Das Ganze dann gepaart mit Arbeitseinheiten und Vorträgen von der Kursmannschaft und den Teilnehmern gab eine unglaubliche Fülle an Erfahrungen, die nur darauf gewartet hatten, geteilt zu werden.

Anstrengend war's. Wenn auch nicht so arg, wie es sich die Kursmannschaft vorgestellt hatte. Aber wir waren auch ein starker Jahrgang, hieß es. :) Fand ich auch. Wie in kürzester Zeit ein Lager hochgezogen wurde, wie etliche handwerkliche Gegenstände und pralle handgeschriebene Kursbücher entstanden sind, wie keiner vor irgendeiner Aufgabe oder Herausforderung zurückgeschreckt ist.

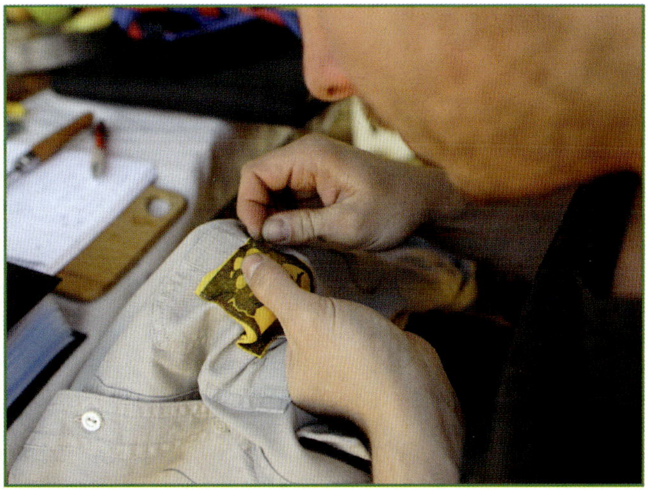

Ich denke das, was mich auf dem Kurs über meine Grenzen gebracht hat, war sicher die Überraschung, die uns an einem Tag unser Abendessen beschert hat. Noch nie zuvor habe ich, als überzeugter Flexitarier, ein so großes Tier getötet, wie eine Forelle. Eine Erfahrung, die es wert war, zu machen.

Und plötzlich heißt es „Fünfzehn Minuten Zeit zum Packen und los geht's auf den Hajk". Also ab ins Zelt und ins Pfadiheim und in die Scheune und wo noch überall die eigenen Sachen rumliegen. Kurz drauf sitze ich mit meinen Kurs-Mitsipplingen im Auto auf dem Weg nach Lübeck. Hier sollen wir die hanseatische Geschichte der Stadt kennenlernen und anschließend an die Ostsee fahren um an der Küste entlang zu wandern. 23 erlebnisreiche Stunden, die ich nicht vergessen werde.

Nach dem ganzen Input bleiben für mich die guten Erinnerungen und die Vorfreude auf den dritten Teil des Woodbadge-Kurses mit einer Projektarbeit und ihrer schriftlichen Ausarbeitung. Und die Vorfreude aufs erste Reunion der Woodbadgeanwärter und -träger!

Johannes Pfau

CP-WOODBADGE

Im Arbeitskreis CP-Woodbadge arbeitet die CPD mit sechs weiteren Christlichen Pfadfinderbünden (ESM, BPS, FSE-Alsace, CPK, CP Sarau und CP Pfullingen) zusammen, unser gemeinsames Ziel: die Durchführung eines traditionellen Woodbadge-Trainings. Nachdem 2009 erstmals ein Woodbadge-Kurs nach dem neuen Konzept durchgeführt wurde, fand nunmehr der 5. Woodbadge-Kurs in Folge in Sarau statt.

In den letzten Jahren konnten mehrere Teilnehmer das Training mit Erfolg abschließen und die Woodbadge-Insignien verliehen bekommen. Die fruchtbare Zusammenarbeit im Arbeitskreis CP-Woodbadge lässt eine Fortsetzung der gemeinsamen Durchführung des Woodbadge-Trainings auch in den kommenden Jahren erwarten; der sechste Kurs ist für Ostern 2019 geplant. *[wolf]*

WOODBADGE-KURS OSTERN 2017 IN SARAU

In der diesjährigen Karwoche, vom 8. bis zum 16. April, fand der Woodbadge-Kurs 2017 auf dem Gelände des Stammes Sarowe in Sarau (25 km NW von der Hansestadt Lübeck) statt. Die meisten Tage war das Wetter eher feucht und kühl, nur am Montag erlebten wir einen warmen Frühlingstag, ansonsten wenig Sonne, einige Regenschauer; an den meisten Tage bestimmte ein böiger Westwind die Kurswoche. Am Kurs nahmen 15 Teilnehmer aus fünf C-Bünden teil; darunter acht aus der CPD.

Die Teilnehmer erlebten in drei Kurssippen ein traditionelles Pfadfinderlager. Neben dem Lagerleben wurde den Kursteilnehmern ein inhaltlich reichhaltiges und anspruchsvolles Programm angeboten, in dem sie vor allem über unterschiedliche Aspekte des Pfadfinderlebens nachdachten und diskutierten sowie das eigene Führungsverhalten reflektierten. Die Kursmannschaft bestand aus acht Pfadfindern (aus fünf Bünden), davon zwei aus der CPD. Die Kursleitung hatte wolf mit Karsten übernommen. Damit kam auf diesem Kurs eine breite Erfahrung aus traditionell unterschiedlich ausgerichteten christlichen Pfadfinderbünden zusammen.

Teil eins des Woodbadge-Trainings wurde in der Zeit von November 2016 bis März 2017 durchgeführt, der zweite Teil stellte der Woodbadge-Kurs dar, Teil drei des Trainings wird individuell von jedem Teilnehmer im Anschluss absolviert, bearbeitet, ausgearbeitet, praktisch durchgeführt, schriftlich dokumentiert und reflektiert. Zur abschließenden Besprechung wird sich die Kursmannschaft im Oktober 2017 treffen. *[wolf]*

50 Jahre Verband Deutscher Altpfadfindergilden (VDPAG) und Zentralgilde

ZUM DOPPELJUBILÄUM TRAFEN SICH MITGLIEDER UND GÄSTE IM OKTOBER 2017 IM SACHSENHAIN BEI VERDEN/ALLER

So ein Jubiläum ist nicht nur ein guter Grund zurück zu blicken auf Vergangenes – vornehmlich auf Erfolge, die Geschichte geschrieben haben und die uns zu Recht stolz machen dürfen. Es gibt ebenso einen Anlass den Blick auf die Zukunft zu richten und sich mit der Frage auseinander zu setzen, wie es denn weitergehen soll. Das mag ein guter Grund gewesen sein, dieses große Jubiläum vom alle drei Jahre stattfindenden Gildensprechertreffen einrahmen zu lassen.

In diesem Sinne begrüßten die Vorstände die rund 100 Gilden- und Verbandsmitglieder, die Regions- und Gildensprecher, sowie Gäste aus Österreich, Belgien und Polen. Um gleich den ersten Abend stimmungsvoll zu begehen, hatte der BdP Stamm Amelungen aus Verden auf dem Gelände des Evangelischen Jugendhofes Sachsenhain eine Jurte errichtet und zum Singen ans Lagerfeuer eingeladen.

Am Samstag war zunächst Gremien-Arbeiten angesagt. Im großen Plenum gaben die Sprecher von 23 Gilden (2/3 aller Gilden) einen Einblick in die Arbeit und Unternehmungen ihrer Gilden. Besonders erfreulich: Die in Gründung stehende Gilde Feuersänger stellt sich vor.

Gleich im Anschluss ging es in die fünf, unterschiedlich stark besuchten Arbeitsgruppen ...

Thema „Gildenaktivitäten": Hier ging es um die Frage, was bei den Gilden Kernanliegen, Stärken, Schwächen und Eigenheiten sind. Es entwickelte sich ein munterer Ideen- und Erfahrungsaustausch zur Gestaltung eines Jahresprogrammes und zu einzelnen Aktivitäten. Fazit: Freude und Gemeinschaft stehen im Mittelpunkt. Das Programm muss auf die Bedürfnisse und Möglichkeiten der Gildenmitglieder abgestimmt sein. Nicht jeder muss den gleichen Weg gehen, aber am Ende steht ein gemeinsames Ziel oder Treffpunkt, den jeder erreichen kann.

Thema „Mitgliederwerbung": Aufgrund sinkender Mitgliederzahlen seit Jahren ein Dauerbrenner! Schon im Arbeitspapier 2010 standen zahlreiche Ideen, wurden konkrete Maßnahmen vorgeschlagen. Wer glaubt, das Thema sei nicht von Interesse, der sah sich eines Besseren belehrt: Hier sprudelten Ideen, Vorschläge und Anregungen, aber auch Kritikpunkte wurden benannt: Tragt wieder mehr Pfadfindertracht, gebt Euch als Pfadfinder zu erkennen.

„Stop complaining! Jammern bringt uns nicht weiter." Mit diesen Worten begann die Zusammenfassung der Arbeitsgruppe zur „Öffentlichkeitsarbeit". Konsens war, dass der persönliche Kontakt und die direkte Ansprache von zentraler Bedeutung seien. Das Auftreten bei öffentlichen Veranstaltungen,

Zeltlagern etc. wird als erfolgversprechend angesehen, nicht nur Homepage, Facebook und dergleichen. Wenn mit neuen Medien gearbeitet wird, dann muss es auch von entsprechender Qualität sein.

Das Projektteam Öffentlichkeitsarbeit will ein umfassendes Konzept erarbeiten und bei der Generalversammlung im Oktober 2018 vorstellen.

Projekt „Harambee Education Kenya": Die Teilnehmer dieser Arbeitsgruppeließen sich über die Aktivitäten vor Ort, über Erfolge und Rückschläge, über Erfahrungen und Chancen berichten. Die nächste Reise einer Gruppe zum „Internationale Kenya Scout Development Projekt (IKSDP)" in Nyandiwa am Victoriasee wird derzeit geplant. Bei den vergangenen Treffen und Veranstaltungen wurde ein beachtlicher Betrag von ca.1600.- € eingesammelt. Für die weiteren Bauvorhaben wie Toiletten und Waschräume werden noch dringend Spendengelder benötigt. Wir schaffen dadurch auch kurzfristig Arbeitsplätze und Verdienstmöglichkeiten für Bewohner Nyandiwas und leisten damit effektive Hilfe zur Selbsthilfe.

Thema „Internationales": Verschiedene Berichte über die Aktivitäten in den Regionen und Subregionen sollten Anregung gegeben haben und Lust auf mehr machen. Die zahlreichen Termine sind auch auf der Internetseite des VDAPG zu finden.

Der VDAPG erhielt auf der letzten ISGF Europakonferenz in Frankreich den Zuschlag für die Durchführung der nächsten Europakonferenz 2019 in Bremen. Nun wurden die Teilnehmer des Gildensprechertreffen mit der Bewerbungspräsentation an die Zusage erinnert und motiviert, den Vorstand bei der Durchführung dieser Veranstaltung zu unterstützen.

Am Sonntagvormittag fand ein ökumenischer Gottesdienst in der Kapelle des Sachsenhains statt.

Der Sonntagnachmittag bot Gelegenheit zum Spaziergang rund um den geschichtsträchtigen Sachsenhain. Zur Erläuterung: Der später als Karl der Große benannte Frankenherrscher lies im Jahr 782 laut einer Überlieferung an der Mündung der Aller in die Weser, 4.500 Sachsen hinrichten, die sich ihm nicht unterwerfen und zum Christentum bekennen wollten. Der Reichsführer SS, Heinrich Himmler wollte hier deshalb einen nationalen Thingplatz, eine antichristliche Gedenkstätte errichten und lies dazu 4.500 Findlingen heranschaffen. Nach dem zweiten Weltkrieg wurden in den Gebäuden zunächst Vertriebene untergebracht. Seit 1950 wird die Häuser und das Gelände von der Evangelischen Jugend genutzt, die nun dafür sorgt, dass ein ganz anderer Geist weht, als es sich die Erbauer gedacht hatten.

Alternativ war Zeit für eine Exkursion nach Bremen, um dort im Schnelldurchlauf das Rathaus mit dem Roland und den Stadtmusikanten (die weltweit wohl einzige Band, die wohl noch keiner zu hören bekommen hat und der trotzdem ein Denkmal gesetzt wurde) zu sehen, den St. Petri Dom (Falls Petrus seinen Schlüssel sucht, er fände sie im Bremer Stadtwappen) zu erkunden, durch die einzigartige Böttcherstraße und das malerische Schnoor Viertel zu bummeln.

Abends folgte „der" Höhepunkt des Wochenendes: Die Jubiläumsfeier mit dem Galadinner und dem Festakt. Gutes Essen, feine Getränke und viele Gespräche in feierlichem Ambiente, die Organisatoren hatten Fantastisches geleistet!

Weitere Exkursionen führten nach Bremerhaven, zum Auswandererhaus und zum Klimahaus.

Das erstere müsste eigentlich Migrationshaus heißen. Authentische Inszenierungen einer 300-jährigen Migrationsgeschichte mit aktuellen Bezug: Die Besucher begleiten die Lebensgeschichte jeweils eines Aus- und eines Einwanderers. Sie lernen die verschiedenen Gründe kennen, die Menschen dazu bewogen haben ihre Heimat zu verlassen, in der Hoffnung in der Ferne ein besseres Leben führen zu können. In dieser Zeit ein brandaktuelles Thema.

Auch im Klimahaus geht es auf eine Reise: In Bremerhaven startend entlang dem Längengrad 8° Ost 34' rund um die Welt durchwandert der Besucher vielfältige Klimazonen und trifft dort Menschen, deren Alltag durch das jeweils vorherrschende Klima, von unterschiedlichen Temperaturen und Luftfeuchtigkeit, von Wind und Niederschlägen, stark beeinflusst wird: So etwa das Hochgebirgsklima in der Schweiz, die Mittelmeerinsel Sardinien mit fünf verschiedenen Klimaregionen, Niger mit seiner Trockenheit und Hitze, Kameruns Regenwald, das ewige Eis der Antarktis, die Südseeidylle von Samoa oder St. Lawrence Island, einer kleinen Insel, die zu Alaska gehört. Klasse, ein tolles Erlebnis, das auch sehr nachdenklich macht.

Ein weiterer, sehr bewegender Moment an diesem Jubiläumswochenende war die Verleihung des Robert-Baden-Powell-Preises des Pfadfinder-Hilfsfond (PHF) an den Verband Deutscher Altpfadfindergilden und die Zentralgilde.

In seinen einleitenden Worten arbeitete Hans-Dieter Wittke, der Ehrenvorsitzende des PHF zwei Punkte heraus, die unsere Rolle als „Alt-Pfadfinder" beschreiben könnten: Wir sollten uns nicht scheuen Impulse zu setzen, nicht als „Besserwisser", sondern als Erfahrene ohne erhobenen Zeigefinger. Wir können Begeisterung, Anregung und Ideen verschenken, so dass sie womöglich zur „eigenen" des Gegenübers werden.

Zum zweiten lädt er uns ein, mit ihm zu träumen, dass irgendwann die Pfadfinderinnen und Pfadfinder in allen Verbänden „es gemeinsam schaffen", die Werte weiter zu tragen – Werte, die das Erlebnis des Pfadfindens „für die Entwicklung junger Menschen zu freien, verantwortungsbewussten, selbstbestimmtem und engagierten Gliedern einer größeren Gemeinschaft" erfahrbar machen. Altpfadfinder als Hoffnungsträger für die Eintracht der deutschen Pfadfinderbewegung?

In der Laudatio benannte Jörg Krautmacher, der Vorsitzende des PHF, die Gründe für die Auszeichnung: „Der VDAPG vereint Pfadfinderinnen und Pfadfinder aus allen Verbänden, die in Deutschland Jugendarbeit nach dem weltweit anerkannten und erfolgreichen Erziehungssystem der Pfadfinder betreiben, das von Robert Baden-Powell geschaffen wurde. [...]. Das Prinzip „Einmal Pfadfinder, immer Pfadfinder" welches ihr in der Gemeinschaft lebt und den aus den aktiven Pfadfindergruppen entwachsenen Pfadfinderinnen und Pfadfindern einen Raum gebt, indem sie sich weiter ihrer Pfadfinderidee entsprechend engagieren können, war ausschlaggebend für die Wahl zum Preisträger des Jahres 2017." Glückwunsch dazu.

Nebenbei bemerkt: Das Liederbuch leistete gute Dienste bei der ein oder anderen Gelegenheit, auch an diesem Abend.

Es gibt Punkte, die kann man gut vorbereiten: Eine vernünftige Unterkunft, gutes Essen, funktionierende Veranstaltungstechnik, ein unterhaltsames Begleitprogramm und so weiter. Diesbezüglich ein Lob und Dank an die Organisatoren und vielen Helfer.

Es sind oft sogenannte Kleinigkeiten, die ganz wesentlich zum Gelingen eines solchen Treffens beitragen: persönliche Begegnungen, interessante Gespräche, gemeinsames Singe-Runden und dergleichen. Da können viele dazu beitragen, ja da müssen viele ihren Beitrag leisten. Und weil das so war, wird dieses Treffen ein weiterer Edelstein in der Schatzkammer der Erinnerung sein.

Schorsch, APG Bayern und Cathrin, APG Hamburg
Bilder von Gabi, Gilde ‚Die Grafengarser'

Auf neuen Pfaden

„PFAD-PHILA PLUS 2017, DIE PFADFINDER UND PHILATELISTEN WELTWEIT UND IN HEMER" – DAS JAHRESTREFFEN DER ARGE PFADFINDER E. V.

In diesem Jahr haben wir versucht, mit unserem Jahrestreffen neue Wege zu beschreiten. Angeregt durch Gerd Treschnak, Vorsitzender des Verbandes philatelistischer Arbeitsgemeinschaften (VPhA), wurde das Jahrestreffen zusammen mit dem Deutschen Pfadfinderbund Hemer und unterstützt durch den Bürger- und Heimatverein Hemer e. V. sowie dem VPhA durchgeführt. Es wurde die Ausstellung „pfad-phila PLUS 2017, die Pfadfinder und Philatelisten weltweit und in Hemer" im Felsenmeermuseum Hemer durchgeführt. Durch diese Zusammenarbeit war es möglich, die Ausstellung bis zum 30.07.2017 der Öffentlichkeit zu präsentieren. Im Vorfeld wurde in der lokalen Presse sowie in der philatelistischen Fachpresse umfassend Werbung für diese Veranstaltung gemacht. In der Ausstellung wurden 13 philatelistische Exponate zum Thema Pfadfinder sowie in Vitrinen diverse Sammlungsstücke zum Thema „Jamboree, Anfang der Pfadfinderbewegung, ArGe-Literatur" sowie Fotowände und Vitrinen zur aktuellen Pfadfinderarbeit des DPB gezeigt. Am Veranstaltungswochenende gab es zudem ein Pfadfinderlager vor dem Felsenmeermuseum. Eine für uns ungewöhnliche, aber öffentlichkeitswirksame Art, die Arbeit unserer ArGe und die Pfadfinderarbeit des DPB zu präsentieren, und das 4 Wochen lang.

Insgesamt 24 Teilnehmer, auch aus England und den Niederlanden, trafen sich zum diesjährigen Jahrestreffen. Der Donnerstagabend sah uns beim gemütlichen Zusammensein. Ein heftiges Unwetter mit Hagel an diesem Abend hatte leider auch die Autos einiger ArGe-Mitglieder beschädigt. Am Freitag folgte die Ausflugsfahrt nach Hagen in das Freilichtmuseum und zur Dechenhöhle. Am Abend zeigte uns Manfred Bach Fotos vom Jubiläumstreffen 2016 in Rehau. Am Samstag folgte der eigentliche Höhepunkt unseres Treffens mit Eröffnung der Ausstellung im Felsenmeermuseum, Tausch und Plausch sowie der Jahreshauptversammlung. Bei der offiziellen Eröffnung um 11.00 Uhr sprachen der Bürgermeister von Hemer, der Vorsitzende des Bürger- und Heimatvereins, der Vorsitzende des VPhA und unser Vorsitzender Grußworte

vor ca. 50 Gästen. Es gab viele interessante Gespräche, die Exponate wurden Besuchern erläutert, das angebotene Sammlermaterial wurde nach fehlenden Belegen und Marken durchsucht, am Lagerfeuer wurde gesungen und für das leibliche Wohl sorgten die Hemeraner Pfadfinder mit Grillwürstchen. Die von uns ausgelegten Ausgaben der ArGe-Zeitschrift „Scoutpost" und unsere Flyer stießen auf ein großes Interesse. Unter der Leitung von Frau Treschnak gab es auch ein Alternativprogramm für anwesende Nichtsammler/innen. Um 16.00 Uhr folgte die Jahreshauptversammlung im Hotel „Haus von der Heyde". Es wurde zügig gearbeitet, konstruktiv diskutiert. Die angesetzten 2 Stunden waren eigentlich zu kurz, einiges hätte umfassender besprochen werden können. Aber es wurde doch einiges für die Zukunft unserer ArGe in die Wege geleitet. Um 19.00 Uhr folgte das Festbuffet mit anschließender Tombola. In diesem Rahmen bedankten wir uns auch noch einmal bei Frau und Herrn Treschnak für ihre großartige Unterstützung.

Der Abend klang in Gesprächen und mit dem einen oder anderen Getränk aus. Am Sonntagvormittag haben die meisten die Heimreise angetreten. Manfred Bach, Konrad Erb und der Verfasser dieses Artikels waren als Vertreter unserer ArGe wieder im Museum, um Besuchern für Informationen und Gesprächen zur Verfügung zu stehen. Der Besuch war etwas verhalten, aber es kamen immer wieder Menschen, extra für unsere Ausstellung. Dabei konnten wir auch erfahren, dass unsere Werbung im Vorfeld gelesen wurde.

Als Fazit kann man sehen, es haben mehr Teilnehmer/innen an unserem Treffen teilgenommen, es gab Interesse an unserer Ausstellung und Arbeit. Es hätten vielleicht etwas mehr Besucher sein können. Aber es bleibt zu hoffen, dass die Ausstellung noch von vielen Menschen in den folgenden Wochen gesehen wurde. Auf jeden Fall waren wir uns einig, dass sich die Arbeit für dieses Jahrestreffen gelohnt hat.

Liste der philatelistischen Exponate in der Ausstellung:

Die weltweite Ausbreitung des Pfadfindertums
Die Entwicklung in Deutschland
Die Entwicklung in Osteuropa
Pfadfindertum von Baden-Powell bis heute
Pfadfinder Bundeslager und Anlässe der Schweiz
Deutscher Pfadfinderbund – Entwicklungen
Die erste deutsche Pfadfinderbriefmarke
St. Georg
Pfadfinderpost – Pfadfinder als Briefträger
Der Warschauer Aufstand 1944
Pfadfinder und Sport
Raketenpost
Pfadfinder und der erste Weltkrieg

Die Arbeitsgemeinschaft (ArGe) Pfadfinder e. V. ist eine Vereinigung von Briefmarkensammlerinnen und -sammlern, die sich besonders für Briefmarken, Sonderstempel, Ganzsachen etc. zum Thema Pfadfinder/innen interessieren. Dreimal im Jahr erscheint die ArGe-Zeitschrift „Scoutpost" mit interessanten Artikeln zu Briefmarkenneuheiten, Pfadfindergeschichte, aktuellen Veranstaltungen usw. Weiterhin gibt es einen monatlich erscheinenden Newsletter „scout-DIGITAL-post". Des Weiteren gibt die ArGe einen speziellen Loseblatt-Katalog zu Pfadfinder-Briefmarken, Sonderstempeln, Freistempeln etc. heraus. Die ArGe trifft sich einmal im Jahr zu einem 4-tägigen Jahrestreffen immer an einem anderen Ort in Deutschland, dazu kommen zwei Regionaltreffen im Nord-Westen und Süden Deutschlands. Die Mitglieder kommen größtenteils aus der Pfadfinderbewegung und bündischen Jugend. Es gibt einen beachtlichen Teil Mitglieder aus verschiedenen europäischen Ländern und den USA. Die Arge ist Mitglied im Bund Deutscher Philatelisten e. V. und im Verband Philatelistischer Arbeitsgemeinschaften e. V.

Weitere Informationen unter www.arge-pfadfinder.org

Holger Keil (tabbu)

SCOUT POST ONLY

100 Jahre
Pfadfinder in Deutschland
... es begann in München
SAMMLER
Eine Idee geht um die Welt
Pfadfinderbewegung

Pfadfinderbuch für junge Mädchen

Jugendbewegung im DreiEckenKreis

TREFFEN AUF DER BURG LUDWIGSTEIN

Insgesamt 100 Jugend- und Älterbündische begegneten sich am zweiten Juniwochenende auf Burg Ludwigstein bei Musik, Handwerk und thematischem Austausch. Bestimmt wurde das Treffen durch eine Fülle von Arbeitsgemeinschaften wie Schmieden, Imkern, Upcycling, Musizieren, Kochen und Backen. Andere stellten Seife her, banden Bücher, knackten Schlösser oder kommunizierten in Gebärdensprache. Am Samstagnachmittag folgten 65 Interessierte dem Vortrag des Hamburger Historikers und Bestsellerautors Dr. Volker Weiß, der seine Kritik an der rechtsorientierten Identitären Bewegung formulierte und sich der Diskusssion stellte. Eine Spezialführung durch das Archiv der deutschen Jugendbewegung und die nächtliche Singerunde rundeten das ereignisreiche Treffen ab. Das Treffen wurde von Stiftung, Jugendbildungsstätte, Archiv und Burgfreiwilligen organisiert

Bericht aus dem Burgboten

Was tut sich in der Pfadfinderbewegung?

Seit der Veröffentlichung des Nachschlagewerks „Pfadfinderbünde & Verbände in Deutschland" sind bereits fünf Jahre ins Land gegangen. Es ist ja allgemein bekannt, dass, wo immer sich zwei deutsche Pfadfinder treffen, sie sogleich eine neue Organisation aus der Taufe heben. Ein guter Moment also, um die Gesamtübersicht einer Überprüfung und Aktualisierung zu unterziehen. Nun darf man ja nicht den Fehler machen, von einer veralteten Homepage auf die Auflösung einer Gruppe zu schließen, doch werden vorhandene „Netzvertretungen" ersatzlos gelöscht, ist dies zumindest ein gewisses Indiz.

Von folgenden Gruppen beziehungsweise Bünden hat man in diesem Sinne schon lange nichts mehr gehört:

Freie Deutsche Waldläuferschaft Olpe (FDWL). Sie entstand 1962 und so mancher Gast in der Jugendherberge Freusburg in den neunziger Jahren traf dort auf sie und ihren mit Generalsabzeichen auf der Schulter geschmückten Bundesführer. Ein echtes Original! Bereits im März 2010 war ihre Homepage jedoch nicht mehr aktiv. Auf Rückfrage verwies ein Mitwirkender der nur noch sehr kleinen Gruppe auf eine „Selbstfindungsphase". Offenbar verlief diese nicht gerade erfolgreich. Die FDWL war Mitglied in der World Federation of Independent Scouts (WFIS).

Independent Scout Association (ISA). Sie gründete sich 1989 auf Wunsch einiger Eltern, die nach ursprünglicher Pfadfinderarbeit suchten. Die beiden Stämme in Leopoldshöhe und Bielefeld und die Mädchengruppe der Independent Guide Organisation sind im Netz nicht mehr aufzufinden, die Homepage wurde gelöscht. Noch 2015 halfen jedoch Mitglieder des Bielefelder Stammes den Asgard-Pfadfindern bei deren Pfingstlager mit Zeltmaterial aus. Auch die ISA war Mitglied in der World Federation of Independent Scouts (WFIS).

Pfadfindertrupp Frederick Selous. Die 2007 in Königswinter-Oberpleis gegründete Gruppe setzte gleichfalls auf traditionelle Pfadfinderarbeit. Wiederholt nahmen sie mutig am Rheinischen Singewettstreit teil. Ihre regen Netzaktivitäten (so ein fast tagesaktueller Blog) sind inzwischen verschwunden, auch die Facebookseite gelöscht. Der Pfadfindertrupp war Mitglied auf Probe bei der World Federation of Independent Scouts (WFIS).

Deutscher Pfadfinderbund – Stammbund. Gegründet als Abspaltung aus dem DPB Westmark, nachdem dieser sich Ende der siebziger Jahre stark verändert hatte. Bestand zuletzt noch aus einer Gruppe in Solingen, die Homepage verweist aber nur noch auf den Bündeeintrag im Pfadfindertreffpunkt. Da gibt es allerdings noch Personen, die dieser Gruppierung zugeordnet sind.

Fahrtenschaft Polaris. Ein informelles Trüppchen von Ex-DPSGern aus Königswinter-Stieldorf, das seit 2001 zusammen auf Fahrt ging. Offiziell wurde die Arbeit 2011 eingestellt, in 2014 aber einmalig wieder reaktiviert, denn Vater und Sohn gingen gemeinsam auf Fahrt. Homepage existiert noch. www.fahrtenschaft-polaris.de

Freie Pfadfinderschaft Lancelot zu Schildesche. Sie hatten ihren Sitz nahe der Waldorf-Schule in Bielefeld. Ein vorübergehender Passant vermeldete, das Heim sehe „verwaist" aus. War es etwa aufgeräumt?

jugendschaft helios. Die einst aus drei Horten bestehende Gruppierung aus dem Rheinland hat das Ufer gewechselt und firmiert nun unter dem Namen „Rheinischer Wandervogel".

Pfadfinderbund Rhein-Neckar. Er entstand 1972 als Abspaltung des Deutschen Pfadfinderbundes. Der interkonfessionelle und koedukative Bund, bei dem das Tragen von Kluft und Halstuch ein Ausdruck von Zusammengehörigkeit und keine Pflicht gewesen war, scheint nicht mehr wirklich agil zu sein. Beide überliefernden Homepages sind gelöscht.

Pfadfinderschaft Schwarze Falken. Gegründet 1994 in Bad Vilbel, von 2005-2007 bestand kurze Zeit sogar eine Mädchengruppe. Trugen schwarze Klufthemden und machten durchaus auch mal was mit religiösen Themen. Homepage erloschen.

Pfadfinderschaft Vindeliker. Gegründet 2006 in Wolnzach aus ehemaligen Angehörigen des Pfadfinderbundes Weltenbummler. Die Homepage wurde von asiatischen Schriftzeichen übernommen, aktuelle Lebenszeichen leider keine.

Stamm Feuerzelt. Der Stamm an einer Kirchengemeinde in Brauweiler war ursprünglich im VCP beheimatet gewesen, wurde aber, nachdem der Stammesführer umgezogen war, an einen ehemaligen DPBer übergeben. Hat wohl nicht so richtig funktioniert.

Mädchenschaft Edith Stein. Der Mädchenbund des Pfadfinderbundes Kreuzfahrer hatte sich 1994 gegründet, nachdem einige Mädchen Interesse an Pfadfinderarbeit signalisiert hatten. Die Organisation bestand um die Jahrtausendwende noch aus fünf Gruppen aus Friedberg und Bad Homburg mit insgesamt etwa 40 Mitgliedern. Die offizielle Auflösung erfolgte einige Jahre später, die verbliebenen Pfadfinderinnen wechselten zu den Taunuspfadfindern.

Totgesagte leben länger:

Die Pfadfinder im Mühlenbecker Land waren bereits 2012 unter „erloschene Gruppen" gelistet, da Informationen vorlagen, welche ihren Wechsel zum Pfadfinderbund Weltenbummler dokumentierten. Stimmte aber alles nicht, die Gruppe gibt es noch, allerdings musste sie 2016 ihren angestammten Platz in Schildow abgeben und zog nach Summt.

Neu gegründet haben sich hingegen die Pfadfindergemeinschaft Gilwell und die Pfadfinder Entschieden für Christus.

Die Pfadfindergemeinschaft Gilwell gründete sich erst um 2016. Das bedeutet aber nicht, dass es keine Erfahrung gäbe, denn die vorhandenen Altrover brachten jeweils zwischen zehn und 30 Jahren Erfahrung mit ein. Zuvor waren diese beim freien Stamm Königstiger, beim Deutschen Pfadfinderbund Mosaik (DPBM) oder in anderen Bünden tätig gewesen, hatten dort aber wegen unterschiedlicher Ansprüche an Qualität der Arbeit oder anderen Gründen schließlich entschieden, ihre Vorstellung in einem anderen, eigenen Bund zu realisieren. So ist eine kleine, aber feine eigene Gemeinschaft entstanden, die sich nach dem ältesten Ausbildungszentrum für Pfadfinder der Welt, dem Gilwell Park in London, benannt hat. Keinesfalls sind sie bemüht, ihr eigenes Süppchen zu kochen, vielmehr verfügen sie schon jetzt über ein reiches Netzwerk an Kontakten zu anderen Gruppen und Bünden, so bringen sie sich beispielsweise auch im Untermerzbacher Kreis (UMK) und dessen Treffen ein. www.pfadfindergemeinschaft-gilwell.de

Die Pfadfinder entschieden für Christus (PEC) wurden im Oktober 2012 in Kassel offiziell gegründet. Es handelt sich um den Pfadfinderzweig im Deutschen Jugendverband „Entschieden für Christus" (EC) e.V.. Der Pfadfinder-Arbeitsbereich entstand auf Nachfrage von einzelnen EC-Kreisen, die diese Form der Arbeit durchführen wollten und nach einem geeigneten Verband suchten. Die Pfadfinderarbeit wird als Möglichkeit genutzt, Kinder und Jugendliche ganzheitlich anzusprechen. Die Gruppen haben einen klaren Bezug zu ihrer örtlichen EC-Gemeinde, die Pfadfinderelemente werden intensiv mit den geistlichen Elementen verknüpft. Dazu gibt es auch schon ein Video von einem Bundeslager bei Youtube. Für interessierte Gemeinden wurde ein Starterpaket mit den wesentlichsten Informationen zusammengestellt, das sie in die Lage versetzt, zeitnah mit der Pfadfinderarbeit loszulegen. 2017 existierten bereits 22 (Aufbau-) Stämme in zwei Landesverbänden (Rheinisch-Westfälischer Jugendverband „Entschieden für Christus" (EC) sowie die Pfadfinderschaft des bayrischen EC-Verbandes, Pfadfinder für Christus (PFC)). www.pfadfinder-ec.de.

ZUM BUCH: PFADFINDERBÜNDE & -VERBÄNDE

In keinem anderen Land der Erde ist die Pfadfinderszene so vielfältig, bunt und dynamisch wie hierzulande. Dieses Nachschlagewerk gibt einen Überblick über alle Pfadfinderorganisationen in Deutschland. Eine vollständige Augenblicksaufnahme, welche die Tätigkeit der großen Verbände, wie auch der kleinen unabhängigen Stämme gleichermaßen dargestellt. So widmen sich die einzelnen Kapitel nicht nur den vier großen Pfadfinderverbänden, die den beiden großen Weltorganisationen angehören, sondern auch den zahlreichen unabhängigen Pfadfinderorganisationen, den Exilpfadfindergemeinschaften und auch jüngst erloschenen Vereinigungen.

Die „Zersplitterung" der Pfadfinderbewegung in Deutschland wird von vielen bedauert, teils aus ideellen Gründen, teils wegen des Fehlens einer gemeinsamen Außenvertretung und damit verbunden einer scheinbar geringeren gesellschaftlichen Bedeutung. Doch außer Frage steht, dass es nur auf die Qualität der Arbeit vor Ort ankommt. Die Einzeldarstellungen gehen bei allen dargestellten Organisationen gleichermaßen u.a. auf ihre Entstehungsgeschichte, ihre Struktur und Verbreitung, ihren Auftrag und ihr Ziel sowie ihre Stellung zu den Grundsätzen der Pfadfinderarbeit ein.

Die Texte entstanden als Ergebnis jahrelanger Recherche auf Basis von Informationen aus den Pfadfinderbünden selbst, die diese im Internet oder in Informationsmaterialien mitteilten sowie über persönliche Kontakte. Ergänzt werden die prägnanten Texte durch die Darstellung der jeweiligen Lilien und Bundeszeichen und durch zahlreiche Bilder von den Aktivitäten aus den jeweiligen Bünden.

Trotz seines Umfanges bleibt das Buch ein handliches und ansprechendes Nachschlagewerk für jeden, der seine Neugier und Freude an den unbekannten Pfadfinderinnen und Pfadfindern von nebenan nicht verloren hat und der mehr über diese großartige Bewegung und ihre Vielfalt erfahren möchte.

Pfadfinderbünde & -verbände
272 Seiten
Hardcover
22 x 24,5 cm
24,80 €
A: 25,40 €
ISBN 978-3-88778-370-9

Von Freundschaft und sozialen Netzen

Smartphones gehören heute für fast alle jungen Menschen zum Alltag und werden eifrig genutzt. Fast ohne Unterlass wird angeklickt, geschrieben und irgendwelche Neuigkeiten oder Fotos geteilt. Nie war die Vernetzung unter jungen Leuten so groß wie heute. Trotzdem scheinen sich immer mehr Kinder und Jugendliche allein zu fühlen, sagen sowohl Psychologen, Kinderärzte und Mitarbeiter von Sorgentelefonen; Einsamkeit und depressive Verstimmung würden unter Jugendlichen deutlich erkennbar zunehmen. Trotz der Vielfalt an und regem Gebrauch von sozialen Netzwerken fühlen sich offenbar immer mehr Jugendliche isoliert und teilweise einsam. Auf den ersten Blick ein Widerspruch, denn fast jeder ist in eine große virtuelle Gemeinschaft eingebunden – doch das Gefühl scheint dazu nicht zu passen. Das zeigen auch Studien über das größte soziale Netzwerk Facebook, die zunehmend kritischere Ergebnisse liefern. Wissenschaftler um den Psychologen Ethan Kross von der University of Michigan haben z.B. herausgefunden, dass die Nutzung von Facebook das subjektive Wohlbefinden junger Menschen eher reduziert als steigert – obwohl das Netzwerk ja eigentlich das Grundbedürfnis nach Austausch und Kommunikation befriedigen müsste.

Bei Facebook steht das Ego im Mittelpunkt

Was könnten Ursachen sein? Vielleicht weil bei Facebook und Co das Ego im Mittelpunkt steht und nicht eine reale Beziehung zu anderen. Es dreht sich dort nämlich alles ums eigene Ich, und das obwohl man ja auf Facebook noch nicht mal man selbst ist, sondern sich vielmehr auf ein angelegtes Profil reduziert, das immer, beabsichtig oder auch nicht, verzerrt ist. „Schwierig wird diese Inszenierung dadurch, dass man sein eigenes Profil ständig mit dem von Freunden und Bekannten vergleichen kann – die scheinbar alle richtig tolle Dinge tun", sagt der der langjährige Jugendforscher Bernhard Heinzlmaier, „Gleichzeitig sitzt man alleine vor dem Bildschirm. Am Ende des Tages bleibt die eigene Defiziterfahrung".

Von den Smartphons bzw. den dahinterliegenden sozialen Netzwerken wird also gewissermaßen ein Feedback zum eigenen Leben erwartet, und das ist bei sehr vielen, vielleicht den meisten, nicht unbedingt so positiv wie vielleicht erhofft, was dann zu sorgenvollen Fragen führt wie: „Warum bin ich nicht so erfolgreich, beliebt oder glücklich wie der andere?" Ein zusätzliches Problem dabei: Viele vergleichen sich mit Leuten, die ihnen eigentlich egal sein könnten, weil sie sie sowieso kaum kennen. Bei denen die man näher kennt weiß man ja, dass es auch einen Hintergrund hinter der Fassade gibt, dass nicht ganzheitlich alles immer so positiv ist wie im „Schaufenster" zu sehen. Aber durch die schiere Menge der positiven Darstellungen, die sich ja nicht, wie früher auf den engen Freundeskreis und ein paar Medienstars beschränken, beginnt der eine oder andere dann an sich zu zweifeln.

Außer diesem Vergleich der eigenen Person mit anderen versuchen viele, wie der Jugendforscher Bernhard Heinzlmaier sagt, „über die virtuellen Kontakte all das zu bekommen, was man nur in der risikoreichen Welt da draußen bekommen kann." Und manche verlieren sich dann in diesem Bemühen, stets einen positiven Eindruck hinterlassen zu wollen. „Sie wissen am Ende des Tages gar nicht, wer sie sind." Mit echtem Austausch und richtiger Kommunikation hat das wenig zu tun.

Wichtige Merkmale von echter Freundschaft fallen im sozialen Netzwerk einfach weg. „Facebook limitiert und strukturiert die Kommunikation. Es gibt keinen Dislike-Button, soziale Rückschläge finden nicht statt", sagt Heinzlmaier. Kaum jemand teilt seine Misserfolge schließlich dem gesamten Bekanntenkreis mit. Auch echte Emotionen lassen sich durch Profile nur

> Wirkliche Freunde hat man meistens nur sehr wenige.

schlecht vermitteln. Am Ende bekommt man tatsächlich nur wenig Feedback. Ein persönliches Gespräch oder zumindest Telefonat ist durch Chats nicht ersetzbar.

Deshalb darf man laut Heinzlmaier ein Netzwerk im Internet auch nicht mit einer „realen" Gemeinschaft in einer Gruppe oder Clique verwechseln: „In der Gemeinschaft überwindet man das Nutzenprinzip. Man unterstützt andere, ohne selbst einen Vorteil zu haben. Ein Netzwerk hingegen ist immer sehr nutzenorientiert."

Inflationäre Verwendung des Freundschaftsbegriffes

Ein weiteres Problem sozialer Netzwerke ist die inflationäre Verwendung des Freundschaftsbegriffes, denn dadurch wird womöglich etwas vermittelt oder erwartet, was allein anbetracht der schieren Zahlen garnicht vorhanden sein kann. Zwar können die meisten, so belegt es nicht nur die eigene Erfahrung, sondern auch Studien, nach wie vor sehr gut zwischen dem Real- Leben und virtuellen Netzwerken unterscheiden. Die meisten wissen auch, dass das Wort Freund in der Verwendung in den sozialen Netzwerken einfach falsch ins Deutsche übersetzt wurde, denn es kommt ja aus dem Amerikanischen und dort bedeutet „Friend" etwas anderes als bei uns der „Freund". Man müsste es also z.B. in Facebook, wo jeder Nutzer im Durchschnitt mit 350 „Freunden" verbunden ist, besser mit Bekannte oder Kumpel übersetzen.

Obwohl einerseits dieses theoretische Wissen um die Begrifflichkeiten und sich unterscheidende Inhalte vorhanden ist, scheint es dennoch oft verdrängt zu werden. Wider besseren Wissens wird oft Beziehung, Gemeinschaft, Aufgehobensein und irgendwelche praktisch erlebbare Hilfsbereitschaft und wirklicher Austausch erwartet, obwohl, wie schon beschrieben, das Netz solches gar nicht leisten kann.

Die typische Aussagen dazu um Freundschaftsspitzenreiter wieder auf den Boden der Tatsachen zu holen sind allgemein bekannt: „Wieviele Freunde Du wirklich hast siehst Du wenn Du beim Umzug Hilfe zum Kartontragen brauchst!" oder zum gemeinsamen lernen vor wichtigen Prüfungen, oder die einen im Krankenhaus besuchen oder einen bei großen Nöten mal real in den Arm nehmen. So wird schnell kar; ein wahres soziales Netz zeigt sich erst in der Krise.

Man kann kaum mehr als 150 Bekannte haben und nur wenige Freunde

Man kann nämlich durchaus viele Bekannte haben, aber eben nur wenige wirkliche Freunde. Bei der Anzahl von Bekannten, geht der britische Evolutions-Psychologe Robin Dunbar davon aus, dass unser menschliches Gehirn maximal 150 Kontakte verwalten kann. Das deckt sich übrigens, auch historisch und rings um die Welt betrachtet, mit der Größe vieler Stammes-, Clan- und Religions- Gemeinschaften, auch die kleinsten selbständigen militärischen Einheiten, die Kompanien, haben in fast allen Ländern der Erde maximal 150 Personen.

Wirkliche Freunde hat man meistens nur sehr wenige. Denn intensive Freundschaften zu pflegen, braucht Zeit und ist relativ aufwendig. Forscher aus Finnland haben jetzt gezeigt: Menschen kommunizieren außerhalb der Familie fast die Hälfte ihrer Zeit mit nur ein paar wenigen anderen- das sind wahrscheinlich ihre engsten Freunde. Der Psychologe Dr. Wolfgang Krüger sagt,

"Wenn es hoch kommt, hat ein Mensch drei wirklich gute Freunde. Darüber hinaus pflegen wir rund zwölf Durchschnittsfreundschaften. Das sind Menschen, die man zum Geburtstag einlädt und die ein bisschen mehr über einen wissen. Alles andere sind Bekannte mit einer gewissen Form von Innigkeit wie Nachbarn oder Kollegen."

Früh beliebt und populär – später unglücklich?

Tragisch auch, dass es auf Dauer offenbar wenig bringt ganz viele Bekannte zu haben und dort äußerst beliebt zu sein. Jedenfalls wenn man einer Studie des US-Amerikanischen *National Institute of Child Health and Human Development* Glauben schenkt. Die Soziologen hatten 169 Teenager 10 Jahre lang vom 15. bis zum 25. Lebensjahr begleitet. Die Gruppe bestand aus Probanden mit unterschiedlichen ethnischen, finanziellen und sozioökonomischen Hintergründen.

Es kam heraus: Die Teilnehmer, die früher als sehr populär galten, hatten im jungen Erwachsenenalter eher mit sozialen Ängsten, bis hin zu Depressionen zu kämpfen als andere. Die besonders coolen Kids auf dem Pausenhof, die vor ein paar Jahren noch zu denen gehörten, zu denen jeder aufblickte und mit denen jeder befreundet sein wollte und deren Namen jeder kannte, leiden heute, zehn Jahre später, offenbar mehr als andere unter sozialen Ängsten oder gar an Depressionen.

Im Gegensatz dazu stellte sich heraus, dass die Teilnehmer, die damals nur wenige, aber dafür sehr enge Freunde hatten, später sozial gefestigter und glücklicher waren.

Die landläufige Meinung; „Wer bei vielen Menschen beliebt ist, der ist auch glücklich", scheint nach der US-Studie auf lange Sicht so nicht zu stimmen. Die große Beliebtheit im Teenageralter kann später sogar unglücklich machen. Die Forscher führen das darauf zurück, dass die positiven Gefühle, die aus einer tatsächlich engen Freundschaft entstehen, auch eine positive Auswirkung auf das Selbstbild einer Person haben, denn sie unterstützen, mit der in engen und ernsthaften Freundschaften vorhandenen reale Rückkopplung, die Entwicklung einer persönlichen Identität. Demgegenüber wird den „Coolen" möglicherweise, ähnlich wie uns allen in sozialen Netzen, vielzuoft nur etwas vorgegaukelt.

Der Freund als Spiegel deiner Seele

„Der Freund ist der Spiegel deiner Seele und noch mehr deines Verhaltens", sagt man. Man merkt an ihm sofort, wenn eigenes Verhalten aneckt; an dessen Reaktionen, auch emotionalen, verbalen oder auch körperlichen Widerworten, in der Mimik und im Gesamtverhalten des Gegenübers. All das kann das Netz nicht bieten, denn erlebte Emotionen lassen sich nunmal nicht mit irgendwelchen Smili- Buttons ausdrücken und Streit und Widerspruch wird aus verkaufsstrategischen Gründen von den Betreibern gar nicht gewollt, deshalb wird im Netz meist nur „geliked".

So mangelt es in den Netzwerken zwar nicht an Kontakten, aber eben an Tiefe, die Vertrauen und echte Beziehung erst ermöglicht. Und es fehlt auch an der notwendigen Zeit die man real miteinander verbringt und auch an den realen gemeinsamen Erlebnissen. Sich gegenseitig die Hand zu reichen, um sich bei der Wanderung über eine schwierige Stelle zu helfen, am steilen Berg von einem Stärkeren mal den Rucksack abgenommen zu bekommen, obwohl man selbst noch Hunger hat den letzten Nachschlag jemand anderem zu überlassen, oder ihn selbst von anderen überlassen zu bekommen, sind solche Erlebnisse, die prägen, ohne dass man es merkt. Man muss sie aber tatsächlich durchleben und nicht nur darüber lesen, chatten, „liken" oder sie virtuell „teilen". Denn nur Real-Erlebnise einschließlich der dabei mitschwingenden Emotionen und Gefühle sind geeignet, Erfahrungen tiefer zu verankern, so auch wenn man z.B. „nur" aneinander angelehnt schweigend in das niederbrennende Feuer schaut oder vor dem Einschlafen über den Sternenhimmel und die unendliche Weite des Alls sinniert. Wenn man dabei auch noch belastbares Aufeinanderverlassenkönnen erlebt, wird sich auch ein Vertrauen zueinander herausbilden. Alles zusammen kann dazu beitragen Freundschaften wachsen lassen. „Kann", denn Garantien und sichere „Rezepte" gibt es dafür nicht. Unabdingbar bleiben jedoch Wollen und Bereitschaft, Vertrauen, miteinander verbrachte Zeit und gemeinsame Realerlebnisse.

„Richtige" Gruppen, Fahrtengemeinschaften, die sich auch gemeinschaftlich dem Abenteuer stellen und vorallem auch Zeit miteinander verbringen, bieten da jedenfalls gute Möglichkeiten.

Sicher soll und wird es nicht darum gehen, sich zwischen dem Einen oder Anderen, zwischen Aktivitäten im Netz und in realer Welt zu entscheiden. Man kann ja aus der Zeit und Gegenwart nicht entfliehen. Deshalb kommt es auf ein sinnvolles, vielleicht sogar im wahrsten Sinne des Wortes ‚gesundes' *sowohl als auch* an. Und ein Erkennen und Einschätzen der Möglichkeiten. Wer die sozialen Netzwerke durchschaut und so begreift wie sie sind, was sie können und was nicht, wird dort nichts Unerfüllbares erwarten.

Neue Bekanntschaften zu machen, auf ganz andere Ideen zu kommen, wenn es darauf ankommt schnell miteinander Nachrichten zu tauschen zu können und Kontakte zu sehr weit entfernten Freunden zu halten sind feine Sachen. Darauf muß man nicht verzichten. Die Frage ist vielmehr, ob einem das und massenweise Bekanntschaften genügen, oder eben nicht.

Wem es nicht genügt, dem steht glücklicherweise nebenbei - oder viel besser – als Hauptfeld noch das Real-Life als Tummelplatz und Entfaltungsraum zur Verfügung. Und vielleicht gibt es ja auch eine gute Gruppe ganz in der Nähe ...

Andreas (WWV)

Shutterstock.com Complot

Leitziele-Kanon im Bündischen

WESHALB DIE WANDERVOGELBEWEGUNG/BÜNDISCHE BEWEGUNG EINEN GENAUEREN PÄDAGOGISCH-SOZIOLOGISCH-KULTURELLEN ZIELE-KANON BEKOMMEN SOLLTE

1. Die Einordnung in das allgemeine historisch-soziologische Grundphänomen

Dieser Beitrag behandelt den Detailfall eines allgemeinen soziologisch-historischen Phänomens, nämlich die Umformung oder Teilumformung der Inhalte/Ziele von weitgehend offenen oder teiloffenen Sammlungsbewegungen. Das hat es in der Geschichte seit den Anfängen immer wieder gegeben.

Häufig entstehen politische, soziologische, pädagogische, religiöse usw. Bewegungen mit konkreten Programmen und Zielsetzungen aus anfänglich offenen Sammlungsströmungen ohne detailliertere Zielsetzungen. Solche anfangs offenen Sammlungsbewegungen können entstehen, wenn man gegen oder für etwas ist, sich verbunden fühlt, sich abgrenzen will, eine Bedrohung fürchtet usw. Sie können dann aber nach ihrer Entstehung für Ideologen, Demagogen, Reformer, Weltverbesserer usw. ein anziehendes, ideales "Menschenmaterial" sein, um es mit spezifischen Ideen, Ideologien, detaillierten andere Zielsetzungen usw. zu impfen und es dadurch historisch-soziologisch wirksamer zu machen oder inhaltlich zu verändern. Einige Beispiele:

- Zu Beginn der Industrialisierung bildeten sich vielerorts Protestbewegungen gegen die Ausbeutung der neuen Arbeiterschicht, die dann später durch sozialistische Ideologen mit detaillierten Inhalten gebündelt und in ihren Zielsetzungen erweitert wurden.
- Die mit dem Versailler Friedensdiktats von 1919 unzufriedenen Deutschen waren ein geeignetes Menschenmaterial, um sie mit der Lehre des Nationalsozialismus anzureichern und umzufunktionieren.
- Die Partei der „Grünen" entstand aus verschiedenen weitgehend offenen Bewegung für mehr Berücksichtigung von Umweltfragen gegenüber einem rein ökonomischen Denken (u.a. Mitgründer der ehemalige CDU-ler Herbert Gruhl). Politiker, Protestler, Gutmenschen und Ideologen haben diese neue Sammel-Bewegung geentert und zu einer inhaltlich breiter aufgestellten politisch-soziologischen Bewegung gemacht, als sie es ursprünglich war.

2. Der Detail-Fall bei der Wandervogelbewegung/dem Bündischen

In der Geschichte der Wandervogelbewegung lässt sich der historisch-soziologische Prozess gut erkennen, dass sich "jugendliches Menschenmaterial" in seiner anfänglichen Offenheit gut für inhaltliche Beeinflussungen und Veränderungen eignet.

Die Wandervogelbewegung und das Jugendwandern begannen ziemlich spontan und offen. Sie hatten in ihren Anfängen noch keinen klaren Ziele-Kanon, was und auf welche Weise sie es anstrebten. Jugendliche verließen um 1900 in Gruppen die städtisch-industriellen Ballungsgebiete und die verkrampfte bürgerliche familiäre Kulturtradition und entdeckten begeistert die Natur, die Romantik und Volkskunde in breiterem Umfang als bis dahin neu. Dass sich daneben noch weitere nützliche Erfahrungen und Ziele entwickelten, war noch keiner systematischen Erfassung wert, die fixierend auf diese neue Bewegung gewirkt hätte. Als frühe diffuse Orientierung lassen sich allenfalls das Gedicht von Hjalmar Kutzleb „Wir wollen zu Land ausfahren ..." und die verschiedenen Bemerkungen von Hans Breuer verstehen.

So war es möglich, dass sich manch andere Zielsetzungen, Ideen und Ideologien in die Wandervogelbewegung einschlichen, sie unterwanderten, zergliederten und prägten und das jugendliche "Wandervogel-Menschenmaterial" egoistisch als ein Substrat nutzten, welches man zu weiteren anderen Zielen ausnutzen konnte.

Zwischen solchen unterschiedlichen Zielsetzungen hat die Wandervogelbewegung/das Bündische bald nach seiner Entstehung bis in die Gegenwart hinein geschwankt und auch gelitten. Teils galt sie weiterhin nur als Jugendwandern, teils als Erfahren ausländischer Lied- und Volkskunde, teils als unauffällig praktizierte Edel-Ephebophilie und teils als heimatlose Jugend-Globetrotterei. Zu diesen neuen Inhalten gehörten weiter die Abstinenzbewegung, die Kleiderreformbewegung, schulreformerische Bemühungen und politische Reformzielsetzungen.

Nachfolgend einige Beispiele für die historische der Erweiterung/Umprogrammierung der Wandervogelbewegung:

- Hoffmann-Völkersamb, der Begründer des Schülerwanderns, hat nur die Entdeckung der Natur und eine körperliche Ertüchtigung als Ziele gehabt.

- Aber bereits sein Nachfolger Karl Fischer hat in diese Ziele-Offenheit die Vorstellung von einem lebenslänglichen Vagantentum einzufügen versucht, die von Hans Breuer als nur für die Jugendzeit geltend relativiert wurde. Dafür hat Hans Breuer die Volkskulturkunde und die Neuentdeckung des Volksliedes als erweiterte Wandervogelziele propagiert.

- Auf dem Meißnertreffen von 1913 sind zusätzliche Ideen in die nur aus Protest gegen den Wilhelminischen Militarismus zusammengeströmten Teilnehmer, mehrheitlich Wandervögel, eingeimpft worden. So hat Gustav Wyneken in seiner „Meißnerformel" die Forderung nach einem autonomen Jugendreich aufgestellt, in das (damals noch unausgesprochen, ab 1922 von ihm aber offen bekannt) die Vorstellung einer Edel-Ephebophilie nach antikem Muster integriert war.[1]

- Hans Blüher hat diese erotische Komponente einschließlich der Edel-Ephebophilie zu einer Tradition aller Männerbund-Eliten aufgewertet und darin den Wandervogel als erotisches Phänomen eingeordnet. Auch das hat pädophilen Tendenzen in manchen Gruppen und Gruppierungen Vorschub geleistet, die teilweise geschickt verborgen gehalten wurden. Man tarnte die erotische Nähe zu Minderjährigen z.B. mit besonderer pädagogischer Fürsorge.
  Oft wurden solche Tendenzen erst bekannt, wenn Anklagen und Verfolgungen durch die Strafbehörden erfolgten.

- Das Dauer-Vagantentum hat sich nach dem 1. Weltkrieg im Wandervogel neu entfaltet, besonders durch das Vorbild der Brüder Oelbermann und ihres Nerotherbundes, und ist bis heute in der Form einer Wandervogel-Globetrotterei lebendig geblieben.

- In den 60iger Jahren, als nach der Konsolidierungsphase der neuen Bundesrepublik die Studenten politisch aufbegehrten und radikale Strömungen wieder an Einfluss gewannen, bildeten sich bündische Gruppen, die nach außen das bekannte bündische Auftreten und Programm zeigten, intern aber linke oder rechte Tendenzen hatten.

Wenn in der Anfangszeit der Wandervogelbewegung ähnlich wie beim Scoutismus ein klarer und verbindlicher Ziele-Kanon ausgearbeitet worden wäre, würde es in der Wandervogel-bewegung diese Anfälligkeit für ideologische Zusätze und Irritationen nicht gegeben haben.

In der bündischen Paxis sah/sieht eine solche Präferenzbildung/Umorientierung häufig so aus:

Verschiedene Jugendliche bilden anfangs eine Wandervogelgruppe. Ein charismatischer junger Führer oder eine interne Kleingruppe mit einem bestimmten Weltbild oder ideellen Präferenz erringen die Führung in dieser Gruppe und beginnen ihre Präferenzen in der Gruppe zu verbreiten. Mitgliedern, die diese Präferenz nicht teilen oder andere Präferenzen haben, wird das Gefühl vermittelt, dass sie unerwünscht sind und werden allmählich zum Verlassen der Gruppe gebracht. Neue Mitglieder werden nur nach deren Bereitschaft zur Akzeptanz der spezifischen Gruppen-Präferenz aufgenommen. So entsteht allmählich eine Wandervogelgruppe, die häufig langfristig eine bestimmte Tendenz hat. Wenn der bisherige Führer ausscheidet, rückt der nächste, der unter ihm und der spezifischen Präferenz gelebt hat, nach. Manchmal werden diese Präferenzen, bei denen es eine erhebliche Bandbreite von Abstufungen geben kann, auch verborgen gehalten, um nicht ins Gerede zu kommen. Es gab/gibt sogar Gruppen, bei denen das Bündische nur noch als äußere Kaschierung und wirksame Werbung fungiert.

3. Der stabilere Scoutismus

Wie sieht es bezüglich Umorientierung, Präferenzwandel im Scoutismus aus? Der Scoutismus hat eine klare zeitlose pädagogische Ziele-Grundstruktur, die von ihrem Gründer Baden Powell in gelungener Weise formuliert worden ist. In der Realität der Gruppen entstehende Abweichungen werden klar als Abweichungen deutlich und jedes Mitglied kann wieder die Rückkehr zu der originalen Zielstruktur fordern. Insofern stellt der scoutistische Leitziel-Kanon nicht nur einen stabilisierenden Halt dar, er beinhaltet auch klare Grenzziehungen. Was nicht in dem scoutistischen Leitziel-Kanon steht, hat es schwer, in die scoutistische Bewegung hinein geschmuggelt zu werden. Charismatische jugendliche Demagogen, die Veränderungen wollten, haben immer diesen traditionellen Ziele-Kanon im Nacken gespürt, der ihnen individuelle, revolutionäre oder sektirische Bemühungen erschwerte.

Als z.B. um 1970 in den BDP linksorientierte Zielsetzungen eingeschleust wurden, hat sich die Mehrzahl der dortigen Pfadfinder zum neuen BdP unter den traditionellen scoutistischen Zielen zusammen geschlossen.

Aber auch der Scoutismus hat eine offene Flanke bezüglich seines Ziele-Kanons, nämlich das Musische und besonders das Singen. Baden Powell hat diesbezüglich wenig mitgeteilt, als Empfehlung z. B, Lieder fremder Völker zu singen und Tänze fremder Völker zu üben. Sonst erwähnt er keine ausgeprägte Singekultur. Diese Lücke beginnt der Scoutismus in den letzten Jahrzehnten zunehmend durch Übernahmen, vor allem aus dem Bündischen, zu schließen. Man kann immer mehr deutsche Pfadfinder-Gruppierungen als "bündische Pfadfinder" bezeichnen.

4. Überlegungen für einen möglichen Leitziele-Kanon im Bündischen

Es entsteht daraus die Überlegung, den Scoutismus mit dem Bündischen zu verschmelzen, um eine neue pädagogische und abenteuernde Bewegung mit einem stabilen Ziele-Kanon zu schaffen. Bei genauerem Hinsehen erkennt man aber, dass ein Teil des Wandervogel-typischen/des Bündischen nicht zum Scoutismus als Ergänzung passt und umgekehrt. Und es wäre zusätzlich schade bezüglich des Erhaltes eines spezifischen Kulturgutes, wenn die originale Wandervogelkultur allmählich verklingen würde. Denn viele Anteile des originalen Wandervogels/des Bündischen würden als die schwächeren Komponenten bei einer solchen Synthese verloren gehen.

Prinzipiell und gerade weil die derzeitige Entwicklung zum Nachteil einer Bewahrung des Wandervogels/des Bündischen verläuft, sollte man versuchen, die gefährliche inhaltliche Lücke im Bündischen zu schließen und einen detaillierteren Orientierungs-Rahmen, besser einen Leitziele-Kanon zu erarbeiten.

Das sollte in einem allmählichen, übergeordneten Konsensverfahren erarbeitet werden. Dabei sollte aber nicht nur deutlich benannt werden, was man anstrebt, sondern auch das, was man nicht möchte. Als Wege einer Erarbeitung gäbe es die Möglichkeit in öffentlichen Diskussionen zu prüfen, was als bündischer Konsens formuliert werden könnte und was man vom scoutistischen Ziele-Kanon übernehmen könnte.

Solche Ziele-Angaben und orientierende Strukturen lassen sich nicht rasch und problemlos nachtragen, wenn zu Beginn einer Bewegung keine solchen Orientierungen formuliert worden sind. Man sollte deshalb diese Aufgabe nicht einigen wenigen überlassen, sondern es sollte eine breitere Diskussion begonnen werden, innerhalb der sich konsensfähiger Ziele allmählich herausbilden. Einige mögliche Ziele-Vorschläge seien hier erlaubt:

4.1. Als positive Orientierungsthemen könnte man formulieren:

- Romantisches Erleben;
- Förderung musischer Fähigkeiten, besonders des Singens;
- Förderung einer gesunden körperliche, geistigen, seelischen und sexuellen Entwicklung;
- Naturverbundenheit, Eintreten für Naturschutz und die Erhaltung natürlicher Ressourcen, Förderung von Fähigkeiten um in der Natur erfolgreich zu leben;
- Erfahrungen in Kultur und Volkskunde, Verständnis für fremde Kulturen;
- Gewöhnung an eine bescheidene Lebensweise;
- Gewöhnung an ein Leben in einer Gemeinschaft;
- Organisatorische Offenheit für Jungen, Mädchen und Erwachsene in eigenständigen oder koedukativen Gruppen, Erwachsene sollten nur funktionale Aufgabenhaben innerhalb der Jugendgruppen haben, die Mehrheit der Erwachsenen sollte ein separates Gruppenleben innerhalb ihrer Erwachsenenstufe führen;
- neben Fahrt und Lager könnten nützliche Patenschaften in Natur, Kultur oder Gesellschaft übernommen werden...

4.2. Was nicht gewünscht wird:

- Überzogener Nationalismus, Intoleranz fremden Nationen und Kulturen gegenüber;
- Die Gegenwart von Erwachsene, die sich ständig zu den Jugendgruppen hingezogen fühlen, sexueller Missbrauch;
- Ideologische, politische, religiöse usw. Indoktrinationen jeglicher Art;
- Eine permanente Globetrotter-Flucht aus Beruf, Familie und realem Alltagsleben...

(Verfasst von Helmut Wurm, Webmaster der Webseite www.buendische-blaue-blume.de, November 2017)

Helmut Wurm

[1] Gustav Wyneken war ein anerkannter Reformpädagoge, Gründer der Freien Schulgemeinde Wickersdorf im Thüringer Wald und spielte zeitweise eine beeinflussende Rolle in der frühen Jugendbewegung, besonders 1913 auf dem Meißnertreffen als Redner. Er prägte die so genannte „Meißnerformel": *Die Freideutsche Jugend will nach eigener Bestimmung, vor eigener Verantwortung, in innerer Wahrhaftigkeit ihr Leben gestalten. Für diese innere Freiheit tritt sie unter allen Umständen geschlossen ein.*

Nach den Indizien seines Lebens beinhaltete diese „Orientierungsformel" auch pädophile Kontakte. Denn nach dem 1. Weltkrieg wurde Wyneken wiederholt (1920 und 1931) wegen pädophiler Vergehen angeklagt und zu einem Jahr Gefängnis verurteilt und musste die Freie Schulgemeinde verlassen. Der erste Prozess, zu dem auch Blüher als „abschwächender Zeuge" geladen war, erregte damals ziemlich verbreitetes Aufsehen.

– Die Wyneken- und Blüheranhänger innerhalb des Nerother Wandervogels riefen während dieses ersten Prozesses zu einer Solidaritäts-Veranstaltung auf der Waldeck auf. Es kamen ca. 300 Teilnehmer. An diese sandte Wyneken eine Botschaft, in der es unmissverständlich hieß: *Daß in entscheidenden Stunden Männer, die die allmächtige Zeit und das ewige Schicksal dazu beruft, taub sein müssen für die Drohung des Strafgesetzes und sogar für die anerkannten Forderungen des Sittengesetzes, daß sie von ganz woanders her den Maßstab ihres Handelns nehmen, aus tieferem Quell schöpfen müssen als aus dem Tagesbewußtsein der Menge – daß nur so die Taten geschehen können, die immer wieder geschehen müssen, wenn die Welt nicht ersticken soll – das ist eine Wahrheit, die wir in der Dichtung bejubeln und im Leben unterdrücken."* (nach: https://de.wikipedia.org/wiki/Gustav_Wyneken; http://www.linkfang.de/wiki/Gustav_Wyneken (Zitat angeblich aus Werner Helwig: *Die Blaue Blume des Wandervogels.* Erweiterte Neuausgabe, herausgegeben und mit einem Nachwort versehen von Walter Sauer. Heidenheim an der Brenz 1980, S.170)

Männer und Stress

Hindernisse überwinden ist
der Vollgenuss des Daseins.
Arthur Schopenhauer

Ende Juli war im Teil ‚Natur- und Wissenschaft' der FAZ ein Artikel mit der Überschrift „Ungewöhnliches Stressverhalten: Männer mit Moral."

Zwei Psychologinnen am Lehrstuhl für Medizinische Psychologie an der Universität Regensburg und aus der Arbeitsgruppe „Kognitive Neurowissenschaften" am Bezirksklinikum Regensburg, die sich explizit für das Stressverhalten von Männern interessierten, sind bei ihren Versuchen auf etwas ganz und gar Unerwartetes gestoßen. In einer Versuchsreihe mit fünfzig gesunden jungen Männern war bei zunehmendem Stress vermehrtes „prosoziales Verhalten" zu beobachten.[1]

Ja wirklich, die Männer wurden, sobald sie im Verhaltenslabor unter den „Trierer Sozialstress" – so etwas wie der Goldstandard der Psychotests (FAZ) – gesetzt wurden, von einer, wie die FAZ schreibt, "seltsamen Menschenliebe erfasst."

Eigentlich denken ja alle: Stress ist des Teufels und deshalb muss er weg. Stress macht krank, vergesslich und legt den Keim für die spätere Demenz. Es ist schwierig, unter Stress Gefühle im Zaum zu halten. Es ist leider so: Wenn der Druck steigt, geht die Selbstkontrolle meist flöten. Bei den Regensburger Versuchen unter Druck gesetzt, zeigte das starke Geschlecht dagegen bisweilen ein ungewöhnliches soziales Verhalten. Ja, es keimte sogar besondere Nächstenliebe auf.

Die Versuchsteilnehmer sollten sich Szenen vorstellen wie: Sie hetzen zur Haltestelle, den Bus, der schon da steht, dürfen Sie nicht verpassen, unterwegs fällt einem alten Mann die Einkaufstasche aus der Hand – helfen Sie also dem Mann, dessen Mittagessen auf die Straße kullert, oder rennen Sie ungerührt weiter zum Bus?

Um es kurz zu machen: Die gestressten Männer verhielten sie sich, wie die Forscherinnen vornehm wissenschaftlich formulieren, „im Mittel weniger egoistisch", als die Männer in der stressfreien Kontrollgruppe. Und das obwohl der gemessene Gehalt an Stresshormonen im Blut exorbitant war.

Ja, es geht sogar noch weiter, denn das selbstlose Verhalten wurde auch noch durch eine höhere Entscheidungssicherheit getragen und durch positivere Emotionen begleitet als egoistische Entscheidungen. Die Entschlossenheit der jungen gestressten Männer selbstlos zu handeln, war geradezu frappierend! Und das i-Tüpfelchen dazu: Die Regensburger Psychologinnen haben, neben der famosen Empathiefähigkeit, bei den gestressten Männern ausgerechnet auch noch jene Persönlichkeitseigenschaft entdeckt, die nicht nur Frauenherzen höher schlagen, sondern auch Gemeinschaft besser gelingen lässt: „Verträglichkeit".

Das soll nicht darüber hinwegtäuschen, dass Stress sowohl als aktivierend wie auch als zermürbend empfunden werden kann: Stress – verbunden mit körperlicher Aktivität und der Aussicht etwas zu erreichen (Eustress) – erleben wir als anregend, Stress hingegen, der nicht von einer Motivation begleitet ist und ohne körperlichen Ausgleich (Disstress), raubt uns Kraft.

Stress kann bei Männern auch positive, prosoziale Seiten haben

Zusammenfassend verdeutlicht die Regensburger Studie, dass das allgegenwärtige und oft negativ eingeordnete Phänomen Stress also durchaus auch prosoziale Konsequenzen haben kann und deshalb nicht automatisch nur mit negativen Auswirkungen in Verbindung gebracht werden sollte. Stress kann also sogar auch gut tun und die soziale Komponente stärken – zumindest die von Männern. Frauen wurden bisher noch nicht getestet.

Man könnte sich nun auf eine Exkursion zu möglichen Ursachen solchen Verhaltens begeben. Waren es möglicherweise die prägenden Jagdabenteuer, bei denen unsere männlichen Ur-Vorfahren über tausende von Jahren bei der Verfolgung von Mammuts und anderen gefährlichen Tiere oder bei der Clanverteidigung gerade in Stresssituationen ganz besonders aufeinander achten und wie ein eingespieltes Team agieren mussten?!

Um nicht den Rahmen und die Länge dieses Artikels zu sprengen schauen wir lieber auf die Gegenwart.

Mehr Mitmenschlichkeit bei Stress

Männer entdecken also bei Stress eher Mitmenschlichkeit als ohne…

Ganz neu ist uns diese Situation nicht, wir brauchen uns nur an verschiedene Situationen auf Fahrten oder zu Hause zu erinnern:

Sind wir ein paar Tage irgendwo einfach nur am Strand, gehen sich schon recht bald alle auf die Nerven, es gibt Unzufriedenheit oder gar Streit.

Langweilt sich der Sohnemann ohne Herausforderung in seinem Zimmer, ohne dass er tatsächlich z.B. bei wichtigen Haushaltsaufgaben oder Renovierungsarbeiten gebraucht wird, ohne Computerspiele zu entwickeln (nicht nur zu spielen), im Wettbewerb Sport zu machen oder Gedichte zu schreiben, so sinkt erfahrungsgemäß die Reizschwelle, Laune und Hilfsbereitschaft.

Auf Fahrt hingegen, gerade dann, wenn es so richtig herausfordernd wird, können wir stets das Gegenteil beobachten. Ähnliches gilt aber z.B. auch bei Landheimwochenenden, wenn etwas gemeinsam aufgebaut oder repariert wird, oder wenn vielleicht das begonnene selbstgebaute Fahrtenmesser unbedingt noch vor der Abfahrt am Sonntag fertig werden muss und in der Werkstatt am Samstagabend gegen 22 Uhr noch immer Maschinen laufen. In solchen durchaus „stressigen" Situationen schwingt meistens nicht nur gute Laune, sondern auch erkennbar große gegenseitige Hilfsbereitschaft mit.

> »Stress kann sowohl aktivierend wie auch zermürbend empfunden werden

Fordernde Herangehensweise in Jugendgruppen und Jungspädagogik

Die Regensburger Forscherinnen haben also, gewiss ohne dass das ihr Ziel war, diejenigen Bünde und Gruppen in ihrem Tun bestätigt, deren grundsätzlichen Herangehensweise an Jugendgruppen und Jungspädagogik auch Forderung und Action beinhaltet. Also solche, bei denen auf „richtige", anspruchsvolle Fahrt gegangen wird, wo Jungs nicht nur bespaßt oder sonst irgendwie einfach nur „beschäftigt" werden, sondern in allem tatsächlich eingespannt sind - alle mit tun. Dazu gehört es auch, sich immer wieder Ziele zu setzten die durchaus zu Anstrengung führen. Z.B. wenn eine Gruppe gemeinsam auf einen Berg, oder wie in dem Korsika-Fahrtenbericht beschrieben, über hohe Pässe von einem Tal ins andere will.

Solche Gruppen, und da sind stets auch die Jüngsten miteinbezogen, organisieren sich in weiten Teilen selbst und bewältigen gemeinsam nicht nur alltägliches Leben wie Zeltaufbau und Kochen, sondern auch besondere Herausforderungen. Jeder Teilnehmer im Rahmen seiner Möglichkeiten, denn nicht jeder kann alles, aber immer mit dem Anspruch, dass sich die eigenen Möglichkeiten erweitern, was nicht nur für Fahrten gilt, sondern ebenso auch bei Landheim- und Bauwochenenden.

Und immer, wenn man mitten in einem gemeinsamen Werk steht, jeder gebraucht wird, sich jeder aber auch anstrengen muss, ist der persönliche Zufriedenheitslevel am höchsten, und – so in etwa haben es ja auch die Regensburger Forscherinnen herausgefunden und so erleben wir es ja auch selbst immer wieder -, klappt Gruppe am besten, weil Männer, demzufolge auch Jungs, dann am verträglichsten sind.

Andreas (WWV)

1) Studie ist veröffentlicht in der Fachzeitschrift „Hormones and Behavior" 2017

Singen, Tanzen, Musizieren auf Burg Trifels

VON INGE „GRETEL" BÖHM, VCP GAU ALT-BURGUND

Burg Trifels im Vollmond

Fotos Henrik Hartig

„Herr, es ist Zeit. Der Sommer war sehr groß. Leg deinen Schatten auf die Sonnenuhren und auf den Fluren lass die Winde los. (...)"
– Rainer Maria Rilke

So klingt der Herbstanfang für rund 200 Jugendbewegte, die sich jedes Jahr zur „Trifels" versammeln. Singen, Tanzen, Musizieren auf Burg Trifels ist eine überbündische, musische Fortbildung des Gaues Alt-Burgund (VCP Rheinland-Pfalz/Saar), die im Trifels-Gymnasium in Annweiler stattfindet. Tagsüber können in musischen, künstlerischen, nachdenklichen oder auch bewegten Arbeitskreisen Lieder gelernt, Theater gespielt, Texte geschrieben oder Volkstänze getanzt werden. Höhepunkt der Trifels ist der Burgabend im Kaisersaal der gleichnamigen Burg, der mit klangvollen Liedbeiträgen den Herbst einläutet. Der bis dahin eher besinnliche Abend wird durch eine rauschende Singerunde im Trifels-Gymnasium abgerundet. Besucht wird die Trifels von Gruppen aus den unterschiedlichsten Bünden – aus BdP, DPSG, VCP, Waldjugend, Heliand-Pfadfinderschaften sowie vieler weiterer kleinerer Bünde.

Singerunde im Schulhof

In der Jurte

Warten auf das erste Lied

„Wenn ich wüsste, dass morgen die Welt untergeht, dann würde ich heute noch ein Apfelbäumchen pflanzen."

– Martin Luther

Der Burgabend im Kaiseraal

Vom 6.-8. Oktober 2017 fand die Trifels nun zum 34. Mal statt. Mit dem Sinnspruch von Martin Luther wurde das Thema „Hoffnung" in kleinen Andachten, in Liedern und auf dem Burgabend immer wieder aufgegriffen. So ist die Trifels nicht nur ein schönes Fest für alle Sinne (nicht zuletzt wegen des köstlichen Essens, das die Küche jedes Jahr aufs Neue zaubert), sondern auch eine Tankstelle für die Seele. Durch die Gedankenimpulse, Begegnungen und vielen schönen Eindrücke aus Arbeitskreisen, Burgabend und Singerunden konnte sich jeder Teilnehmer sein eigenes Hoffnungs-Paket schnüren, das durch den nassen, trüben Herbst und den kalten, dunklen Winter trägt.

„Öffnet die Herzen und lasst die Träume ein."

Die nächste Trifels findet vom 5.-7. Oktober 2018 in Annweiler am Trifels statt. Die Teilnahme ist ab 14 Jahren möglich. Weitere Informationen findest du unter www.trifels-online.de.

Vor den Toren der Burg

Zehnter Rheinischer Singewettstreit (RSW) 2017 zu Sankt Goar

Es waren zum RSW des Jahres 2017 gut 700 Personen gekommen. Also etwas weniger als sonst, das mag der Nähe zu den Osterferien geschuldet gewesen sein. Die Einstiegsrede von Mickel war kurz und ansprechend. Als Einzelmeinung aus der Jury wurde auf die Bedeutung des Humors und der Selbstironie beim Vortrag hingewiesen. Ein musikalisch sauber vorgetragener Choral, der aber ohne rechte Begeisterung vorgetragen werde, verliere gegenüber einem vielleicht nicht ganz perfekten, aber mit echter Begeisterung vorgetragenen Beitrag. Wolle bat darum, die Fahne des Singewettstreites, welche trotz Lagerfriedens über Nacht entwendet worden sei, wieder zurückzugeben beziehungsweise die damit verbundenen Forderungen zu stellen.

Auch die Begrüßungsworte von Bürgermeister und Pastor punkteten mit Kürze und Witz. Letzterer neigt inzwischen dazu, sich zu wiederholen und sich hierbei stetig zu verfeinern. Schon im vergangenen Jahr (und denen davor gleichfalls) stellte er sachlich fest, dass seine Kirche leider selten so gut mit jungen Leuten gefüllt sei, wie beim Rheinischen Singewettstreit. Diesmal fügte er hingegen hinzu: „Wir müssen dann im Anschluss zwar ein bis zwei Tage die Türen öffnen, um zu lüften. Aber wir haben ja auch Weihrauch." Ich hatte bislang gedacht, dass aufgrund der besseren Akustik vor einigen Jahren die Entscheidung gefällt worden sei, den Singewettstreit ab sofort immer in der katholischen Kirche (statt mit der evangelischen im Wechsel) stattfinden zu lassen. Aber nein, es ist der Weihrauch. Beziehungsweise unser Gestank. Weitere faszinierende Feststellung: Der Handyempfang in der katholischen Kirche liegt bei drei Punkten, wohingegen er im italienischen Restaurant, zu dem unsere Redaktion immer nach dem Singewettstreit eilt, nur bei einem Punkt liegt. In der Kirche klappte es dann auch erstmals mit dem wirklich „zeitnahen" Hochladen der Ergebnisse des Singewettstreites.

Nachwuchssänger der Jungenschaft Schwarzer Adler

Fotos Redaktion

Der Pfarrer bei seiner Ansprache vor vollem Haus

Nachwuchsgruppe des DPB, Jungenschaft Schwarzer Adler

Junge Musikerin der DPSG ist voll bei der Sache

Die kleine Truppe des BdP war womöglich wegen des hohen Durchschnittsalters etwas zurückhaltender bewertet worden

Der Altherrenchor der ESM, Stamm Chertusker, gab alles und sahnte den Loreleykracher ab

Eine Liebeserklärung an Sankt Goar erfolgte durch die Jungs von den Europapfadfindern Sankt Michael

Musikalisch ansprechend instrumentiert

Nicht nur die Mädels, auch die Jungs von der DPSG Langerwehe gaben alles

Die Thiesern nehmen den Dank für ihren jahrelangen Einsatz entgegen

Hier bedankt sich gerade der Bürgermeister von Sankt Goar persönlich für die Lobeshymne auf seine Stadt.

Altherrenchor der ESM bei seiner Zugabe

Detailaufnahme der T-Shirts des Altherrenchores der ESM bei seiner Zugabe

Auf dem Vorhof der Burg findet stets ein Markt statt

Ein besonders raffinierter Trick der katholischen Kirche, um mehr junge Gottesdienstbesucher anzuziehen: Einrichtung eines Hot Spots.

Die Organisation insbesondere (aber nicht nur) durch die CP Saar war wie immer top. Den Organisatoren und ihren Helfern ist ein großer Dank auszusprechen, diese Arbeit Jahr für Jahr für uns feierwürdiges Volk auf sich zu nehmen. Anlässlich des zehnten RSW wurde auch Wolle offiziell gedankt (Rakete!), zudem den Eheleuten Thieser, welche sich nach einem Jahrzehnt der Zuständigkeit für den Kartenverkauf nun in den „Ruhestand" verabschieden. Das Präventionsteam wurde vorgestellt und war die gesamte Veranstaltung über deutlich mit einem großen Kreuz auf der Schulter markiert. Auch hingen die Selbstverpflichtungen wieder auf den Toiletten aus. Es ist jedoch schwer, hier allen Ansprüchen und individuellen Befindlichkeiten zu genügen.

Neu bei diesem Rheinischen Singewettstreit war der Publikumspreis „Loreleykracher". Er vertrug sich perfekt mit dem von scouting erstmals

Eine Fahne fehlt. Ob sie ihren Weg zurückgefunden hat?

ausgegebenen Bewertungsbogen für die Zuschauer. Offensichtlich geht das nicht nur mir so, dass ich mir gern Notizen zu den einzelnen Darbietungen mache, aber vorab weder an Zettel noch Stift denke. Stift und Bewertungsbogen der scouting brachten hier Abhilfe. Redaktionskollege Einstein und ich machten uns dann auch Gedanken über weitere, wirklich sinnvolle Give-aways. Mein Favorit sind Lippencreme und Nagelfeile, aber versucht das mal, gegen die Übermacht einer männlichen Redaktion durchzusetzen!

Die Beiträge für den Singewettstreit waren auf gutem Niveau. Selbstverständlich kommt man nirgendwo mehr (außer vielleicht in Neu-Ulm) an das „Chorniveau" der Sechziger, Siebziger, Achtziger Jahre heran und je älter ich werde, desto mehr gebe ich Helm König und Fränz bei diesem Punkt recht. Da ich aber nicht übermäßig musikalisch bin, steht für mich der Spaß aber eh im Mittelpunkt und wer weiß, vielleicht hat der sogar zugenommen! Ein musikalischer junger Mann aus Bonn, mehrfacher Vorjahressieger (da zudem auch gut aussehend, d.h. neben dem besten selbstgeschriebenen Lied und dem Kategoriesieg wurde auch der Preis für die schönste Boy-Group ergattert), sagte mir, im Vergleich zum diesjährigen HaSiWe sei das Niveau der Beiträge und die Attraktivität der Lieder in St. Goar deutlich höher gewesen. Nun ist das ein einzelner subjektiver Eindruck, ich habe keine Umfrage dazu gemacht. Und es gäbe ja genaugenommen auch keinen Grund dafür, warum dieser oder jener große Singewettstreit ein besseres oder schlechteres Niveau aufweisen sollte, außer dem Zufall. Mir fiel nur auf, dass in der ersten Kategorie von fünf Gruppen drei aus Ringbünden stammten und zwar aus DPSG, VCP und BdP. Also nimmt nicht nur die schiere Anwesenheit von DPSG zu, inzwischen bringen sie auch exzellente Leistung auf der Bühne. Das ist der betreffenden Gruppe vielleicht nicht bewusst, aber die DPSG-Dichte auf

Zelte in der Burgruine

Lecker!

Niedliche Besucher

Mahlzeit!

Vorentscheid im Gewölbe

One Size fits not all

Verhaltenscodex, Zweck

Erstmals dabei: Der Lorelei-Publikumspreis und der scouting-Bewertungsbogen ergänzten sich prima

Bühnen von überbündischen Singewettstreiten war in den vergangenen Jahrzehnten nicht übermäßig hoch und ich finde es sehr schön, dass sich daran etwas ändert.

Überhaupt die Subjektivität: Da sitzt man mit vier Mann von der Redaktion beisammen und jeder hat eine andere Meinung. Wirklich jeder. Und am Schluss meint die Jury das, was der Chefredakteur meint. Und verkündet damit exakt das Gegenteil davon, was ich meine. Jedes Jahr!! Wenn es also nach mir gegangen wäre („hätte, hätte, Fahrradkette"), hätte in der Kategorie die kleine Drei-Frau-Gruppe des BdP-Stammes Pilgrim Falconi mit großem qualitativen Abstand zum „Rest" den ersten Platz gemacht. Tatsächlich kamen sie ans andere Ende. (Vielleicht, weil drei Frauen „fortgeschrittenen" Alters mit 14 Jahren keine „echte" Jüngerengruppe ausbooten sollten?). Und jene, welche in meiner Gunst am schlechtesten abschnitten, kamen auf den ersten. Ich fand bei den Erstplatzierten aber weder ihr Erscheinen als Gruppe, noch die Qualität des Liedvortrages überragend, das Arrangement hingegen war in Ordnung und das Lied selbstgeschrieben. So unterschiedlich können die Meinungen sein; das spricht wohl dafür, dass - neutral gesehen - die Qualität insgesamt gut ist.

Weiter zu den älteren Fahrtengruppen. Diese war in meinen Augen dieses Jahr die anspruchsvollste Kategorie. Und auch hier setzte die Jury jene auf den ersten Platz, welche ich ... nun ja. Ich hätte die Roverunde des PbW Paradis ganz knapp auf den ersten Platz gesetzt.

Und direkt dahinter den Altherrenchor der Europapfadfinder St. Michael, weil das Lied des PbW ein echter Ohrwurm war und sie das beste Arrangement des gesamten Nachmittags aufboten. Und der Altherrenchor (Sankt Gooooar) - also das sind einfach Knaller-Jungs. Mit denen hab ich vor einigen Jahren viel Zeit verbracht, das ist bei denen keine „Show", die sind wirklich so lustig.

In der Kategorie Stämme ging ich mit der Entscheidung der Jury hingegen nahezu konform - da lagen drei Gruppen nah beieinander und die vierte nicht. Ich hätte aber NATÜRLICH die DPSG auf Platz 1 gesetzt. Schon allein wegen des Effektes. DPSG-Gruppe bei Sankt Goar auf Platz 1. Das wäre mal 'ne Meldung gewesen! Und ja, die waren spitze. Fand ich jedenfalls. Nützte aber nichts, kamen auf Platz 3.

Die „Gemischtschaft" Schwarze Adler aus dem DPB brachte in beiden Kategorien eine gesangstechnisch solide Leistung, allerdings fand ich die ausgewählten Lieder etwas fade und gerade die Jüngeren auf der Bühne müssen noch an freundlicheren beziehungsweise fröhlicheren Mienen arbeiten. Das kommt vielleicht auch mit der Übung und weniger Nervosität. Mit dem Singen klappt es ja schon. Fehlt nur noch die „Performance".

Die Nachfeier fand dieses Jahr erstaunlicherweise im Hansen-Saal und nicht im Gewölbe statt. Keine tränenden Augen, kein unerwünschtes Echo, deutlich bessere Akustik. Ich hätte nicht gedacht, dass da überhaupt genügend Platz drin ist, war aber ein Irrtum. Lag vielleicht auch daran, dass das Wetter gut genug war, um beim Volkstanz wieder einige hundert Personen draußen zu beschäftigen.

Liste der Sieger:
Fahrtengruppen 1 (jüngere)
1. VCP Aachen, Gruppe Vanyar
2. DPSG Langerwehe, Sippe Stacheleulen
3. DPB Stamm Schwarze Adler, Aufbaugruppe Loheland

Fahrtengruppe 2 (ältere)
1. VCP Aachen Gruppe Nandor
2. PbW Roverrunde Paradis
3. ESM Chertusker Altherrenchor

Stämme und Singekreise:
1. ESM Bundessingekreis
2. CPS Bundessingekreis
3. DPSG Singekreis Langerwehe

Beste Nachwuchsgruppe:
DPSG Langerwehe Sippe Stacheleulen
Publikumspreis „Loreleykracher" & bestes selbstgeschriebenes Fahrtenlied:
ESM Chertusker Altherrenchor

Abzeichen für jeden Zweck

Morgendliches Stillleben

40 Jahre Hamburger Singewettstreit

MARTIN „EINSTEIN“ SEBALD

Gestemmt wird der gesamte Aufwand hinter dem Singewettstreit von einem bunt gemischten Team aus den Bünden. Besonders stilbildend für die ersten 15 Wettstreite wird dixi genannt. Doch auch weitere Namen sollen hier in loser Reihenfolge genannt werden, die in den letzten Jahren mit begleitet haben: schrobsi, herold, Ingo, ulli, wollock, cayo, frätt, ... daneben noch die vielen Helfer, die dann am Samstagabend für einen reibungslosen Ablauf sorgen. Dies war in vielen Fällen der einzige Weg, um überhaupt noch in die ausverkaufte Veranstaltung zu kommen.

In den letzten zehn Jahren hat das Team einen Generationswechsel eingeleitet und erlebt, da sich einige langjährige Aktive zurückgezogen haben. Seit ein paar Jahren steht hinter dem Singewettstreit auch ein eigener Trägerverein.

Musik, Musik, Musik

Schon wird angestimmt und die Gitarre klingt im ersten Akkord des Abends, dazu die Singegruppe in vielstimmiger Eintracht entführt in ferne Länder, erzählt über sich und ihre letzten Fahrten.
Da ist sie wieder die Gänsehaut, der leichte Schauer, der über den Rücken jagt, ausgelöst von einer perfekt einsetzenden zweiten Stimme, einer überraschenden Wendung in einem Medley.
Wie in Urlaubsstimmung lauscht man Schilderungen von endlosen Wäldern, blauem Himmel, Fjorden, Seen,...
Der Windhauch, Salz in der Luft, sie lassen sich direkt spüren.
Die Blaue Blume scheint im Lied greifbarer als anderswo.
Schlussakkord, Beifall. Abschied und Begrüßung zugleich.
Schon wechselt das Bild auf der Bühne: Andere Hemdfarbe, andere Halstücher, doch seelenverwandt und im friedlichen Wettstreit vereint.
Dumpf klingt die Bodhran und ruft zum Tanz, durchbricht die sehnsüchtige Stimmung im Saal. Stürmisch überschäumend weist die Melodie den Weg. Schneller, schneller, bis schließlich der letzte Trommelschlag im rauschenden Beifall untergeht.
Die Musikanten auf der Bühne, erschöpft, glücklich, baden in den Ovationen und müssen doch schon weichen.
Kontrastprogramm Gospel: Nicht ohne Risiko ist das Stück a capella. Ein Patzer am Anfang und dahin wären alle Mühen. Doch ohne Probleme werden Rhythmus und Stimmlage gefunden. Die Soli kommen von Herzen; Gospel eben.
Nun eine Gruppe mit Fanclub im Publikum. Jubel und Transparente begleiten den Weg auf die Bühne. Da kann man vor lauter Aufregung schon mal die Ansage durcheinanderbringen.
Die Zeit verrinnt wie im Fluge. Schon klingt der letzte Klampfenschlag. Die Jury geht um Entscheidungen zu treffen. Bewundernswert der Mut aller, die ihr Können präsentiert haben. Nicht zu beneiden die Pflicht der Entscheider. Lieder überbrücken die schwere Wartezeit, geben schon einen kleinen Vorgeschmack auf den weiteren Abend.

Ein Sin
wenn e
der let

Spannu
rungen.
Vielfach
über.
War es
Kann et

Wer
scheide
dieser i
bereits
Auch
verschie
(wenn e
Ist e
die Bühr
mehr in
zur Lebe
Popsong
Die
tigen Re
auch For
Unge
ditionell
herausg
von der

Intro

Erste Liedfetzen schwirren durch die Köpfe.
Draußen zieht das unendliche Band der Landschaft vorbei.
Erwartungsvoll; sehnsüchtig; wie wird es wohl dieses Jahr werden?
Gedanken nachhängend, wie lange die Nachfeier letztes Jahr gedauert hat.
Unwichtig, vergessen. Die Erinnerung an die Stimmung bleibt. Und damit stellt sich die Vorfreude auf das Kommende ein.
Und dort drüben steht schon die erste Gruppe in Kluft. „Woher kommt Ihr? Singt Ihr mit? Ach so, Ihr seid das erste Mal dabei!"
So schnell knüpft man Bekanntschaften. Gemeinsam kann der Weg zur Halle zurückgelegt werden.
Zusehends werden es immer mehr Pfadfinder und Bündische, die auf den Straßen unterwegs sind.

„Hamburger Singewettstreit": Gestern wie heute klingt dieser Begriff für viele Pfadfinder und Bündische beinahe mythisch. Ein Auftritt dort ist eine Sehnsucht, ein Traum. Anderen steigt beinahe schon die Zornesröte ins Gesicht wenn sie nur daran denken. Stillos sei er, nicht pfadfinderisch und überhaupt ... diese Linken da oben im Norden ...

Ohne Zweifel polarisiert der Hamburger Singewettstreit seit jeher und ist darum umso mehr Ausdruck einer lebendigen Bewegung, die sich nicht in alte Formen pressen lassen will. Wie es dazu gekommen ist und warum es nach 40 Jahren immer noch weitergeht, soll in den folgenden Abschnitten aufgezeigt werden. Für eine vollständige Betrachtung müsste jede einzelne Person ihre Stimme erheben, die jemals mit dem Hamburger Singewettstreit zu tun hatte. Beispielhaft für jene haben viele Personen in Reden und Festschriften ihre Erinnerungen und Meinungen preisgegeben, so dass darauf ein möglichst weitgehendes Bild entstanden ist. Wem das nicht reicht, der überzeugt sich am besten selbst vor Ort beim nächsten Hamburger Singewettstreit, wie seine persönliche Sicht ausfällt.

Wirklich 40 Jahre? Oder mehr?

Mancher Leser wird vielleicht schon bei der Überschrift zum 40. Jubiläum etwas stutzig geworden sein. War da nicht noch mehr? Gab es nicht schon in den 50er Jahren ...? Ja, es gab schon vor Beginn der offiziellen heutigen Zählung Singewettstreite in Hamburg. Diese waren auch durchaus groß und stilistisch bedeutend, jedoch gehören sie nicht in die seit 1978 ununterbrochene Reihe. Belegt sind insgesamt elf Singewettstreite zwischen 1955 und 1969, die von unterschiedlichen Ausrichtern abgehalten wurden. Die Dokumentation der einzelnen Veranstaltungen reicht von fragmentarisch bis hin zu ausführlichen Aufnahmen des Thorofon-Labels. Dabei ist auch der gegenüber heute sehr unterschiedliche musikalische Stil zu hören. Teilweise erinnert die (ohne Zweifel sehr professionelle) Gestaltung eher an Schul- und Jugendchöre als an eine Bewegung, die „sich selber singt". Gegen Mitte der 60er Jahre machte sich bekanntlich nicht nur bei den Hamburger Singewettstreiten zunehmend politischer Einfluss aus den Bereichen der Studentenbewegung wie auch aus den Bünden selbst breit. Die daraus entstandenen Zerwürfnisse in den Pfadfinderbünden sind bekannt. Es dauerte neun Jahre, bis im Jahr 1978 die Hamburger Altpfadfindergilde die Initiative ergriff und 1978 einen Neuanfang organisierte. Dabei sollte die Singe-Idee mit neuem Leben gefüllt werden. Daraus ist dann die bis heute andauernde kontinuierliche Fortentwicklung entstanden.

Beeindruckend oder furchteinflößend: Der mit 3000 Personen gefüllte Saal des Hamburger Kongresszentrums CCH stellte viele Jahre die auftretenden Gruppen vor noch größere Herausforderungen: den Kampf gegen das Lampenfieber.

Am Hamburger Singewettstreit schauten immer mal wieder internationale Gäste vorbei. Besonders polnische Gruppen gaben oft ein Gastspiel. Diese Seepfadfindergruppe war sogar noch vor dem politischen Umbruch da, nämlich im Jahr 1987.

Vor dem Beginn

Marktplatzstimmung herrscht im Foyer. Unendliche Scharen schieben sich durch die Standreihen.
Entdeckungen: „Dahinten gibt es ein neues Liederbuch, da ist endlich auch mal unser Stammeslied mit drin!" „Toll, bring mir eins mit!"
Entscheidungen: „Ich brauch jetzt eine neue Lederhose!"
Zweifel: „Soll ich das Lammfell oder doch das neue Fahrtenkochbuch kaufen?"
Daneben Gespräche, Diskussionen; Hunderte, Tausende.
Doch schon rücken die Zeiger der Uhr, markieren den Beginn des Wettstreites.
Wie auf ein stummes Kommando füllt sich der Saal. Spürbar ist die Spannung auf das Kommende.
Eröffnungsworte, Applaus, eine kleine Schar löst sich aus den Stuhlreihen und strebt auf die Bühne zu.
Wie schwer mag es wohl sein, als erste Gruppe auf der Bühne zu sein?

Groß, größer, und dann?

Wie notwendig und richtig das Wiedererwecken des Singewettstreits war, zeigt sich bei einem Blick auf das enorme Wachstum bei den Teilnehmerzahlen, das bald ungeahnte Größen erreichte und das Team und die Teilnehmer vor ziemliche Herausforderungen stellte.

Bis Mitte der 1980er Jahre war der stärkste Anstieg bei den Teilnehmern zu verzeichnen. So hatten sich beispielsweise 1985 etwa 80 Gruppen mit insgesamt 1200 Sängern angemeldet. Dazu kamen dann natürlich noch Zuhörer in großer Zahl. Auf die Abendbühne konnten aber nur 10 bis 15 Gruppen.

Auch Gruppen ohne bündische Historie waren schon da. Die vielleicht bekannteste dürfte wohl Liederjan in den Jahren 2002 und 2004 gewesen sein.

Einen speziellen Auftritt gab es 2006 mit dem Gastvortrag von Hay und Topsy. Das Folk-Chanson-Paar ist durch seine Auftritte bei den Festivals auf der Burg Waldeck Ende der 60er Jahre bekannt geworden, die ja auch starke Verbindungen in die bündische Bewegung haben.

Eine besondere Wahrnehmung auch außerhalb jugendbewegter Kreise wurde dem Hamburger Singewettstreit 2010 zuteil, als er beim Echo Klassik im Bereich Nachwuchsförderung nominiert wurde.

HaSiWe sozial

Weiter oben wurde schon erwähnt, dass sich die Hamburger Bünde recht intensiv mit Themen außerhalb des bündischen Tellerrands beschäftigen. Daraus erwuchs ab 1993 eine solidarische Unterstützungsaktion, bei der von jeder verkauften Eintrittskarte ein Beitrag an ein rumänisches Waisenheim (Alba Julia) gespendet wurde. Mehrfach haben die Leiter des Heimes von den dortigen Fortschritten berichtet und sogar einigen Jugendlichen ermöglicht selbst in Hamburg mit dabei zu sein. Seit 2015 wurde der Spendenbeitrag für den „bleibe-ev.de" für unbegleitete minderjährige Flüchtlinge verwendet.

Davor und danach wird gefeiert

Es drängt die Zuschauer nun förmlich zu eigenem Schaffen!
Der Saal bebt, die Menge folgt dem Rhythmus der Musik, bahnt sich einen Weg im Rund.
Zunächst verwirrend, doch bald vertraut sind viele Volkstänze.
Schweiß rinnt nach kurzer Zeit über die Gesichter.
Spürbar ist die einzigartige Gemeinschaft, die Freude am gemeinsamen Tun.
Anderswo: Stimmungsvolle Beleuchtung, Liederbücher, Gitarren; nun selbst in Gesang vertieft, so manche, die vor kurzem nur lauschten, vereint mit jenen, die schon auf der Bühne beeindruckt haben.
Ein großes Miteinander-Gestalten fernab von Ärger oder Sorgen
Plötzlich erklingen ein paar Lieder, die man schon fast vergessen glaubte, verbunden mit ganz persönlichen Erinnerungen an viele Fahrten und Länder.
Zwischendurch holen die „Schlager" wieder alle aus den Träumen oder ganz unbekannte Stücke wecken die Sehnsucht auf kommende Fahrten.
Früher oder später holt die Schwere die Feiernden ein, verlangt ihr Recht und zwingt zum Ruhen, mit der Gewissheit, etwas Besonderes erlebt zu haben.
Beim nächsten Mal wird vieles gleich und doch so anders sein!

Die Geschichte der Nach- und Vorfeiern zum Hamburger Singewettstreit ist in den letzten 40 Jahren nicht ganz so kontinuierlich gewesen wie die des Wettstreits selbst. Viele Jahre gab es die Feiern eher inoffiziell auf Initiative einzelner Gruppen. Organisatorisch sind sie selbst heute noch separate Feiern.

Die Art und Weise der Feiern hat sich auch immer wieder gewandelt. In frühen Jahren traf man sich auch teilweise in Kneipen auf der Reeperbahn. Einige der damaligen Treffpunkte gibt es heute nicht mehr. Viele Feierlokale wurden aufgrund des großen Ansturms an Pfadfindern mit der Zeit zu klein.

So mussten neue Möglichkeiten gefunden werden. Anfang der 90er Jahre gab es dann einige Jahre, in denen es gar keine große „offizielle" Feier gab.

Seit ungefähr 10 Jahren ist etwas Ordnung in die Feierei gekommen. Am Freitag trifft man sich zur Vorfeier in der Honigfabrik in Wilhelmsburg und am Samstagabend zur Nachfeier in einer Kirche in Harburg. Diese ist gleichzeitig auch die größte Übernachtungsstätte. Vor halb 1 sollte man jedoch keinesfalls schlafen gehen, denn dann erklingt auf der Orgel ein bekannter hanseatischer Gassenhauer (welcher wohl?!).

Ach ja: Eine ungewollte Tradition um die Nachfeier gibt es auch noch: Egal wo die Nachfeier stattfindet, die Gleisbaustelle der Öffentlichen Verkehrsmittel findet sich immer genau zwischen dort und dem Audimax, so dass die Anreise nicht immer ganz einfach ist. Dafür werden dann die Fahrgäste in den Ersatzbussen entsprechend mit bündischem Liedgut beschallt.

Abschied

Der Zug frisst seine Kilometer in Richtung Heimat. Schwelgend in Gedanken, mit Liedern und Bildern im Kopf, wird das unendliche Band der Landschaft beim Vorbeiziehen betrachtet.
Nur widerwillig lässt man von der Stimmung ab, die der vergangene Tag vermittelt hat.
Die Hoffnung auf „nächstes Jahr" reißt vorwärts Tag für Tag, dem noch fernen Termin entgegen, dem nächsten Singewettstreit in Hamburg.

Da die Nachfeier nicht am Austragungsort des Wettstreits stattfindet, werden regelmäßig die Fahrgäste der öffentlichen Verkehrsmittel mit bündischem Liedgut beglückt. Schließlich darf die Stimmung zwischen beiden Veranstaltungsteilen ja nicht abreißen.

re: Im Jahr 2007 musste die Kategorie „Stämme, Ortsringe" um den Begriff „Bünde" erweitert werden. Der PBN stand als Bund komplett auf der Bühne.

Hamburger
Wir sind
PBN
der PBN...

KAZIMIERZ PIECHOWSKI

Pfadfinder und Auschwitz-Überlebender gestorben

Am 20. Juni 1942 gelang Kazimierz Piechowski mit drei anderen Häftlingen eine aufsehenerregende Flucht aus dem Vernichtungslager Auschwitz-Birkenau. Im Alter von 98 Jahren ist der polnische Pfadfinder am 15. Dezember in Danzig, Polen, gestorben.

Die waghalsige Flucht des Quartetts aus dem Konzentrationslager Auschwitz-Birkenau wurde 2007 vom polnischen Regisseur Marek Pawlowski in dem Dokumentarfilm „Die Flucht" festgehalten – mit Piechowski in einer der tragenden Rollen.

Ein Pfadfinder ist mutig und stellt sich der Gefahr, obwohl er Angst hat. Zeit seines Lebens hat der polnische Pfadfinder Kazimierz Piechowski nach den Pfadfindergesetzen gelebt und ist dafür eingestanden, was er für richtig gehalten hat. Im Alter von 19 Jahren wurde er inhaftiert und ins Konzentrationslager Auschwitz-Birkenau deportiert – eines der größten NS-Vernichtungslager, in dem mehr als 1,1 Millionen Menschen zwischen 1940 und 1945 ermordet wurden.

Polens Pfadfinder wurden im Dritten Reich ins Visier genommen und getötet, weil man befürchtete, dass die Pfadfinder dabei helfen würden, einen Aufstand gegen Nazi-Deutschland zu organisieren. Aber bevor Piechowski sich dem Widerstand anschließen konnte, musste er zunächst dem Vernichtungslager entkommen.

Gefangener 918

Der Polnische Pfadfinderinnen- und Pfadfinderverband (ZHP – Zwiazek Harcerstwa Polskiego) entstand 1911, als Polen noch ohne Staatssouveränität zwischen drei Nachbarländern geteilt war. Nach dem Krieg gruppierte sich die Organisation neu und beteiligte sich am Wiederaufbau der Heimat. Piechowski schloss sich den Pfadfindern an, als er 10 Jahre alt war.

„Ich bin beigetreten, weil ich patriotisch war", sagte er der britischen Tageszeitung „The Guardian". Und als ich nach Hause kam, weinte meine Mutter ein bisschen und sagte zu mir: „Ich bin so froh, dass du auf dem richtigen Weg bist."

Neun Jahre später fielen die Nazis in Polen ein. „Sie begannen, die Pfadfinder zu erschießen", erinnert sich Piechowski. Als er erlebte, wie seine Freunde zusammengetrieben und getötet wurden, beschloss er, die Flucht anzutreten. Er versuchte, nach Frankreich zu gelangen, wurde aber in der Nähe der ungarischen Grenze gefangen genommen. Piechowski wurde von Gefangenenlager zu Gefangenenlager gebracht, bevor er schließlich in Auschwitz ankam, wo er die Gefangenennummer 918 erhielt.

Er musste das Lager mit aufbauen, erlitt unsagbaren Hunger und versuchte, seine Kräfte zu schonen, um zu überleben. Oftmals wurde er damit beauftragt, Wagen mit Leichen zu beladen und sie in ein Krematorium zu bringen. „Wenn ich mich daran erinnere, dass ich in dieser Hölle des Todes gearbeitet habe, kann ich es immer noch fühlen", sagte er in dem polnischen Dokumentarfilm „Die Flucht".

Glücklicherweise wurde Piechowski später damit beauftragt, in einem Lagerhaus gegenüber dem Lager zu arbeiten. Dort entdeckte er einen Raum, in dem SS-Uniformen und Waffen aufbewahrt wurden. Als sein Freund Eugeniusz Bendera erfuhr, dass er hingerichtet werden sollte, drängte er Piechowski, ihm dabei zu helfen, einen Fluchtplan zu entwerfen. Sie rekrutierten Jozef Lempart, einen Priester, und Stanisław Gustaw Jaster, der auch Pfadfinder war.

Die spektakuläre Flucht

Am 20. Juni 1942 überprüften die Vier ihren Plan, beteten gemeinsam und vereinbarten, sich das Leben zu nehmen, falls ihre Flucht scheitern sollte. Sie schnappten sich einen Wagen voller Müll und überzeugten eine Wache, sie durch ein Tor zu lassen. In sicherer Distanz ließen sie den Müllwagen einfach stehen und gingen zur Garage. Bendera, ein Kfz-Mechaniker, identifizierte den Dienstwagen des Lagerkommandanten Rudolf Höß, einen Steyr 220, den sie zur Flucht benutzen wollten.

Die anderen drei sprangen durch eine Kohlenluke, stürzten sich durch die unterirdischen Gänge und brachen in den Lagerraum ein – geradewegs gingen sie auf den Raum zu, in dem sich die Uniformen und Gewehre befanden. Mit einem Brecheisen stemmten sie die Tür auf, zogen die Nazi-Uniformen an und griffen sich Schusswaffen und Munition.

Sie eilten nach draußen zu der Stelle, wo Bendera den Steyr hingebracht hatte. Bendera zog seine Uniform an und die Vier fuhren los, Piechowski auf dem Vordersitz. Es war eine verhältnismäßig ruhige Fahrt, da SS-Offiziere, an denen sie vorbeikamen, sie nicht erkannten und lediglich ihre Arme hoben, um sie mit einem „Heil Hitler!" zu begrüßen.

Als sie das letzte Tor erreichten, verweigerte ein SS-Offizier zunächst die Durchfahrt, bis Piechowski die Autotür öffnete, die Rangabzeichen aufblitzten ließ und dem Offizier befahl, das Fahrzeug durchzulassen. Er tat es, und die Männer waren frei.

Die Zeit nach dem Krieg

Nach ihrer geglückten Flucht gingen die vier Männer getrennte Wege. Die Nachricht von ihrem Entkommen gab den noch lebenden Gefangenen Hoffnung. Piechowski schloss sich noch während des Krieges der polnischen Heimatarmee im Untergrund (AK) an, um gegen die Nazis zu kämpfen. Nach dem Krieg arbeitete er zunächst in einer Fabrik, wurde dort aber von einem kommunistischen Spitzel denunziert. Die Behörden verurteilten ihn zu zehn Jahren Gefängnis, da Mitglieder der Heimatarmee als Dissidenten betrachtet wurden. Nach sieben Jahren konnte er das Gefängnis verlassen. Später studierte er Ingenieurwesen an der Technischen Universität in Danzig.

Nach der Auflösung der kommunistischen Partei in Polen und dem Zusammenbruch der Sowjetunion im Jahre 1989 reiste Piechowski mit seiner Frau Iga durch die Welt. Obwohl er immer noch von seinen Erlebnissen verfolgt wurde, teilte er seine Geschichte mit Studierenden und anderen Menschen. „Ich bin ein Pfadfinder, also habe ich die Pflicht, dankbar und fröhlich zu sein. Und ich werde bis ans Ende meines Lebens ein Pfadfinder sein."

Piechowski starb im Alter von 98 Jahren am 15. Dezember in Danzig, Polen.

nahm uns ein Lastwagen mit, der Schafe geladen hatte. Am Abend mussten sie von der Ladefläche runter. Ein Schaf brach sich dabei ein Bein und musste geschlachtet werden. Dafür erbat sich der Fahrer mein scharfes Fahrtenmesser. Solche kleinen Erlebnisse gab es viele. Alle Männer hier im Süden trugen Kopfbedeckungen, meist Turban oder Litham (Gesichtsschleier der Tuareg). Bei der großen Sonneneinstrahlung war das ja auch vernünftig und in den kalten Nächten auch. So tauschte ich den Pfadfinderhut gegen einen Turban. Das erkannten die Einheimischen noch an. Herbert wollte nicht mal einen Pfadfinderhut tragen, geschweige denn einen Turban.

Ein besonders eindrucksvolles Erlebnis war es für uns, als wir zu einem großen Brunnen in der Wüste kamen. Es war eigentlich eine Viehtränke. Herden von Langhornbüffeln, Kamelen, Schafen, Ziegen waren von überall her gekommen um getränkt zu werden. Hunderte von Tieren drängten sich da.

Spannend war das für uns schon. Manchmal hatten wir Glück und ein Militärfahrzeug nahm uns mit oder Leute von den Ölfeldern irgendwo in der Wüste. Wenn kein Platz mehr im Land-Rover war, versorgten sie uns zumindest mit Wasser oder Buschen soviel wir tragen konnten. Oder wir wurden eingeladen, in einem alten Kastell aus Kolonialzeiten zu übernachten. Überall wurden wir freundlich, ja zuvorkommend behandelt ob von Einheimischen oder Europäern, die hier arbeiteten. Aber singen mussten wir immer. Das konnten wir ja Gott sei Dank. Für die Leute hier war es sowieso schon eine Sensation, plötzlich auf der Piste zwei Pfadfinder mit Gitarre laufen zu sehen, als wären sie auf einer deutschen Landstraße. Inzwischen änderte sich nicht nur die Wüstenlandschaft, die meist aus Felsen bestand, sondern auch die Kleidung der Männer. Vereinzelt trafen wir bereits Tuareg, die ihren Schleier bis unter die Augen gezogen hatten, das Schwert an der Seite. Stolze Gestalten auf ihren Kamelen. Aber auch abgerissene Wüstenbewohner, die trotzdem ein Schwert umhängen hatten.

Da unsere Zeit ja begrenzt war, mussten wir sehen, dass wir wieder die Küstenstraße erreichten, die Tripolis mit Kairo verband. Dann endlich, eines Tages, sahen wir die berühmten Pyramiden am Horizont auftauchen. Über Alexandria kamen wir nach Kairo. Trampend auf abenteuerlichen Fahrzeugen, manchmal auch mit einem total überfüllten Linienbus. In Kairo suchten wir zuerst die Jugendherberge auf, wo wir unser Gepäck lassen konnten. Dann sahen wir uns die Stadt an. Vor allem das ägyptische Museum und die Altstadt mit den unzähligen schönen alten Moscheen und dem Bazar. An einem der Tage fuhren wir mit dem Bus hinaus zu den Pyramiden, eines der sieben antiken Weltwunder. Wir waren tief beeindruckt und wurden ganz still beim Anblick dieser gewaltigen Bauwerke und stellten uns – wie wohl jeder, der unmittelbar davorsteht – die Frage, wie konnten die Menschen von vor 4.500 Jahren so etwas bauen? Die Touristenmassen von heute gab es damals noch nicht, aber die aufdringlichen Souvenir-Verkäufer und Kamel-Vermieter schon. So hatten wir viel Zeit, ungestört uns alles in Ruhe anzusehen, ja es zu erleben. Auf irgendeine Weise – ich weiß nicht mehr wie – lernten wir einen freundlichen Ägypter kennen, der uns für den Abend zu seiner Familie einlud. In unserer staubigen Kluft schämten wir uns ein bisschen, in eine saubere Wohnung zu kommen nach der heißen Wüste. Wir bekamen Süßigkeiten, Tee und Limo angeboten und der Hausherr stellte uns seine Frau und seine Kinder vor. Die Mädchen und Jungen in Festtagskleidung wie die Orgelpfeifen. Die lieben Leute fragten uns viel über Deutschland und wir hatten Mühe uns spät zu verabschieden um zur Jugendherberge zurückzukehren. Dann war unsere Zeit endgültig rum. Wir waren randvoll mit sicher unwiederholbaren, interessanten Erlebnissen. 5 Wochen waren wir unterwegs. Tausende von bunten Bildern und Erfahrungen bestimmten die Reise. Wir haben viel gelernt von den Bewohnern Nordafrikas. Insbesondere was Herzlichkeit, Gastfreundschaft und die lachenden Gesichter aller, denen wir begegneten, angeht. Stets wurden wir wie Gäste des Landes behandelt, was uns oft beschämte. Per Flugzeug nach Athen und von da ging es mit dem Zug nach Hause.

Es war einfach schön!

25. Juni 2017

OLAVE BADEN-POWEL

Heute vor 40 Jahren, am 25. Juni 1977, verstarb im Alter
Olave Baden-Powell in England. Sie war die Ehefrau des Grün
finderbewegung und wurde in Nachfolge von Azzie Baden-P
Chefin der noch jungen Pfadfinderinnenbewegung. Olave traf
Ehemann BiPi erstmals im Jahr 1912 auf einer Atlantiküber
New York. Trotz des großen Altersunterschiedes von 32 Jah
sie zehn Monate später. Zwei Jahre später bot Olave der Pfad
ganisation ihre Mitarbeit an, wurde von deren Chefin Azzie je
zurückgewiesen. Doch bereits 1916 wurde Olave zur obersten
Commissioner) gewählt, entfaltete trotz ihrer noch jungen Ki
Reisetätigkeit im Dienste der Pfadfinderei und baute neue G
Jahr 1930 wurde sie zur Weltführerin der Pfadfinderinnen gew
delte sie mit ihrem Ehemann nach Kenia über, wo er knapp an
später im Alter von 83 Jahren verstarb. Im Folgejahr kehrte sie
zurück und war, solange es ihre Gesundheit erlaubte, weiterhi
die Pfadfinderinnen tätig.

Hier ein Link zum Artikel auf scouting.de inklusive einem Film über Olaves Leben:

GEDENKTAGE

15. April 2017

„ORE" HANS VON GOTTBERG

Am 15.04.1987, also vor dreißig Jahren, verstarb der Bundesgründer und langjährige Bundesführer des Jomsburg Freier Pfadfinderbund e.V. (damals: Freie Pfadfinderschaft Schleswig-Holstein Gau Jomsburg) „Ore" Hans-Lorenz von Gottberg, im Alter von 63 Jahren. Er verfasste zahlreiche Jugend- und Abenteuerbücher, am bekanntesten dürfte allerdings sein Handbuch „Fahrten Ferne Abenteuer" sein. Zudem veranlasste er den Bau der Jugendburg Jomsburg als Bundeszentrum in Schwedeneck/Dänisch-Nienhof und sorgte dafür, dass sie durch die jungen Pfadfinder und ihre Eltern in Eigenleistung gebaut wurde.

Ore, geboren 05.08.1923 in Scherbitzberg bei Jena, war in Pommern aufgewachsen und in Stettin um 1930 als Wölfling in eine Gruppe des Bundes „Sturmvaganten" gekommen. Sein Onkel Hans-Egon von Gottberg (1891-1914) gilt als einer der deutschen Pfadfindergründer und beeinflusste Ores bündischen Weg schon früh. Der Bund Sturmvaganten war 1927 auf einer Sommergroßfahrt auf den Prinzeninseln im Marmarameer (Türkei) aus Gruppen der „Ringpfadfinder", der „Deutschen Freischar" und der „Fahrenden Gesellen" gegründet worden. Die „Sturmvaganten" waren ein Großfahrtenbund mit Konzentration auf die Gebiete Pommerns; die Gruppierung im Bereich Stettin hieß Jomsburg (daher der Name des heutigen Bundes). 1934 wurden die Sturmvaganten, wie nahezu alle Pfadfindergruppen, verboten.

Nach Kriegsdienst und russischer Kriegsgefangenschaft während des zweiten Weltkrieges hatte Ore ein Studium in Göttingen begonnen. Dort „wiederbegründete" er zunächst 1952 die Sturmvaganten. Seine Kriegsverletzung, eine Lähmung der linken Hand, hielt ihn nicht davon ab, weiterhin Gitarre zu spielen. Er spannte die Saiten einfach um und griff mit der rechten Hand, während er aus dem linken Ellenbogen die Schlagbewegung machte. Dies steht stellvertretend für seinen starken Willen.

Ore brach sein Studium ab und bewarb sich erfolgreich bei der Bundeswehr, wo er bis zum Oberst aufstieg. Die militärische Laufbahn (Oberstleutnant i.G.) entsprach einer langjährigen Familientradition. Die Sturmvaganten hatten sich 1957 selbst aufgelöst, bis dahin jedoch ein reiches Gruppenleben entfaltet.

Gegen 1973 hatte sich Ore beruflich in Kiel etabliert. Als sein eigener Sohn ins Pfadfinderalter kam, trat er in einen kleinen Bund in der Nähe von Kiel ein und gründete dort erste Gruppen in Dänisch-Nienhof an der Ostsee. Auf einer Winterfahrt nach Helgoland 1974/75 entschlossen sich dann Jungen und Mädchen dieser Gruppen gemeinsam einen eigenen Bund aufzubauen, so dass als Gründungsdatum der „Jomsburger" der 01.01.1975 gilt. Innerhalb nur eines Jahres wuchs der Bund auf 300 Mitglieder an.

Für seinen Pfadfinderbund suchte er nicht irgendeine Hütte, sondern erfüllte sich den Traum einer eigenen Burg. Und da er keine fand, baute er sie kurzerhand, und das mit jungen Pfadfindern, kaum einer älter als 14 Jahre, und deren Eltern. Sie steht in Schwedeneck bei Kiel und ist als Bundessitz der Jomsburg-Pfadfinder und Jugendburg, die von Gastgruppen genutzt werden kann, mittlerweile über Schleswig-Holstein hinaus bekannt.

In den 70er und 80er Jahren führte Ore legendäre Fahrten im damaligen Jugoslawien und Lappland durch. Bekannt wurde Ore insbesondere als Autor des Pfadfinder-Handbuchs „Fahrten Ferne Abenteuer", das er ausgiebig selber illustrierte, zuvor schrieb er zahlreiche Jugend-Abenteuerbücher wie den Indianerpauker, geprägt von seiner aktiven bündischen Zeit bei den Sturmvaganten.

Er sei ein charismatischer, aber auch ein schwieriger Mann gewesen, verriet seine Enkelin Ulla Doose in einem Zeitungsinterview zum 40 jährigem Bestehen der Jomsburg.

Während eines Kornettkurses für Gruppenleiter auf der Jomsburg erkrankte Ore 1987 so schwer, dass er nach wenigen Tagen verstarb. Noch an seinem Sterbebett bat er einen Stammführer, sich des Pfadfinderbunds anzunehmen, und wenige Jahre später wurde dieser dann tatsächlich Bundesführer. Die Lilie der Jomsburger steht symbolisch für den Zusammenhalt der drei Stämme.

Almiund Felicia von Dufving

… heute singst du das Lied von den Straßen

LIEDER VON ROLAND – EINE AUSSERGEWÖHNLICHE SAMMLUNG

Soeben ist im Spurbuchverlag das Buch mit den gesammelten Liedern von Roland Eckert erschienen, pünktlich zur Tagung des Mindener Kreises, so wie es drei Jahre zuvor aufgrund einer Absprache zwischen Roland und den Herausgebern (Pit Stibane) auf den Weg gebracht wurde.

Roland wer? – Im ersten Moment – Keine Ahnung – aber bei der Nennung dieser zwei Titel wie „Die Kirschen sind reif für ein paar Pfennig" oder „Auf dem Weg nach Temeswar", da kommen diese Lieder sofort in den Sinn.

Das nun vorgelegte Buch erinnert im Typus stark an die früheren Liederbücher des Südmarkverlages von Horst Fritsch, aber jetzt mit Hardcover. Das erstmals veröffentlichte Werk der Liedschöpfungen von Roland umfasst 48 Lieder und wird durch eine beigelegte CD verstärkt.

Nur ein Bruchteil dieser Lieder ist in den Gruppen bekannt, einige aber gerne gesungen, wie „War die Füchsin Witwe blieben", „Auf dem Weg nach Temesvar", „Tanzen die Dohlen" und „Die Kirschen sind reif". Diese und einige andere Lieder waren bereits in den Schriften des Bundes deutscher Jungenschaften und im Turm veröffentlicht worden. Die anderen lagerten unbekannt und unbearbeitet in Schubladen und Kästen bei Roland. Auch diese noch ungehobenen Schätze einem größeren Kreis bekannt zu machen, ist ein Anliegen des Liederbuches.

Bandbreite des bündischen Liedgutes wird dokumentiert

Die Lieder von Roland können durchaus neben denen von Walter Scherf (tejo) und Werner Helwig bestehen und stellen eine bedeutsame Facette in der großen Bandbreite bündischen Liedgutes dar, besonders durch ihre unkonventionellen rhythmischen und melodischen Wendungen. Bei den meisten handelt es sich übrigens um Vertonungen von Gedichten, die er stilsicher ausgesucht hat. Einige der Lieder, die schon Verbreitung gefunden haben, wurden anlässlich der Neuveröffentlichung überarbeitet.

Einen besonderen Stellenwert nehmen die 15 Vertonungen der Gedichte von Günter Bruno Fuchs aus dem Gedichtband „Zigeunertrommel" ein. Diese Gedichte gehen zurück auf die Erfahrung einer Versöhnung von Mensch und Mensch, Mensch und Tier, Mensch und Natur, die Fuchs bei seinem Aufenthalt in der Slowakei in den letzten Kriegsmonaten als Jugendlicher, der aus dem zerbombten

Berlin dorthin „verschickt" worden war, erfahren durfte. In den Gedichten spricht sich eine Verwandtschaft zu dem Erleben in der Jugendbewegung aus; für Roland wurden sie wohl deshalb zu einer besonderen Quelle der Inspiration.

Das Werk beinhaltet fünf Kapitel. Diese umfassen neben den eben erwähnten Liedern auch eher besinnliche, heitere, „bündoide" Lieder und auch einige „Gassenhauer".

Zu erwähnen ist noch das ausführliche Gespräch, das die beiden Herausgeber mit Roland geführt haben über sein Liedschaffen und seine Voraussetzungen, über Melodie, Rhythmus und die Texte seiner Lieder, und das sehr informativ das Buch einleitet.

Eine erstklassige CD

Dem Buch beigefügt ist eine CD, auf der 35 der 48 Lieder eingespielt sind, von einem kleinen Singekreis und einigen Solosängern, u. a. von Roland, der mit drei seiner Lieder zu hören ist. Beim Singekreis handelt es sich um den Singekreis des Karlsruher Wandervogels unter Leitung von Kolme (Astrid Stößel). Um es in Worte zu fassen, die oben zitierte Bandbreite ist tatsächlich atemberaubend. Die Lieder sind in Melodie und Rhyhtmus wahnsinnig anspruchsvoll - und dieser Chor hat sich solche Mühe gegeben. Da ist nichts leicht zu singen, alles musste einstudiert werden. Eine ganz herausragende Leistung, zu der man dem Chor einfach gratulieren muss. Damit werden die Lieder erlebbar und fühlbar, eine der besten CDs, die in den letzten Jahrzehnten veröffentlicht wurden – bezüglich bündischem Singen!!!

Lieder von Roland
Autor: Roland Eckert
ISBN-Nummer
978-3-88778-507-9
104 Seiten
Format: 18 x 25 cm,
1. Auflage, Hardcover
Preis: 24,80 € inkl. CD

Der Felsengärtner

FREUNDESGABE FÜR ROLAND ECKERT

Wir haben dieser Freundesgabe und Festschrift für Roland Eckert den Titel „Der Felsengärtner" gegeben.

Rolands Trierer Felsengarten ist ein ästhetisch angelegter, dem widrigen Fels abgerungener Garten, der einerseits die wunderbarsten Früchte liefert, und andererseits ein „hortus amoenus", ein lieblicher Garten Eden, in dem man sich entspannt, zu sich kommt, sich mit anderen austauscht und erfährt. Er versinnbildlicht daher auf besondere Art und Weise jene zentralen Lebensbereiche und Momente der Welt- und Selbsterfahrung, die Roland Eckert als Person kennzeichnen: die Familie, die Natur, die Künste, den wissenschaftlichen Dialog und die Begegnung. Das Buch umfasst entsprechend Beiträge von Familienmitgliedern, von Freunden und Weggefährten aus der Bündischen Jugend, von Dichtern, Künstlern und Musikern, sowie viele Beiträge von wissenschaftlichen Kollegen, Kooperationspartnern, Schülern und Freunden zu den unterschiedlichen Feldern seiner wissenschaftlichen und beruflichen Tätigkeit.

Günter C. Behrmann,
Eberhard Schürmann,
Helmut Willems (Hg.)
Der Felsengärtner
Freundesgabe für
Roland Eckert
ISBN-Nummer
978-3-88778-517-8
478 Seiten
Format: 18 x 25 cm,
1. Auflage, Hardcover
Preis: 34,00 €

Michel
Der Briefmarkenkatalog

PFADFINDER – GANZE WELT. 1. AUFLAGE 2017

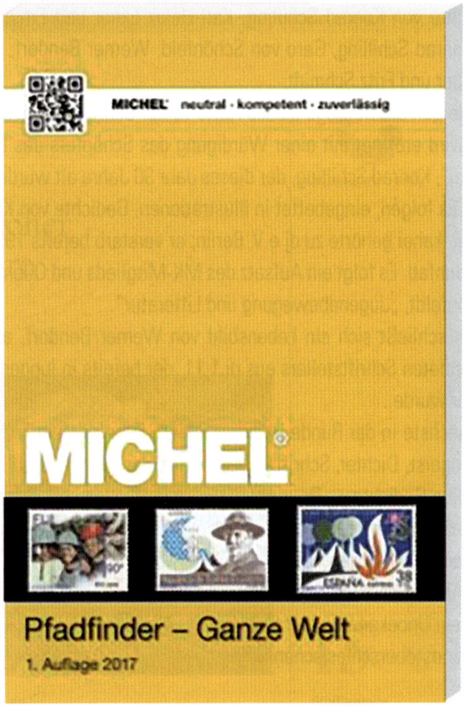

Anfang Oktober erschien bei Michel der Katalog „Pfadfinder – Ganze Welt". Der Michel-Katalog: ein absolutes Muss für Philatelisten. Wer im deutschen Sprachraum Briefmarken sammelt, der kommt an einem Briefmarkenkatalog nicht vorbei. Der Michel-Katalog ist der renommierteste aller Werke und gilt unter Briefmarkenliebhabern als Standardwerk

Darauf hatten Pfadfinder-Sammler schon seit Jahren gewartet. Erstmals erscheint ein kompletter Briefmarken-Katalog nur über Pfadfinder-Briefmarken. Mit dem Erscheinen bei Michel werden die Pfadfinderbriefmarken auch als Sammelthema geadelt. Michel gibt keinen Katalog heraus, wenn es nicht eine bedeutende Anzahl solcher Marken geben würde!

Damit wurden die „Pfadfinder" in den Sammlerhimmel aufgenommen, das heißt es gibt weltweit so viele Briefmarken zum Thema Pfadfinder, dass sich ein renommierter Sammlerverlag (Michel) daran machte einen Katalog zu erstellen, um die cirka 5 000 Pfadfinderbriefmarken aufzulisten. Allerdings, das Erstlingswerk ist mit vielen Schwächen ausgestattet, was aber nur eingefleischte Sammler feststellen können. Aber es gibt kein anderes Werk, das so viele Marken auflistet.

Der Spurbuchverlag liefert das Werk portofrei für 69,80 €.

Michel
Briefmarkenkatalog
Pfadfinder – Ganze Welt
300 Seiten | Softcover
15,90 x 21 cm
D 69,80 €
ISBN 978-3954021970

MINIATUR-PUZZLE

ROBERT BADEN-POWELL

99 Teile, 100 x 140 mm
Das Miniatur-Puzzle zeigt vier verschiedene Bildnisse vom Gründer der Pfadfinderbewegung Robert Baden-Powell.
8,40 Euro

EMAILBECHER

ROBERT BADEN-POWELL

Gravierter Emailbecher
sandgestrahlt mit Konterfei
Robert Baden-Powell,
Gründer der Pfadfinderbewegung
Weiß mit schwarzem Mundrand
Höhe 85 mm
Durchmesser 90 mm

Los geht's:
Die »Tonspur« ist das Liederbuch der CPD und der Heliandpfadfinder. Auf 700 Seiten versammeln sich viele bekannte und unbekannte Fahrtenlieder, dazu Tisch- und geistliche Lieder sowie Grifftabellen für Gitarren uvm. Gebunden in Hardcover mit wasserfestem Einband.
Wir besorgen Euch Eure Kohten und Jurten – und dazu bieten wir Euch das komplette Material für Eure Stammes- und Sippenarbeit, ob für Fahrt, Lager oder Heim. Schaut einfach rein!
Tonspur
Tonspur Liederbuch 700 Seiten 12,50 €
pfadverlag
An der Kirche 1 • 38239 Salzgitter
Tel. (05300) 90 10 50 · Fax 90 10 52 · kontakt@pfadverlag.de
www.pfadverlag.de

HORIZONTE VERBINDEN.
Mit der Deutsch-Afrikanischen Jugendinitiative die globale Zukunft aktiv gestalten:
www.jugendinitiative.info
ENGAGEMENT GLOBAL
Service für Entwicklungsinitiativen
Im Auftrag des
Bundesministerium für wirtschaftliche Zusammenarbeit und Entwicklung
In Zusammenarbeit mit der Afrikanischen Union

Hotte Schneider
624 Seiten | Hardcover
167 x 239 mm | **38,80€**
ISBN 978-3-88778-449-2

Oskar Kröher
460 Seiten | Hardcover
18 x 25 cm | **29,80 €**
ISBN 978-3-88778-441-6

Mindener Kreis e.V. (Hg.)
152 Seiten | Softcover
148 x 210 mm | **16,80 €**
ISBN 978-3-88778-514-7

Andreas Gürke und Frédéric Holzwarth
200 Seiten | Hardcover
2015, 170 x 235 mm | **22,00 €**
ISBN 978-3-88778-453-9

Pitters Lieder
248 Seiten | Hardcover
18 x 25 cm | **29,80 €**
ISBN 978-3-88778-407-2

Brigantine Falado
80 Seiten | Hardcover
28 x 24 cm | **22,00 €**
ISBN 978-3-88778-437-9

scouting Jahrbuch 201
216 Seiten | Hardcover
220 x 245 mm | **23,80 €**
ISBN 978-3-88778-513-0

scouting Jahrbuch 2017
264 Seiten | Hardcover
220 x 245 mm | **24,80 €**
ISBN 978-3-88778-513-0

Fritz Schmidt (Hg.)
96 Seiten | Softcover mit S/W-Bildern
Format: 148 x 210 mm | **10,80** €
ISBN 978-3-88778-519-2

Hans-Peter Dröbemüller / Fritz Schmidt / Peter Milde
96 Seiten | Softcover mit S/W-Bildern
Format: 148 x 210 mm | **10,80** €
ISBN 978-3-88778-56-9

Walter Sauer (Hrsg.)
376 Seiten, Hardcover,
24 Seiten Fotos und Dokumente
Format: 175 x 247 mm | **29,80** €
ISBN 978-3-88778-487-4

Helmut König
208 Seiten | Hardcover
Format: 175 x 220 mm | **22,00** €
ISBN 978-3-88778-448-5

www.spurbuch.de
Alle Bücher der Pfadfinder und Jugendbewegung
www.scouting.de
Information rund an die Pfadfinder und Jugendbewegung

SPURBUCHVERLAG

Spurbuchverlag | Am Eichenhügel 4 | 96148 Baunach
Tel. 09544/15 61 | Fax 09544/809 | info@spurbuch.de

Weitere Bücher finden Sie im Spurbuch-Shop!

Solche Bilder wollen wir sehen!
WENN IHR MIT EUREN GRUPPEN, SIPPEN, FAHRTEN UND ERLEBNISSEN AUF SCOUTING.DE UND IM SCOUTING-JAHRBUCH VERTRETEN SEIN WOLLT, DANN SCHICKT EURE BEITRÄGE UND FOTOS AN NEWS@SCOUTING.DE
Die Pfadfinderzeitschrift
scouting
ABENTEUER·OUTDOOR·BEWEGUNG

Klaus-Hinkel-Pfadfinderzentrum

Haus- und Lagerplatzvermietung

Das Klaus-Hinkel-Pfadfinderzentrum ist eines der größten stammeseigenen Zelt- und Lagerplatzgelände. Baunach liegt 14 Kilometer von Bamberg im Maintal. Das Lagerplatzgelände eignet sich für bis zu 200 Teilnehmer, auf Wunsch können auch noch größere Lager durchgeführt werden.
Die Region hat ein sehr gut ausgebautes Fahrradroutennetz. Auch gibt es unzählige Möglichkeiten zum Wandern im Baunachtal. In der näheren Umgebung bietet das kulturhistorisch bedeutende Franken Ausflugsziele wie Bamberg, Coburg, Schloss Banz, Vierzehnheiligen, die Fränkische Schweiz, Schloss Pommersfelden, Nürnberg oder das nahe Thüringen.

Pfadfinderzentrum Baunach / Heimvermietung
Heiko Schmitt
Überkumstr. 6a
96148 Baunach

www.pfadfinderbaunach.de

Jetzt bestellen!

Dein Jahres-Abo oder ein Geschenk-Abo

Meine Vorteile

- nach 2 Jahren jederzeit kündbar
- kommt portofrei zu mir nach Hause
- keine Ausgabe mehr verpassen

So gehts:

Sende die ausgefüllte Karte zurück oder bestelle online unter **www.spurbuch.de**

Bestelle jetzt Dein Jahres-Abo oder ein Geschenk-Abo vom scouting-Jahrbuch 2018

☐ **Ja,** ich bestelle das Scouting-Jahrbuch **für mich** bis auf Widerruf (für mindestens 2 Jahre), ab der Ausgabe 1-2018 zum Jahresbezugspreis von z. Zt. 19,80 Euro (Inlandspreis inkl. MWSt. und Versandkosten, Auslandspreis auf Anfrage) für eine Ausgabe im Jahr.

☐ **Ja,** ich bestelle das Scouting-Jahrbuch **als Geschenkabo** bis auf Widerruf (für mindestens 2 Jahre), ab der Ausgabe 1-2018 zum Jahresbezugspreis von z. Zt. 19,80 Euro (Inlandspreis inkl. MWSt. und Versandkosten, Auslandspreis auf Anfrage) für eine Ausgabe im Jahr.

☐ **Ja,** ich bestelle einmalig das **Scouting-Jahrbuch 2017.** Regulärer Preis ab 01. 05. 2018 24,80 € für 248 Seiten im Format 21,5 x 24 cm.

Jetzt nachbestellen – nur mit dieser Karte: **Sonderpreis** für jeweils 14 € (portofreie Lieferung in Deutschland). Nur solange der Vorrat reicht!

☐ Scouting-Jahrbuch 2013 ☐ Scouting-Jahrbuch 2014 ☐ Scouting-Jahrbuch 2015 ☐ Scouting-Jahrbuch 2016

Besteller

Vorname, Name

Straße, Hausnummer

PLZ, Wohnort

Geschenk-Empfänger

Vorname, Name

Straße, Hausnummer

PLZ, Wohnort

Bargeldlos durch SEPA-Lastschrifteinzug (Ermächtigung erlischt automatisch nach Aboende) – Jahresrechnung im Voraus

IBAN BIC

Bankname

Ich ermächtige den Spurbuchverlag, Gläubiger-Identifikationsnr. DE87 7706 0100 0006 4208 69, Zahlungen von meinem Konto mittels Lastschrift einzuziehen. Zugleich weise ich mein Kreditinstitut an, die vom Spurbuchverlag auf mein Konto gezogenen Lastschriften einzulesen. Ich kann innerhalb 8 Wochen, beginnend mit dem Belastungsdatum, die Erstattung des belasteten Betrages verlangen. Es gelten dabei die mit meinem Kreditinstitut vereinbarten Bedingungen. Die Mandatsreferenz wird separat mitgeteilt.

☐ **Ja,** ich bin damit einverstanden dass mich der Spurbuchverlag künftig per E-Mail oder Telefon über Medien- und Produktangebote ihrer Marken informieren. Die Nutzung meiner Daten kann ich jederzeit widersprechen.

e-Mail-Adresse

Widerrufsbelehrung: Widerrufsbelehrung: Diese Bestellung können Sie innerhalb von 14 Tagen formlos, ohne Angabe von Gründen widerrufen. Zur Wahrung der Widerrufsfrist genügt die rechtzeitige Absendung an: Spurbuchverlag, Am Eichenhügel 4, 96148 Baunach. Weitere Infos: www.spurbuch.de

Datum **Unterschrift des Bestellers**